第三辑
VOL. 3

上海法租界史研究

Recherches sur l'histoire de la Concession Française à Shanghai

马 军 蒋 杰 主编

Edité par Ma Jun et Jiang Jie

上海社会科学院出版社
SHANGHAI ACADEMY OF SOCIAL SCIENCES PRESS

上海法租界史研究

编辑委员会
（排名按姓氏笔画）

·顾 问·

马长林　冯绍霆　[法]安克强（Christian Henriot）
许洪新　邢建榕　苏智良　周　武　[法]萧小红

·主 编·

马 军　蒋 杰

·编 委·

[法]王钰花（Fleur Chabaille）　甘慧杰　白华山　江文君　刘 喆
牟振宇　朱晓明　杨国强　陈 同　陈 磊　陈霓珊　张 剑
张晓东　陆 烨　罗苏文　岳钦韬　[法]柯 蓉（Christine Cornet）
赵 婧　赵伟清　段 炼　侯庆斌　徐 翀　蒋宝麟　谭欣欣　江天岳

·主 办·

上海社会科学院现代史研究室
上海社会科学院"中国现代史"创新型学科团队

目录 | CONTENTS

专题研究　　　　　　　　　　　　　　　　　　　　　　　1

改革开放 40 年上海法租界史研究的回顾与思考　　侯庆斌 / 3

上海华法交界处东部 37 道铁门的形成及后果
（1925—1932 年）　　马　军 / 14

法国碑铭学院嘉尔业基金资助杜特列中亚考察团始末　　王冀青 / 42

都市文化　　　　　　　　　　　　　　　　　　　　　　　57

上海法租界越界筑路与区域城市化
　　——以东平路街区为研究对象（1913—1949 年）　　王小雅 / 59

"花厅夫人"在上海　　裘争平 / 74

社会管理　　　　　　　　　　　　　　　　　　　　　　　85

上海法租界监狱研究　　徐家俊 / 87

上海法租界媒介管理的司法实践
　　——以法租界领事法庭为例　　郑　潇 / 106

口述历史　　　　　　　　　　　　　　　　　　　　　　　117

萨坡赛和喇格纳
　　——说说上海法租界的两所小学　　董鸿毅 / 119

中法文化交流先驱徐仲年教授简介及作品目录　　徐大荧 / 128

新史料　　159

《上海法（租界）公董局华文公报》概况　　章斯睿 / 161

上海法租界　　席涤尘 口述　盛 魁 整理 / 167

文献目录　　175

《上海法租界纳税华人会会报》目录　　劲 草 录入整理 / 177

上海《法租界纳税华人会会员录》（二）　　陆 烨 整理 / 189

学术动态　　247

从传说到近于真相
　　——读张英伦的《敬隐渔传奇》　　王细荣 / 249

法国殖民史学会第 44 届年会综述　　任 轶 吴子祺 / 253

多元视野下租界史研究的推陈出新　　冯钰麟 / 258

在《上海法租界史研究》第 2 辑首发式上的讲话
　　（2018 年 1 月 20 日）　　马 军 / 260

专题研究

改革开放 40 年上海法租界史研究的回顾与思考*

侯庆斌

上海是近代中国最早一批经受西方文化洗礼的通商口岸,其华洋杂居一市三治的独特面貌,造就了多元繁复的城市历史与文化。改革开放以后,上海史研究逐渐成为显学,吸引了历史学、文学、法学、教育学和建筑城规等学科领域研究者的兴趣,海内外成果丰硕,蔚为壮观。已有学者不断对近 30 年海内外中国城市史和上海史研究进行过梳理和反思,兹不赘述。① 本文仅检视中文学界上海法租界历史研究的论文和专著,以期对上述讨论有所补益。

上海法租界史研究的扼要回顾

晚清西人游记中已经记录许多对上海法租界的观感,19 世纪末相继出版了于雅乐的《法国人在上海(1853—1855)》和福威勒的《上海法租界纪事》,可能是最早一批有关上海法租界历史的专著。② 民国时期,尤其是 20 世纪二三十年代,中国的民族主义情绪高涨,租界作为列强攫取中国主权的例证而备受关注。它的存废引发了多种讨论。英美侨民控制下的公共租界工部局为维护租界制

---

* 本文得到上海市哲学社会科学规划青年课题(项目编号:2018ELS003)和上海市浦江人才计划(项目编号:18PJC054)资助,特此致谢!

① 参见熊月之、张生:《中国城市史研究综述(1986—2006)》,《史林》2008 年第 1 期;员喜红:《美国中国城市史研究的新走向——以 1980 年代以来上海史研究大众文化取向为中心的考察》,博士学位论文,华东师范大学历史系,2013 年;周武:《都市研究的省思及其进路——以上海为例》,《山西大同大学学报》2018 年第 1 期;沈洁:《城市、日常与文化政治——近十年间上海史研究前沿焦点述评》,《山西大同大学学报》2018 年第 1 期;冯志阳:《变中之常与常中之变——海外上海史研究中的传统与现代》,《山西大同大学学报》2018 年第 1 期。

② Arthur Millac, Les Français à Changhaï en 1853-1855, Paris: Libraire de L'Ecole de Louvre, 1884; A.-A. Fauvel, Histoire de la Concession Française de Chang-Hai, Paris: L. de Soye et Fils, 1899. 两书中译本可参见蒋杰编译:《法国人在上海:1853—1855 清军围困上海的经过》,《上海档案史料研究》(第二十一辑),2017 年版,及蒋杰编译:《上海法租界纪事》,《上海档案史料研究》(第十七辑),2014 年版。

度,极力宣扬其存在的合理性。① 中国学者则将之与废除治外法权相联系,揭露租界当局尊洋抑华,以及列强肆意蚕食中国司法主权的事实。② 在此背景下,出现了一些兼具史料价值和研究意味的上海法租界史专著,其中最引人瞩目的是梅朋、傅立德合著的《上海法租界史》和库尔蒂的《上海法租界研究》。③ 两书均援引了大量法租界公董局和法国外交部的一手档案资料,为后来的研究者提供了极大便利。从内容上看,这些著作皆可归为"侨民书写"模式,如梅朋和库尔蒂均曾在上海法租界公董局任职,傅立德曾任法国旅华商会秘书长等,他们书写法租界制度演变的历史,旨在表彰法国人在远东拓殖经营的艰辛与业绩。此外,法国在华官员和法律专家撰写的国际法和中外关系史著作中,也对上海法租界的历史有大篇幅介绍,如晚清时期法国驻沪副领事德莫朗撰写的《治外法权与外国人在华利益》和《外国人在华的条约权利》,④商法和比较法专家兼国民政府立法顾问爱斯嘉拉编著的《外国人在华权利与利益》和《中国与国际法》。⑤ 除上述专著外,1932年柳亚子主持的上海通志馆陆续编纂了一批资料和研究成果,⑥其中涉及上海法租界的部分具有较高史料价值。

自改革开放以来,随着档案的开放和研究范式的转移,上海史逐渐成为研究的热点。不过相当长时间内,有关上海法租界史的讨论相对较少,或是局限于以新修方志为代表的"乡土历史"叙事,或是湮没于上海历史或租界史的宏观表达中,鲜有专论和专著。其间最值得一提的大事件,即梅朋、傅立德所著《上海法租界史》中译本于1983年出版。上海社会科学院历史所倪静兰先生流畅的译笔,缓解了学界因法语能力不足和法文史料难以获取造成的研究障碍,极大地推动

---

① 例如著名的费唐报告以及郭泰纳夫撰写的两部旨在凸显上海公共租界制度优越性的著作。参见 Report of Justice Feetham,上海市档案馆,U1—1—1234;Kotenev, Anatoly M., *Shanghai: Its Municipality and the Chinese*, Shanghai: North-China Daily News and Herald, 1925; Anatoly M. Kotenev, *Shanghai: Its Mixed Court and Council*, North-China Daily News and Herald, 1927.

② 孔昭焱:《上海领事裁判及会审公廨》,荣华印刷所1932年版;郝立舆:《领事裁判权问题》,商务印书馆1930年版;梁敬锌:《在华领事裁判权论》,商务印书馆1930年版;夏晋麟:《上海租界问题》,中国太平洋国际学会1932年版;蒯世勋等:《上海公共租界史稿》,上海人民出版社1980年版。

③ Ch. B. Maybon et Jean Fredet, *Histoire de la Concession Française de Changhai*, Paris: Librairie Plon, 1929.中译本参见梅朋、傅立德:《上海法租界史》;Louis des Courtils, *La Concession Française de Shanghai*, Paris: Librairie du Recueil Sirey, 1934. 中译本即将出版。

④ Georges Soulié de Morant, *Exterritorialité et Intérêts Etrangers en Chine*, Paris: Librairie Orientaliste Paul GEUTHNER, 1925. Georges Soulié de Morant, *Les Droits Conventionnels des Etrangers en Chine*, Paris: Librairie de la Societe du Recueil Sirey, 1916.

⑤ Jean Escarra, *Droits et Intérêts Etrangers en Chine*, Librairie du Recueil Sirey, 1928; Jean Escarra, *La Chine et le Droit International*, Libraire de la cour d'appel et de l'ordre des avocats, 1931.

⑥ 上海通志馆编:《上海研究资料》,中华书局1936年版;上海通志馆编:《上海研究资料续集》,中华书局1939年版。

了此后上海史的研究。近 40 年上海法租界史研究可择要分为如下几个方面。①

(一) 政治外交史领域

在革命史观影响下的中国近代历史叙事中,小刀会起义不仅是上海租界经历的第一次近代中国的内战,而且对租界社会结构和基本制度产生了长久的影响。江天岳利用法文史料,着重讨论了法军和小刀会起义之间的关系,梳理了清法关系从对抗到合作,进而发展成"借师助剿"的经过,补证了相关史实。② 除小刀会起义之外,发生于 1874 年和 1898 年的两次四明公所事件也是学界长期关注的焦点。已有的讨论多以宁波同乡组织与法租界公董局的地权纠纷和卫生观念冲突为中心,将该事件解读为地方精英的抗法维权。③ 葛夫平将 1898 年上海第二次四明公所事件置于甲午战争后列强划定势力范围这一背景中,考察清政府对外政策的得失。她认为第二次四明公所事件并非近代市政建设与落后的国民意识和风俗习惯之间的矛盾,而是当时列强掀起的瓜分中国狂潮的一个组成部分。在交涉过程中,清政府利用"地方外交"和"以夷制夷"策略,虽然一定程度上达到了为中央政府减压的目的,抵制了法方的一些侵略要求,使得法国政府最终放弃浦东和南向的扩界图谋,但"地方外交"和"以夷制夷"策略作用有限,无法实现清政府的愿望,反而使清政府的外交显得进退失据,最后落得被夷协谋、得不偿失的结局。④

近年随着新革命史研究的升温,中共建党与上海法租界的关系成为新热点。针对 1921 年中共一大在上海法租界召开的原因,苏智良、忻平等学者认为工业化、现代化和国际化都市的上海,为中共成立提供了最适宜的地理环境。以上海工人为主体的中国工人阶级的壮大和阶级觉悟的提高,为共产党的创建奠定了阶级基础。上海发达的媒介网络为马克思主义的早期传播提供了便利条件。⑤ 熊月之则另辟蹊径,从知识人居所、活动范围和交集网络出发,认为与公共租界相比,法租界规划合理,环境优雅,适宜居住,人口密度低,地处城郊边缘,一方面

---

① 特别说明的是,限于篇幅,同一主题相关研究若水平相近者,视新史料的挖掘程度,取最近发表的成果加以介绍,疏漏在所难免。另外,为行文方便,本文在文献回顾中省略了诸位作者的单位和头衔,直呼名讳,望乞见谅。
② 江天岳:《法国海军与上海小刀会起义的失败——以法方新档案史料为中心的研究》,《世界历史》2018 年第 2 期;江天岳:《"卜罗德之死"的历史省思——兼论法国与清政府在"华洋会剿"中的关系》,《清史研究》2016 年第 2 期。
③ 苏智良:《试论 1898 年四明公所事件的历史作用》,《学术月刊》1991 年第 6 期;曹胜梅:《四明公所事件之根源——四明公所地产权问题试析》,《档案与史学》2002 年第 4 期。
④ 葛夫平:《第二次四明公所案与上海法租界的扩界》,《历史研究》2017 年第 1 期。
⑤ 苏智良、江文君:《中共建党与近代上海社会》,《历史研究》2011 年第 3 期;忻平、张仰亮:《合力与消解:中共中央长期驻于上海及最终迁离的动因》,《史学集刊》2018 年第 1 期。

吸引了文化精英,另一方面也便于革命宣传活动的展开。① 作为近代中国工人阶级的大本营,上海工人运动受到学界关注。莫庆红以1930年法商电车电灯公司工人罢工为例,探讨了大革命失败后中共排除"左"倾路线,采取公开合法手段利用敌人之间矛盾策动罢工的历史经验。② 邵雍分析了1935年法租界人力车夫和罢工的原因,将之归咎于法租界新的车辆登记制度限制了车夫人数,后者迫于生计和车商合作抵制租界当局。中共并未抓住时机在工人中开展组织活动,在此番罢工运动中的实际角色不宜高估。③

(二) 租界制度史

尽管前人对美国学者费正清提出的"冲击-回应"理论进行了许多深刻的反思,其洞见和不见也广为学界所知,但仅就租界史而言,"冲击-回应"理论无法轻易绕过,并仍然具有广泛的解释力,使得西方制度在租界中的移植和上海地方社会的因应成为长盛不衰的研究课题。台湾学者吴圳义和陈三井较早利用中外档案和法文报刊资料研究上海法租界的市政制度,尤其关注公共租界和法租界之间的制度差异,以及法租界华人参政问题,意在揭露租界当局蚕食中国司法主权和租界内的华洋不公。④ 年轻一代学者利用法文资料对西方制度在上海法租界中的移植效果给予了更多关注,如侯庆斌比较了晚清上海公共租界会审公廨和法租界会审公廨在司法权限上的异同,揭示了大陆法文化对上海法租界会审公廨司法实践的影响;⑤朱晓明讨论了从晚清至抗战前上海法租界巡捕房的章程、制度、人事任免和警政;⑥赵伟清和郑潇对上海法租界传媒审查制度进行了研究,具体包括报刊、印刷品、广播、电影等;⑦任轶关注了西方医疗体制在法租界中的移植,讨论了法国政府和天主教会在医院建设、医疗资源和医学教育等方面的博弈。⑧

---

① 熊月之:《中共"一大"为什么选在上海法租界举行——一个城市社会史的考察》,《学术月刊》2011年第3期。
② 莫庆红:《1930年上海法租界电车工人57天大罢工论析》,《党史研究与教学》2010年第6期。
③ 邵雍:《1935年上海法租界人力车夫罢工初探》,《社会科学》2009年第1期。
④ 吴圳义:《清末上海租界社会》,文史哲出版社1979年版;陈三井:《近代中国变局下的上海》,东大图书公司1997年版。
⑤ 侯庆斌:《晚清上海法租界城市治理中的法律移植与司法实践:以违警罪为例》,《复旦学报》(社会科学版)2018年第3期;侯庆斌:《晚清中外会审制度中华洋法官的法律素养与审判风格:以上海法租界会公廨为例》,《学术月刊》2017年第1期;侯庆斌:《上海租界会审公廨间的权限之争——以1902年〈上海租界权限章程〉的出台为中心》,《史林》2016年第4期。
⑥ 朱晓明:《上海法租界的警察(1910—1937)》,博士论文,华东师范大学历史系,2012年。
⑦ 赵伟清:《战时上海法租界的电影审查(1937—1943)》,载马军、蒋杰主编:《上海法租界史研究》(第一辑),上海社会科学院出版社2016年版。
⑧ 任轶:《世俗与宗教博弈下的上海广慈医院(1907—1951)》,《史林》2016年第1期。

(三) 社会史领域

以青帮为代表的旧上海黑社会势力以法租界作为重要活动据点,因其涉足毒品犯罪和地方政治而进入研究者的视野。苏智良分析了旧上海地方帮派的信仰、文化、生活方式、联络手段和活动特点,试图从近代上海三界四方多元异质社会中寻找黑社会势力滋生的土壤,揭示了近代上海繁荣发展背后的阴暗面向。① 在城市犯罪研究方面,蒋杰利用GIS(地理信息系统)技术,以法租界道路和街区为单位,讨论城市犯罪率和街区布局之间的关系。通过分析商业功能和空间环境,表明地近干道和里弄结构是诱发盗抢犯罪的主要因素。借助量化的方式,蒋杰还对抗战期间上海财产犯罪数量在不同空间和时间上的变化进行了研究。②

日常生活史领域,上海社会科学院历史研究所马军研究员和法国里昂高等师范大学东亚学院安克强教授联合主持的"战争塑造下的上海"项目已有成果面世,如马军有关战时上海租界当局设置铁门的动机、效果和铁门的位置做了细致的考证,并揭示铁门对华洋居民日常生活的不利影响和由此激发的华洋矛盾。③ 西方异质文化对城市面貌和生活方式的塑造也受到研究者的重视。苏智良和江文君以上海颇负盛名的法国公园为例,揭示了法国公园所承载的"现代生活"超越了地域和民族所限,反映了上海与世界的大融合。④ 此外,江文君以交通工具、咖啡馆、电影院等西方物质文化移植为例,分析了现代生活方式对上海租界华人日常生活的塑造。⑤

法国侨民在沪活动也受到研究者关注。苏智良讨论了抗战期间法国神父饶家驹在上海建立难民区的经过,他开辟的救助难民的"上海模式"被中外各方接受,推广到南京、汉口等地,推动了日内瓦第四公约的订立,成了战时保护平民的国际共识。⑥ 曹胜梅分析了晚清法国商人在上海的经营活动,修正了学界对法国侨民重传教而轻商业的刻板印象,认为尽管法商实力和影响力不及英美商人,但是在艺术品和高档消费品的经营上独树一帜。⑦ 牟振宇等人还原了晚清时期

---

① 苏智良:《近代上海黑社会》,商务印书馆2004年版。
② 蒋杰:《空间因素与抗战时期上海盗抢犯罪——基于GIS的法租界案例研究(1938—1942)》,《史林》2013年第3期;蒋杰:《战时上海的财产犯罪:失业、通货膨胀与饥饿(1937—1942)》,《安徽史学》2017年第5期。
③ 马军:《上海华法交界处东部37道铁门的形成及后果(1925—1932年)》,见本书第14—41页。
④ 苏智良、江文君:《法国文化空间与上海现代性:以法国公园为例》,《史林》2010年第4期。
⑤ 江文君:《从咖啡馆看近代上海的公共空间与都市现代性》,《史林》2017年第5期;江文君:《交通的现代性:汽车与近代上海的物质进步》,《历史教学问题》2013年第4期。
⑥ 苏智良:《战时平民保护的"上海模式"——"难民之父"饶家驹与他的上海难民区》,《上海师范大学学报》2015年第2期;苏智良、王海鸥:《饶家驹与难民区相关问题再探讨》,《安徽史学》2015年第6期。
⑦ 曹胜梅:《晚清时期法商在沪经营活动述略(1847—1910)》,载邢建榕主编:《上海档案史料研究》(第一辑),上海三联书店2006年版。

法国驻沪领事爱棠的在华活动,面对小刀会起义和太平天国运动对法租界的冲击,爱棠不仅捍卫了租界的独立性而且完善了城市基础建设和市政法规,为后来的发展奠定了基础。① 蒋杰研究了"二战"期间"自由法国"运动在上海的活动,作为最早投入这一阵营的海外侨民组织,旅沪法侨中的"自由法国"派在"自由法国"运动从兴起到取得最终胜利的整个过程中,扮演了不容忽视的角色。此外,这一运动看似只是法国与法侨社会的内部事务,但在战时上海极其复杂的环境中,其形成、发展与兴衰受到政治、外交以及军事等诸多因素的共同制约。②

(四) 空间视野下的城区规划与城市功能

受到史学界眼光向下的研究趣味所影响,晚近上海史研究领域出现了从城市史向城区史再向街区史的转型。与其他城市相比,上海发展的过程中积累了丰富的中外文献和海量的地图资料,从而使新兴的地理信息系统等技术手段有了用武之地。苏智良及其团队对上海主要城区自晚清以来的发展进行全面的研究,涉及居民构成、地理环境、民风民俗、城区治理等方面,细致地还原了上海不同城区的文化底蕴和发展特色。③ 陈正书和马学强介绍了上海法租界道契制度及其对于上海史研究的重要价值。④ 利用道契资料、历史地图,辅之以地理信息系统,马学强对马斯南路和震旦大学街区进行了考察,揭示了城市景观、功能和布局之间的关联。⑤ 江天岳研究了19世纪以奥斯曼改造为核心的巴黎城市改造计划对上海法租界城市规划的影响。⑥ 陆烨以法租界中央捕房辖区为例,挖掘规划管理、人群构成、生活空间分布等社区元素,讨论了城区特色文化和功能形成的经过。⑦ 赵伟清借助历史地理系统,还原了上海法租界电影院空间分布的演变过程,揭示了租界当局政策、人口密度、人口结构、城市交通和战争等因素对电影院地理分布的影响,从中揭示了城市发展对城市文化空间的塑造。⑧ 牟振宇同样运用地理信息系统的方法,复原了上海法租界地区从圩田农业形态向

---

① 牟振宇、陆源峰、宋海燕:《近代上海法租界的奠基人爱棠研究》,《史林》2017年第1期。
② 蒋杰:《"自由法国"运动在上海(1940—1942)》,《史林》2016年第5期。
③ 苏智良:《上海城区史》,学林出版社2011年版。
④ 陈正书:《道契与道契档案之考察》,《近代史研究》1997年第3期;马学强:《近代上海法租界与法册道契》,《社会科学》2008年第12期。
⑤ 马学强:《近代都市扩张中的文化力量——以上海震旦大学街区形成为中心的考察》,《思想与文化》2015年第1期;马学强:《权力、空间与近代街区内部构造——上海马斯南路街区研究》,《史林》2012年第5期。
⑥ 江天岳:《巴黎城市改造对上海法租界规划的影响——以1849—1914年上海法租界建设规划为例》,《史林》2013年第4期。
⑦ 陆烨:《近代上海法租界特色街区构成研究(1911—1943年)》,硕士论文,上海社会科学院,2009年。
⑧ 赵伟清:《上海租界电影院空间分布的演变过程及原因探析(1919—1943)》,载马军、蒋杰主编:《上海法租界史研究》(第二辑),上海社会科学院出版社2017年版。

建成区转变的具体形成过程和空间扩展过程,剖析了这一过程的实现路径和驱动机制。①

史料拓展与研究路径

整体而言,目前上海法租界史的研究相当程度上依赖中文史料,而对法语史料的利用极为有限,这既源于中国史研究者的外语能力,也和国内"中国史"和"世界史"间的学科壁垒有关,导致法租界难以进入法国史研究者的视野。仅就中文史料的运用而言,存在两方面问题,以晚清时期上海法租界史研究为例,首先,由于上海道台衙门的档案毁于辛亥革命,以致研究者多数情况下只能依赖《申报》等中文报刊史料。这些新闻报道有些言之不详,有些失之琐碎,有些连续报道最后不了了之,有些与法文档案在时间和内容上存在较大出入,使用时须倍加小心。第二,研究者过于依赖民国学人的史料汇编,而这些内容并不完全可靠,使用时亦需甄别。如今人所编《上海租界志》《上海审判志》等都将晚清上海法租界会审公廨首位中方谳员写作"魏秀芝",实为误植,参考民国上海县续志可知,此人名为"张秀芝"。为何会频频出现如此错误,恐怕不仅仅是笔误这么简单。笔者追根溯源,发现民国上海通志馆所编《上海研究资料》中便将"张秀芝"写作"魏秀芝",后人不查,方有此低级错误。

梅朋和傅立德所著《上海法租界史》中译本成为研究者无法绕过的参考书,恰恰反映了大陆学界对法文上海史史料的隔膜。尽管近年来随着年轻学人的成长,情况有所改观,但外文史料,尤其是法语史料的挖掘仍然有很大的空间。

(一) 法语核心史料

所谓核心史料,指法租界公董局、法国驻沪(总)领事馆、法国驻华公(大)使馆、法国外交部档案,具体包括法租界公董局董事会会议记录、法租界公董局公报、法租界公董局年报、法国领事馆、公使馆与外交部的往来函件等。法国驻沪领事馆档案中包含大量法租界的史料,涉及政治事务、经济事务、与华界政府的关系、与公共租界的关系、宗教事务、司法审判、土地买卖、国际贸易、法国驻华情报搜集、教育问题、社会团体、报刊舆论等方面。上述史料绝大部分收藏于法国外交部档案馆(巴黎)和法国外交部南特档案中心。上海市档案馆也保留了一定数量的法租界档案,可作为法国本土档案资料的补充。此外,法国海军部档案馆

---

① 牟振宇:《从苇荻渔歌到东方巴黎:近代上海法租界城市化空间过程研究》,上海书店出版社2012年版。

和法国外交部档案馆出版的多种外交文件集也可资利用,例如多卷本《外交文件集》(Documents Diplomatiques)中收录了晚清民国时期中法外交文件,也涉及上海法租界的历史。

学界对上海法租界史的研究整体偏重民国时期,而对晚清时段的讨论相对有限,对租界早期历史与人物的深入研究更是凤毛麟角。过分倚重后出中文报刊和档案,而对一手法语文献的发掘不够,可能是造成这一现象的主要原因。再者,笔者近年研究上海法租界会审公廨略有所得,深感晚清时期上海法租界的法文档案多为手写体,辨识难度大,制约了研究的展开。此外,较之中法战争法语档案的翻译刊布,上海法租界法语文献的翻译出版严重滞后,一定程度上限制了学界对档案资料的利用。

(二) 其他外文史料

除官方档案之外,上海出版的法语报纸实为研究法租界历史的另一个富矿。徐家汇藏书楼保存有近代中国发行量最大的法语报纸《中法新汇报》(1897—1927)和《法文上海日报》(1927—1941)。[①] 上海出版的法文报纸早期受版面所限,多以广告、物价和船期为主,辅以租界逸闻和西人在华观感。1911年以后,《中法新汇报》和《法文上海日报》的史料价值堪比同一时期的《北华捷报》等英文大报,而这些反映法租界公董局、法国领事和侨民观点的报刊史料,尚不为学界所知。除此之外,英国外交档案中也有大量涉及上海法租界的史料有待开发,比较常见者如《上海政治经济报告》(Shanghai Political & Economic Reports 1842-1943),[②] 该史料集出版于2008年,共计18卷,收录英国驻沪领事馆与其他机构间的往来信函和报告,晚清部分多为手写体,民国部分以印刷体为主,其中很多材料涉及法租界和公共租界当局之间的往来交涉、对法租界状况的评估等,也具有较高的史料价值,值得研究者关注。

(三) 中文档案的扩充

学界对上海市档案馆和南京中国第二历史档案馆与上海法租界有关中文官方档案多有利用,但是对台北"国史馆"藏上海法租界相关档案知之甚少。该部分档案主要集中于20世纪30—40年代,可分为抗战爆发前、抗战初期和抗战中后期三个阶段,散见于《外交部档案》《国民政府档案》《蒋中正总统文物》《阎锡山档案》《司法部档案》《汪兆铭史料》《戴笠史料》等,其中《汪兆铭史料》和《戴笠史

---

① 有关办刊历史的研究,可参见李君益:《黄德乐时期的〈法文上海日报〉(1927—1929)》,硕士论文,上海师范大学历史系,2014年。

② Robert L. Jarman, ed., *Shanghai Political & Economic Reports 1842-1943*, Cambridge: Archive Edition, 2008.

料》较为重要,前者包含收回法租界的内容,后者则包含军统在上海法租界活动的相关记录。①

除了中外史料的扩充之外,笔者不揣冒昧,拟从作为租界史、上海史和中国近代史三个维度对未来上海法租界史研究的路径略作阐发。

首先,在租界史的个案研究中揭示上海法租界的法国特色。上海史研究中公共租界研究和法租界研究的不均衡。突出表现在上海法租界的市政和司法等基本制度至今仍缺乏清晰的梳理,甚至某些机构的中文译名都尚未统一。此外,就时下学界对上海历史的一般认识而言,公共租界与法租界的差异何在?同一对象在两个租界的存在形式是否相同?诸如此类问题,大半悬而未决。研究者稍有疏懒,便将两个租界的情况混为一谈,以致许多上海史研究论文,名曰以上海为研究对象,实则只是上海公共租界的历史而已,或是华界和法租界处于缺位的状态,或是简单视法租界的情况等同于公共租界而一笔带过。一方面,受制于语言以及资料获取的难度,学界对上海法租界的研究无论在广度上还是在深度上均不及上海公共租界的相关研究,而法租界的法国属性和独特价值恰恰需要在与公共租界历史相比较和反复参照的视野中才能获得彰显;另一方面,由于两租界在城市功能、机构设置和社会结构方面的相似性,使近乎同样的题目,可以利用公共租界的材料研究一遍,还可以再用法租界的材料研究一遍,这使相当一批上海法租界史的研究成果,既受到同行对公共租界研究的启发,同时在方法和问题意识上具有相似性。此类研究除了丰富我们对法租界的认识之外,是否解决了上海公共租界研究过程中没有解决的问题?是否真的有助于增进学界对上海近代历史的理解?这些都值得研究者再思。

其次,在上海史的整体关照中探究法租界对城市历史的塑造。受到西方新文化史、社会史和微观史学的影响,史学研究者的眼光不断下移,带有通瞻视野的宏大叙事少有人问津,专题研究日渐盛行。具体到上海史研究亦是如此。上海城市历史的丰富性,甚至某种程度上助长了相关研究的碎片化倾向。难怪有学人感慨,上海史研究越来越微观细碎,"研究城市空间,则从城区、社区、街区延伸到弄堂、街道广场;研究城市社群,则从道台、市长、警察、闻人、大亨、商人、资本家、职员、工人、报人、编辑、记者、文人、画家、艺人一直到妓女、乞丐、流氓、混血儿;研究公共空间,则从茶楼、酒吧、咖啡馆、公园到浴室、旅馆、相亲角;研究娱乐文化,则从戏院、电影院到跑马厅、百乐门、遛狗场、舞池;研究器物文化,则从

---

① 上述内容参见吴淑凤:《介绍国史馆藏有关上海法租界的档案》,"法租界与上海城市变迁"国际学术研讨会,2016年。

自行车、照相机、电报、唱片到上水下水；研究教育，则从大学而中学而小学"。①尽管无碎无以立通，但目前有关上海史的讨论仍然缺乏有力的整合。晚清上海既被传统士人视为堕落的渊薮，也是新式文人谋生扬名的发迹所在。五光十色的十里洋场构成日本人眼中的魔都，又被西方投机客视为冒险家的乐园。民国上海以成熟的海派文化与北京所代表的传统文明互为映照，又以其相对发达的公共领域和革命传统孕育了影响近代中国历史走向的红色基因。法租界不仅是法国在远东重要的拓殖据点，更是上海城市历史的一部分，除了强调租界的个性之外，还应在近代上海的共相中去定位法租界的角色。法租界及其法国元素在多大程度上参与了上海文化气质的塑造，仍有进一步讨论的空间。例如近年来苏智良等诸位先进围绕法租界和中共早期历史的研究不断深化，即是这一方面有益的尝试。

最后，在中国近代史的脉络中寻找上海法租界的角色。已有学人论及上海史研究趋向呈现了传统政治史和制度史的衰落与社会文化史的兴盛，反映了上海史研究者与西方史学理论前沿的密切关联。② 然而，近年也有学者呼吁重估政治史的价值，将政治史重新拉回到中国近代史研究的中心。③ 租界在以革命史观为中心的主流历史叙事中处于尴尬的地位。一方面，作为列强攫取在华特权的例证，租界的存在、扩张及其畸形繁荣构成了近代中国的国耻；另一方面，作为国中之国的租界为致力于推翻帝制、捍卫共和与争取民主自由的仁人志士提供了庇护和发展空间。如此充满内在矛盾的定位，使租界史在中国近代历史研究中的价值不同于一般的区域史研究。研究者如果试图提升租界史研究的学术价值，势必要超越地方史甚至是乡土历史的研究范畴，将之与整个中国近代历史的关键节点和核心问题相联系。前述围绕法租界与中共建党的研究，以及以四明公所事件为例从地方外交的角度反思清政府外交体制和策略的得失，这些研究成果无不因其对近代中国历史上重大问题的考述和反思而获得了较高的学术价值。此外，笔者管见所及，近代中国不平等条约中的领事裁判权和片面最惠国待遇等标志性特权在租界的实践等问题，至今都缺乏有分量的研究。这些都与研究者囿于上海史一隅，缺乏对中国近代历史进程的关注密切相关。

整体而言，近年上海法租界史研究呈现了新气象，不过迄今为止，上海法租

---

① 周武：《都市研究的省思及其进路——以上海为例》，《山西大同大学学报》2018 年第 1 期，第 2 页。
② 员喜红：《美国中国城市史研究的新走向——以 1980 年代以来上海史研究大众文化取向为中心的考察》，博士学位论文，华东师范大学历史系，2013 年。
③ 杨天宏：《政治史在民国史研究中的位置》，《南京大学学报》2013 年第 1 期；杨念群：《为什么要重提"政治史"研究》，《历史研究》2004 年第 4 期。

界史研究的专著极为有限,即便是专题论文,内容大多不够深入,史料的编译出版远未能满足学界的需要。2014年起由上海社会科学院历史所现代史室和上海师范大学人文传播学院历史系组织的上海法租界史国际研讨会渐成规模,每两年召开一届,已成为国内外学界交流上海法租界历史研究的唯一专业平台。其附属刊物《上海法租界史研究》已出版三辑,收录论文以上海法租界史为中心,旁及中国租界史、城市史、中法关系史、中西交通史、帝国史,等等,渐为学界所知。上海法租界史研究方兴未艾,具有很大的研究价值和讨论空间。伴随着改革开放以来上海城市史研究日渐繁盛,研究门槛日渐提高。假以时日,上海法租界研究有望成为下一个重要的学术增长点。欢迎各位同仁不吝赐教,共襄盛举。

(作者系上海大学文学院历史系教师)

上海华法交界处东部37道铁门的形成及后果
（1925—1932年）

马 军

在上海租界的百年历史上，公共租界首开先河，法租界尾随跟进的事例屡见不鲜，一定程度上，这与英美势力强大，法国力量稍逊有关。然而，在与华界的交界路口上建立铁门却是一个反例，它始于法租界的引领。

兴建与维修

为了在复杂、动荡的中国政局中维护自身的安全，应对各种突发事件，上海法租界当局设立铁门的最早动议是在齐卢战争之后、五卅运动之前做出的。根据1925年3月20日防卫委员会（Comité de Défence）的口头精神，和随后总工程师（L'Ingénieur en Chef）的策划，准备贷款2.3万两白银，在东迄法兰西外滩（今东门路外滩）、西至斜桥（今徐家汇路、肇周路交界口）的半圆形一线建立24道铁门和3座堡垒，其中用于购置铁料的是18 963两白银，用于建造柱框的水泥是527两白银，用于购置地基和地面的水泥是946两白银，购买油漆的是600两白银，其他1 050两白银。与此同时，还决定耗银2 717两在斜桥至徐家汇一线的肇嘉浜各桥梁上建立永久防卫的铁门，又耗资19 760两白银修缮这一线坡岸上的铁丝网。6月11日，该方案在工务委员会（Comité de Travaux）上得以通过，9月9日又获得了公董局董事会（le Conseil）的批准。①

紧接其后，即五卅运动结束之后的1925年12月25日，最初的3道铁门——位于民国路（今人民路）与典当街（Rue Protet，今金门路）、老北门街（Rue Port du Nord，今河南南路）、麦底安路（Rue Vincent Mathieu，今山东南路）各自交界口的铁门首先动工，从铁门制作到水泥柱框和地基铺设，至1926年2月得以验收。②

在此之后，即1926年，根据公董局董事会总董（le Président du Conseil Municipal）

---

① 参见上海市档案馆藏号U38—4—2424，"上海法租界公董局关于设置、修理、移动一些铁门的文件"，第259、270、271页。
② 参见上海市档案馆藏号U38—4—2424，第259、262页。

的要求(一说系奉总领事之命①),位于法兰西外滩(Rue Poste de l'Est,今址在东门路、中山东二路口北侧)的第 4 道铁门和小东门大街(Rue de la Porte de l'Est,今址在人民路、方浜中路口东侧)的第 5 道铁门开始动工。②

1926 年 10 月 6 日,奉法国驻沪总领事(Le Consul Général)之命,又有 3 道新的铁门开始动工,它们分别位于永安街(Rue Laguerre,今永安路)、紫来街(又称紫莱街,Rue Discry,今紫金路)、磨坊街(又称火轮磨坊街,Rue du Moulin,今盛泽路)和民国路的交界口处。4 家制铁企业参与了投标活动,其中公益协记机器厂(Kung Yie)以 727 两白银中标,其余三家的报价分别为 824 两白银、860 两白银、968 两白银。③

11 月 3 日,公董局董事会决定在华法交界线上再兴建 16 道铁门。④(一说其中华成路上的铁门系奉总领事之命而建⑤)经招标后,中标公司有 4 家,概况可见表 1:

表 1　1926 年 11 月 3 日上海法租界拟建 16 道铁门及承建公司概况⑥

铁门所在路名	现今路名	承 建 公 司	承建费用(白银)
兴圣街(Rue de la Mission)	永胜路	公益协记机器厂(The Kung Yie Yeh Kee Engine Works),位于虹口新记浜路 1206 号	1 292.90 两
天主堂街(Rue Montauban)	四川南路		
茄勒路(Rue Galle)	吉安路		
平济利路(Rue Bluntschli)	济南路		
舟山路(Rue Chusan)	龙潭路	Way Cheong & Co., LTD. Iron Founders, Engineers Steam Launch Constructors and Contractors,位于东余杭路 24 号	1 306.90 两
Rue Minghong(闵行路)	此路不存		
东自来火街(Rue des Pères)	永寿路		
辣斐德路(Rue Lafayette)	复兴中路		
太古路(又称大沽路,Rue Takou)	此路不存	上海新大制造机器轮船厂(Sing Dah Engineering & Shipbuilding Works, Ltd.),位于南市 HU KIN YUN	1 369.55 两
Rue Fokien(福建路)	此路不存		
白尔路(Rue Eugène Bard)	自忠路		
康悌路(Route Conty)	建国东路		

① 参见本文表 3。
② 参见上海市档案馆馆藏号 U38—4—2424,第 259、262 页。
③ 参见上海市档案馆馆藏号 U38—4—2424,第 259 页。
④ 参见上海市档案馆馆藏号 U38—4—2424,第 260、262 页。
⑤ 参见本文表 3。
⑥ 表中材料综合自上海市档案馆馆藏号 U38—4—2424,第 259、277—281 页。

(续表)

铁门所在路名	现今路名	承建公司	承建费用(白银)
台湾路(Rue Formose)	此路不存	林培记机器铁厂(L. Pai Kee, Engineers Boiler Makers Iron Founders Machinery and General Contractors),位于虹口东百老汇路元芳路34、35号	1 318.80 两
华成路(又称华盛路,Rue Voisin)	会稽路		
安纳金路(Rue Hennequin)	东台路		
天文台路(Rue de l'Observatoire)	合肥路		

几乎同时,公董局又决定在敏体尼荫路(Boulevard Montigny,今址在西藏南路、方浜西路口)上兴建第25道铁门,并与上述16道铁门于11月17日同时动工。①

50余天后,即1927年1月10日,总工程师制作了一张表格,反映了截至当日为止,位于法华交界线上各道铁门的建筑情况,详见表2:

表2 截至1927年1月10日上海法租界铁门修建概况②

法文路名	中文路名(当时)	状况(法文)	状况(中文)
Quai de l'Est	金利源码头	Pas de portail prévu	尚未准备建铁门
Rue de l'Est	法兰西外滩	Terminé	铁门已建好
Rue des Escaliers	陆家石桥	Pas de portail prévu	尚未准备建铁门
Rue Porte de l'Est	小东门大街	Terminé	铁门已建好
Rue Minghong	闵行路	Terminé	铁门已建好
Rue Fokien	福建路	Terminé	铁门已建好
Rue Takou	太古路(又称大沽路)	Terminé	铁门已建好
Rue Chusan	舟山路	Terminé	铁门已建好
Rue Formose	台湾路	Terminé	铁门已建好
Place du Château d'eau	新开河	Pas de portail prévu, Poste d'Incendie et Blookhaus	尚未准备建铁门,此处有消防站和堡垒

---

① 参见上海市档案馆馆藏号 U38—4—2424,第 260、262 页。
② 上海市档案馆馆藏号 U38—4—2424,第 272 页。原表只有法文,中文系笔者所译。

(续表)

法文路名	中文路名（当时）	状况（法文）	状况（中文）
Rue Laguerre	永安街	Terminé	铁门已建好
Rue Montauban	天主堂街	Portail sera posé le 10/1/27 au soir	铁门将在1927年1月10日晚上装好
Rue de la Mission	兴圣街	Terminé	铁门已建好
Rue Petit	吉祥街	Pas de portail prévu, railless	尚未准备建铁门，此处有无轨电车
Rue Discry	紫来街（又称紫莱街）	Portail sera posé le 11/1/27	铁门将在1927年1月11日装好
Rue Porte du Nord	老北门街	Terminé	铁门已建好
Rue Protet	典当街	Terminé	铁门已建好
Rue Vincent Mathieu	麦底安路	Terminé	铁门已建好
Rue du Moulin	磨坊街（又称火轮磨坊街）	Terminé	铁门已建好
Rue Touranne	郑家木桥街	Pas de portail prévu, railless	尚未准备建铁门，此处有无轨电车
Rue Hué	新桥街（又称东新桥街）	Pas de portail prévu, tramways	尚未准备建铁门，此处有有轨电车
Rue Ningpo	宁波路（又称法界宁波路）	Pas de portails prévus, tramways	尚未准备建铁门，此处有有轨电车
Rue des Pères	东自来火街	Terminé	铁门已建好
Passage 80m. N. Palikao	宁波小弄（位于八里桥路以北80米处）	Pas de portail prévu, Chevaux de frise	尚未准备建铁门，此处有拒马
Rue Palikao	八里桥路、八仙桥街	Pas de portail prévu, Blookhaus	尚未准备建铁门，此处有堡垒
Rue Buissonnet	皮少耐路	Pas de portail prévu, Blookhaus	尚未准备建铁门，此处有堡垒
Passage 50m. N. Voisin	某弄堂（位于华成路以北50米处）	Chevaux de fries	有拒马
Rue Voisin	华成路（又称华盛路）	Terminé	铁门已建好

(续表)

法文路名	中文路名（当时）	状况（法文）	状况（中文）
Rue Millot (Rte limitie)	麋鹿路	Pas de portail prévu	尚未准备建铁门
Boulevard Montigny	敏体尼荫路	Terminé	铁门已建好
Rue Eugène Bard	白尔路	Terminé	铁门已建好
Rue Lafayette	辣斐德路	Terminé	铁门已建好
Passage 50m. S. Lafayette	某弄堂（位于辣斐德路以南50米处）	Pas de portail prévu	尚未准备建铁门
Rue Hennequin	安纳金路	Terminé	铁门已建好
Rue Galle	茄勒路	Terminé	铁门已建好
Rue Bluntschli	平济利路	Terminé	铁门已建好
Rue Observatoire	天文台路	Terminé	铁门已建好
Gd. Passage à 50m. S. de Rue Observatoire	某大弄堂（位于天文台路以南50米处）	Pas de portail prévu	尚未准备建铁门
Rue Conty	康悌路	Terminé	铁门已建好
Route Capitaine Rabier, Route de Zikawei	蓝维霭路、徐家汇路交界	Pas de portail prévu, terrain adjacent entouré de barbelés.	尚未准备建铁门，此地被铁丝网所围

显然，在已决定修筑的25道铁门中，23道已经告竣，尚有2道位于天主堂街、紫来街的铁门亦将在一两日内完工。

1月12日至20日，又根据总领事的命令，继续开工兴建了7道铁门，分别位于法华交界一线的金利源码头（Quai de l'Est，今东门路黄浦江边北侧）、陆家石桥（Rue des Escaliers，今路不存，位于东门路、外咸瓜街交界口西北侧）、吉祥街（Rue Petit，今江西南路）、郑家木桥街（Rue Tourane，今福建南路）、宁波小弄（Rue de la Pagode de Ningpo，今人民路大境阁对侧小弄）、皮少耐路（Rue Buissonnet，今寿宁路）、Rue Hué 路口上。① 据笔者综合有关材料判断，②所谓 Rue Hué 的铁门位于三岔路口，实际上包含了新桥街（Rue Hué，今浙江南路）和

---

① 参见上海市档案馆馆藏号 U38—4—2424，第260、262页。
② 参见本文表3、表4、表5、表6、附表。

法界宁波路(Rue de Ningpo,今淮海东路)上相邻的两道铁门。由此,该7道铁门,准确地说应为8道。

1月26日前后,还是根据总领事的命令,第34、35道铁门,分别在八里桥路(Rue Palikao,今云南南路)和徐家汇路、斜桥(Route de Zikawei,Sts Catherine,今徐家汇路)上开工兴建。①

2月底,最后两批共10道铁门竣工,已建铁门达到了35道。②

3月20日,总工程师又制作了一张表格,汇总了上述35道铁门(其中Rue Hué实为2道)的开工时间和建造依据,详见表3:

表3 截至1927年3月20日上海法租界35道铁门修建概况③

RUES	路名(中文)	开工时间	建造依据
Quai de France	金利源码头	1927年1月12日	奉总领事之命
Poste de l'Est	法兰西外滩	1926年	奉总领事之命
Rue des Escaliers	陆家石桥	1927年1月12日	奉总领事之命
Rue Porte de l'Est	小东门大街	1926	奉总领事之命
Rue Minghong	闵行路	1926年11月17日	奉1926年11月3日公董局董事会之决定
Rue Fokien	福建路	1926年11月17日	奉1926年11月3日公董局董事会之决定
Rue Takou	太古路(又称大沽路)	1926年11月17日	奉1926年11月3日公董局董事会之决定
Rue Chusan	舟山路	1926年11月17日	奉1926年11月3日公董局董事会之决定
Rue Formose	台湾路	1926年11月17日	奉1926年11月3日公董局董事会之决定
Place Château d'Eau	新开河		
Rue Laguerre	永安街	1926年10月6日	奉总领事之命
Rue Montauban	天主堂街	1926年11月17日	奉1926年11月3日公董局董事会之决定

---

① 参见上海市档案馆馆藏号U38—4—2424,第260页。
② 参见上海市档案馆馆藏号U38—4—2424,第260页。
③ 上海市档案馆馆藏号U38—4—2424,第262页。表中中文部分系笔者所译。

(续表)

RUES	路名(中文)	开工时间	建造依据
Rue de la Mission	兴圣街	1926年11月17日	奉1926年11月3日公董局董事会之决定
Rue Petit	吉祥街	1927年1月20日	奉总领事之命
Rue Discry	紫来街(又称紫莱街)	1926年10月6日	奉总领事之命
Rue de la Porte du Nord	老北门街	1925年12月25日	奉1925年9月9日公董局董事会之决定
Rue Protet	典当街	1925年12月25日	奉1925年9月9日公董局董事会之决定
Rue Vincent Mathieu	麦底安路	1925年12月25日	奉1925年9月9日公董局董事会之决定
Rue du Moulin	磨坊街(又称火轮磨坊街)	1926年10月6日	奉总领事之命
Rue Tourane	郑家木桥街	1927年1月12日	奉总领事之命
Rue Hué	新桥街(又称东新桥街)、宁波路(又称法界宁波路)	1927年1月13日	奉总领事之命
Rue des Pères	东自来火街	1926年11月17日	奉1926年11月3日公董局董事会之决定
Rue de Ningpo	宁波小弄	1927年1月20日	奉总领事之命
Rue de Palikao	八里桥路(又称八仙桥街)	1927年1月26日	奉总领事之命
Rue Buissonnet	皮少耐路	1927年1月12日	奉总领事之命
Rue Voisin	华成路(又称华盛路)	1926年11月17日	奉总领事之命
Rue Millot	麋鹿路		
Boulevard de Montigny	敏体尼荫路	1926年11月17日	奉1926年11月3日公董局董事会之决定
Rue Eugène Bard	白尔路	1926年11月17日	奉1926年11月3日公董局董事会之决定
Rue Lafayette	辣斐德路	1926年11月17日	奉1926年11月3日公董局董事会之决定
Rue Hennequin	安纳金路	1926年11月17日	奉1926年11月3日公董局董事会之决定

(续表)

RUES	路名(中文)	开工时间	建造依据
Rue Galle	茄勒路	1926年11月17日	奉1926年11月3日公董局董事会之决定
Rue Bluntschli	平济利路	1926年11月17日	奉1926年11月3日公董局董事会之决定
Rue de l'Observatoire	劳神父路	1926年11月17日	奉1926年11月3日公董局董事会之决定
Route Conty	康悌路	1926年11月17日	奉1926年11月3日公董局董事会之决定
Route de Zikawei	徐家汇路	1927年1月26日	奉总领事之命

第36道铁门位于新开河(Place du Château d'Eau),1927年9月20日法租界督办(Le Directeur Général)在致总办(le Secrétaire)的一份文件中曾提及将很快建筑此门。①

该道铁门的安装体现在1929年4月3日路政工程师(L'Ingénieur de la Voirie)制作的一张为反映全部铁门当前技术性能的新表格里,详见表4:

表4　1929年4月3日上海法租界全部铁门性能概况②

所属路名(法文)	所属路名(中文)	铁门状况(中文)
Quai de France	金利源码头	良好
Poste de l'Est	法兰西外滩	良好
Rue des Escaliers	陆家石桥	检修插销
Rue de l'Est	小东门大街	良好
Rue Minghong	闵行路	检修插销
Rue Fokien	福建路	检修插销
Rue Takou	太古路(又称大沽路)	良好
Rue Chusan	舟山路	良好,移动5米
Rue Formose	台湾路	良好,移动5米

① 参见上海市档案馆馆藏号 U38—4—2424,第99页。
② 上海市档案馆馆藏号 U38—4—2424,第182页。表中中文部分系笔者所译。

（续表）

所属路名（法文）	所属路名（中文）	铁门状况（中文）
Pl. Du Château d'Eau	新开河	良好
Rue Laguerre	永安街	良好
Rue Montauban	天主堂街	检修插销
Rue de la Mission	兴圣街	移动带插销的关门铁杆
Rue Petit	吉祥街	大修
Rue Discry	紫来街（又称紫莱街）	检修插销
Rue Porte du Nord	老北门街	固定键，检修插销
Rue Protet	典当街	缺少一个键
Rue Vincent Mathieu	麦底安路	检修插销
Rue Moulin	磨坊街（又称火轮磨坊街）	缺少一个小键
Rue Tourane	郑家木桥街	修修横杆
Rue de Ningpo	新桥街（又称东新桥街）、宁波路（又称法界宁波路）	移动带插销的关门铁杆
Rue des Pères	东自来火街	缺少一个水平插销
Passage Ningpo	宁波小弄	良好
Rue Palikao	八里桥路（又称八仙桥街）	缺少一个键，门关不上
Rue Buissonnet	皮少耐路	检修插销
Rue Voisin	华成路（又称华盛路）	检修插销
Bd. de Montigny	敏体尼荫路	检修插销
Rue Eugène Bard	白尔路	检修插销
Rue Lafayette	辣斐德路	良好
Rue Hennequin	安纳金路	良好
Rue Galle	茄勒路	良好
Rue Bluntschli	平济利路	良好
Rue du Père Froc	劳神父路	良好
Rue Conty	康悌路	良好
Pont Ste. Catherine	斜桥	检修顶部

与1927年3月30日的表格相比,该表内确实多出了,而且仅多出了一道位于"Pl. du Château d'Eau(新开河)"的铁门。(另需注意的是,表4中的Rue de Ningpo,即系表3中的Rue Hué,它实际上包括了两道毗连的铁门)

1931年11月10日,法租界警务处总监(Le directeur des Services de Police)在致督办的一份公文中,建议在杜神父路(Rue du Père Dugout)建筑铁门,其理由是"杜神父路对着蓝维霭路,所以其进口有必要建立铁门"。① 杜神父路并非新辟,早在20年代末就有了,②其前身绍兴街更是辟筑于民国初年,那何以在1931年才准备修建铁门呢?1925—1927年间为什么没有同相邻、平行的劳神父路、康梯路等同时建门呢?对此,笔者推测,1931年以前的杜神父路或是过于狭窄,或是闭塞,只是在1931年拓宽后才与华法交界的蓝维霭路(今肇周路)实现畅通,故有了建立铁门的必要。所以,这道铁门应该建于稍后的1931年年末或1932年年初。

1934年3月上旬,总工程师汇总了一份反映各铁门当前状况的调查资料,相关信息可见表5:

表5 1934年3月上旬上海法租界铁门概况③

所 在 路 名	所属捕房	备 注
KEE ZEE YEU(金利源码头)	POSTE DE L'EST(小东门捕房)	
QUAI DE FRANCE(法兰西外滩)		
RUE DES ESCALIERS(陆家石桥)		
RUE DE L'EST(小东门大街)		
RUE DE MINGHONG(闵行路)		
RUE DU FOKIEN(福建路)		
RUE DE TAKOU(太古路,又称大沽路)		
RUE DU CHUSAN(舟山路)		
RUE DE FORMOSE(台湾路)		
PlACE CHATEAU D'EAU(新开河)		

---

① 上海市档案馆馆藏号U38—4—2424,第14页。
② 参见《一少年被枪击》,《申报》1929年9月25日,第15版。
③ 上海市档案馆馆藏号U38—4—2426,第89页。原文为法文,中文系笔者所译。

(续表)

所 在 路 名	所属捕房	备 注
RUE LAGUERRE(永安街)	POSTE MALLET（麦兰捕房）	
RUE MONTAUBAN(天主堂街)		
RUE DE LA MISSION(兴圣街)		
RUE PETIT(吉祥街)		
RUE DISCRY(紫来街,又称紫莱街)		
RUE PORTE DU NORD(老北门街)		
RUE PROTET(典当街)		
RUE VINCENT MATHIEU(麦底安路)		
RUE DU MOULIN(磨坊街,又称火轮磨坊街)		
RUE TOURANE(郑家木桥街)		
RUE HUE(新桥街、东新桥街)		
RUE DU NINGPO(宁波路,又称法界宁波路)		
RUE DES PERES(东自来火街)		
PASSAGE DE NINGPO(宁波小弄)		
PORTAIL MUNICIPALITE		
RUE PALIKAO(八里桥路,又称八仙桥街)	POSTE JOFFRE（霞飞捕房）	
RUE BUISSONET(皮少耐路)		
RUE VOISIN(华成路,又称华盛路)		
BOULEVARD MONTIGNY(敏体尼荫路)		
RUE EUG. BARD(白尔路)		
RUE LAFAYETTE(辣斐德路)		
RUE HENNEQUIN(安纳金路)		曾属中央捕房管辖
RUE GALLE(茄勒路)		曾属中央捕房管辖
RUE BLUNTSCHLI(平济利路)		曾属中央捕房管辖
RUE DU PERE FROC(劳神父路)		曾属中央捕房管辖
ROUTE CONTY(康悌路)	POSTE CENTRAL（中央捕房）	
RUE PERE DUGOUT(杜神父路)		
PONT SAINTE CATHERINE(斜桥)		

很显然,第37道铁门,即位于杜神父路(RUE PERE DUGOUT)上的新铁门,已收入在该表中。

综上所述,若以每一条路口算一道铁门的话(不含各弄堂口的小铁门,或临时性的铁门),那么从十六浦江边向西直到斜桥的华法交界一线,总共建了37道铁门。其中,1925年12月25日至1927年1月11日,陆续建了25道;1927年1月12日至2月底又增建了10道;第36道约建于1927年年末;第37道约建于1931年年末至1932年年初。

顺便一提的是,尽管每道铁门的高度都是2.9米,但因所在道路的宽度不等,铁门的宽度亦有不同。1932年9月30日法租界当局为油漆全部铁门而制作的一张表格包含了这方面的数据,详见表6:

表6 1932年9月30日上海法租界各道铁门宽度[①]

所 在 路 名	序 号	宽度(米)
Quai de King Lie Yeu(金利源码头)	36	15.20
Quai de France(法兰西外滩)	35	10.00
Rue Lo-Ka-za(陆家石桥)	34	7.20
Rue de l'Est(小东门大街)	33	11.00
Rue Minghong(闵行路)	32	7.70
Rue Fokien(福建路)	31	7.70
Rue Takou(太古路,又称大沽路)	30	7.70
Rue Chusan(舟山路)	29	11.60
Rue Formose(台湾路)	28	4.60
Place Château d'Eau(新开河)	27	8.50
Rue Laguerre(永安街)	26	9.20
Rue Montauban(天主堂街)	25	20.80
Rue de la Mission(兴圣街)	24	5.00
Rue Petit(吉祥街)	23	14.80
Rue Discry(紫来街,又称紫莱街)	22	9.70
Rue Porte du Nord(老北门街)	21	20.00
Rue Protet(典当街)	20	7.80
Rue Vincent Mathieu(麦底安路)	19	9.20

① 上海市档案馆馆藏号U38—4—2426,第173页。

(续表)

所 在 路 名	序 号	宽度(米)
Rue du Moulin(磨坊街,又称火轮磨坊街)	18	7.80
Rue Tourane(郑家木桥街)	17	14.80
Rue Hué(新桥街、法界宁波路)	16	30.60
Rue des Pères(东自来火街)	15	7.70
Rue Ningpo(宁波小弄)	14	3.40
Blockhaus Palikao	13	8.00
Rue Palikao(八里桥路,又称八仙桥街)	12	12.20
Rue Buissonnet(皮少耐路)	11	8.00
Rue Voisin(华成路,又称华盛路)	10	12.20
Rue Montigny(敏体尼荫路)	9	25.40
Rue Eugène Bard(白尔路)	8	18.20
Rue Lafayette(辣斐德路)	7	18.20
Rue Hennequin(安纳金路)	6	12.20
Rue Galle(茄勒路)	5	12.40
Rue Bluntschli(平济利路)	4	12.40
Rue du Père Froc(劳神父路)	3	15.40
Rue Conty(康梯路)	2	12.40
Pont St Catherine(斜桥)	1	17.00

从上表中可以看出,最狭窄的 Rue Ningpo 只有 3.4 米,而最宽的 Rue Hué 竟有 30.60 米,这也证明了后者实际上是位于三岔路口,包含了两道毗连的铁门。

此次油漆工程亦采用了招标的办法,最后,周良记在 10 家应标公司中,以 328.75 两白银的最低价中标。[①]

自铁门建成以后,相应而来的便是维修问题。一来因其时关时闭、使用过频,常常导致零件受损、故障频发,二来长时间日晒雨淋之下铁料也会逐渐锈蚀,而有的则因所在位置不当而迭遭各种交通工具的撞击。由此导致的高破损率和高故障率[②]使得保养工作变得日益重要。

---

① 参见《上海法公董局华文公报》第 2 年第 58 号,1932 年 11 月 28 日。
② 例如,早在 1927 年 12 月 20 日,督办致机械工程师(l'Ingénieur Mécanicien)的一份文件表明,已有 18 道(约占总数一半)门出现了部件缺损,多数涉及挂钩、插销、横锁头等(参见上海市档案馆馆藏号 U38—4—2424,第 139、140 页)。又如,根据前述 1929 年 4 月 3 日路政工程师的一份文件(参见本文表 4),36 道铁门中完整无损的仅有 15 道,其中又有 2 道的位置尚需调整(参见上海市档案馆馆藏号 U38—4—2424,第 99 页)。再如,在 1931 年 3 月的一次全面调查中,35 道铁门中仅有 6 道完好无损,其余均不程度存在这样或那样的问题(参见上海市档案馆馆藏号 U38—4—2424,第 35—38 页)。

实际上，平日里的上油、油漆、维修、调整等工作，通常由法租界公共工程处技术科机械股和所辖捕房负责，一般采取招标形式，报价最低的公司通常中标概率较大。早在1927年7月间，法租界当局就曾通过招标程序，委托原先建门的4家公司，即公益协记机器厂、林培记机器铁厂、上海新大制造机器轮船厂、Way Cheong & Co., LTD对32道铁门实施了加固工程，主要是强固侧门扶墙和中心扶墙。① 此后数年间，若干路段的铁门陆续有过一些修整。例如，1928年7月间拓展了斜桥铁门的宽度；②1927年8月间移动了被电车撞坏了的八里桥路铁门；③1928年10月间修补了金利源码头铁门和法兰西外滩铁门的破裂之处；④1928年11月间修理敏体尼荫路铁门的关启故障；⑤1929年4月间对台湾路、舟山路铁门进行了调整、移动、重装；⑥1930年4月间天主堂街铁门的位置移动了若干米；⑦1930年9月间老北门街道路拓宽，其铁门亦相应放宽；⑧1931年12月间，对金门路铁门进行了紧急修整；⑨等等。

1932年一·二八事变后，这样的维修机制也一直存在着，直至20世纪30年代末。其间，法外滩洋行街、敏体尼荫路、新开河、东新桥街、自来火行东街、郑家木桥街、金利源码头、斜桥、白尔路、十六铺、福建南路、皮少耐路等处的铁门，都曾有过或维修、或改建、或迁移的记录。⑩ 尽管如此，铁门的趋破趋旧似乎难以避免，几十年后曾有一位老人这样回忆儿时的见闻：

> 南阳桥还有一处已经了无踪影但却非常令人惊心的历史遗迹，这就是在东台路东，曾是当年法租界与南市（当时称"中国地界"）交界处有一座大

---

① 参见上海市档案馆藏号U38—4—2424，第220、241页。
② 参见上海市档案馆藏号U38—4—2424，第118页。
③ 参见上海市档案馆藏号U38—4—2424，第194页。
④ 参见上海市档案馆藏号U38—4—2424，第104页。
⑤ 参见上海市档案馆藏号U38—4—2424，第102页。
⑥ 参见上海市档案馆藏号U38—4—2424，第92页。
⑦ 参见上海市档案馆藏号U38—4—2424，第63页。
⑧ 参见上海市档案馆藏号U38—4—2424，第48页。
⑨ 参见上海市档案馆藏号U38—4—2424，第1页。
⑩ 详见《上海法公董局华文公报》第3年第81号，1933年10月2日；第3年第93号，1933年12月25日；第4年第103号，1934年3月5日；第4年第107号，1934年3月29日；第4年第111号，1934年3月29日；第4年第120号，1934年6月28日；第4年第132号，1934年9月20日；第4年第140号，1934年11月22日；第6年第213号，1936年4月23日；第6年第239号，1936年10月22日；第8年第348号，1938年11月24日；第9年第362号，1939年3月2日。以及上海市档案馆藏号U38—4—2421，"白乐路铁门移动"；上海市档案馆藏号U38—4—2422，"铁栅门修理"；上海市档案馆藏号U38—4—2423，"皮山耐路铁栅门改建"；上海市档案馆藏号U38—4—2426，"西藏南路与石门路附近筑碉堡的多样设计，西藏南路铁门设计，法国码头铁门修建"；上海市档案馆藏号U38—4—1862，"福建南路（爱多里）建造铁门及福建南路与延安路间不卫生情况"。

铁门,我在小时候还看见过此门,但已破残歪斜……①

这道铁门应当是敏体尼荫路铁门,位于今天的西藏南路、方浜西路口。

相 关 交 涉

在紧要地点设立昼开夜闭的铁栅门,再辅之以铁丝网、沙袋,固然对法租界的安全防御有一定作用,但对于两界间的交通却构成了相当窒碍。早在1926年1月,即最初的5道铁门修建之时,十六铺一带的华界各业商号便"目击此举于运输货物车辆进出多感不便"②。一年以后,即1927年1月、2月间,随着北伐军逼近上海,工界盛传即将罢工,军政形势日渐紧张,35道铁门因此陆续告竣,而这使得交通问题变得更加严峻起来。1月13日,华界的上海市公所和淞沪警察厅分别派员与法租界当局交涉,要求延迟闭门时间,并"每晚必须开放一门以便行旅"。后者虽表示将"酌量通融",③但没有兑现,相反1月25日、26日还在公共租界与法租界交界的爱多亚路(今延安东路)一线也广布了铁丝网。2月21日起,法租界当局又日夜封锁了从徐家汇至斜桥沿肇嘉浜的各桥口,将斜桥至十六铺法华交界处的大多数铁门关闭,并派出大批法、俄、越、中巡捕到现场驻守,戒备森严。

有鉴于此,2月27日上海总商会会长袁履登、上海县商会会长姚紫若、闸北商会会长王彬彦联名致函法租界陆费伯鸿等5名华董,诉说民情痛苦,请求打破南北封锁。内含:

> 沪埠自前日发生同盟罢工,形势严重,风声所播,法当局为维持界内治安计,爰将华法交界处装置铁栅以资防护,未可厚非。但月之二十三日所有华法交通之孔道以及较狭街道之铁栅日夜锁闭,南北交通立时断绝,间有开放数分钟者车辆行人异常拥挤,人心惶惶,莫知所措。此因防范过严而反滋疑虑,殊为法当局所不取也。况居住华界之人服务北市租界者,受铁栅封锁之影响于职务上甚感痛苦,且万一华租发生障碍,良善居民欲往北暂避则无路可通,顿处绝境,于一般身家性命关系非小,按之人道主义实有未合。况

---

① 丹晨:《南阳桥·法藏寺·大铁门》,《新民晚报》2013年11月1日,A29版。
② 《十六铺旧桥址新建栅门》,《申报》1926年1月13日,第14版。
③ 《请宽展法租界铁栅关闭时间》,《申报》1927年1月14日,第9版。

法租界内每日需用蔬菜等食物多由华界肩挑而来,照此封锁无法运进,于法租界住民亦感不便。其他种种有南北往返之必要,因隔绝而无通过,影响所及为害有不可胜言者。因此函恳台端面请法当局,准将华法交通要道之铁栅规定若干处,虽遇时局万分紧张之际亦须终日开放,以利行人。为防患未然计,得酌派捕探常川驻守。此于便利交通、慎重防务两无妨碍,当以为法当局所乐许也……①

华董们接获此函后,即与法国驻沪总领事那齐亚(Paul Emile Naggiar)商洽,后者"允予通融办理",并于3月4日饬令警务处总巡费沃礼(E. Fiori)"将全法租界所装铁棚,日间每隔一横路放启一门,夜间每隔两横路放启一门,时间以每日早晨六时开放,晚间八时锁闭"。② 位于小东门外大街口的铁门,每晚8点关门后,"行人既不便利,商业上大受影响",后经呼吁又延长至夜12点下锁。③

尽管如此,随着3月21日上海华界发生第三次工人武装起义,紧接着北伐军进占,沪上局势一直处于紧张之中,法租界当局并未执行上述通融办法,而是频繁戒严,关闭铁门,并架设机枪、布置铁甲车、沙袋、铁丝网,以致平时通过铁门所在路口的法商公共电车也不得不停驶。尤其是3月27日这一天,形势最为严重,不仅通告自即日起晚10时至晨4时实施宵禁,④法华间各路口的铁门亦完全封闭:

> 晨六点半时,各捕房又得紧急命令,分别饬派越捕乘坐汽车出外,口吹洋号,各店铺已经开市者立即上排门,未开市者不敢开门。霎时间马路上之行人均各避居家中,不敢出外。仅见马路中均系头戴铜帽之中、西、越各捕及法国兵士往来行走,各处沙袋后面伏有越捕数名,各持机关枪作开放状。又有铁甲车十余辆分派在八仙桥、中法学校前宁波路口、西新桥口、东新桥口、郑家木桥口、麦底安路口、老北门街口、吉祥街口、天主堂街口、小东门洋行街口、十六铺等处驻防,枪口向民国路,气象森严,并劝令行人速即回家不可逗留,菜市街各菜摊及各种小贩一概不准摆设。吕班路、敏体尼荫路两处只准行人向西,不准向东,如有法捕房通行证则可通行。又八仙桥小菜场及永大号南货店门前等处均堆沙袋,并在永大号楼上架有机关枪数支,均有越兵驻守。小东门、大自鸣钟、嵩山路、卢家湾、宝建路巡捕房前均堆沙袋以防不测。直至

---

① 《三商会请法当局勿闭铁栅》,《申报》1927年2月28日,第9版。
② 《商洽开放华租交界处铁栅之文件》,《申报》1927年3月6日,第13版。
③ 《法租界铁栅允展至十二时下键》,《申报》1927年3月12日,第10版。
④ 参见《法租界加紧戒严》,《申报》1927年4月2日,第13版。

十点半时,始由捕房人员乘坐汽车至各处知照各店铺一律开市照常营业,然交通依然断绝,华法毗连之路均不能通行,仅一二处小弄可以出入,其与公共租界毗连之处亦仅留敏体尼荫路一处可通,其他各处虽小弄亦被阻塞……①

法租界守卫之森严,甚至当日上午 11 时法总领事那齐亚在苏州河北岸办事完竣,坐小汽车从外洋泾桥返回法租界时,也曾一度被哨卫阻挡。

鉴于以铁门严闭为核心的法租界封锁政策极易引起中国人反感,②而且此时在铁门华界一侧站岗的已非原先的北洋政府军警,换之以北伐而来的国民革命军官兵。所以,法租界当局急于取得"新邻居"的谅解。上海闻人、法租界警务处顾问黄金荣受总巡费沃礼之派,于 3 月 30 日上午前往晋见北伐军总司令蒋介石,说明"法租界之设防铁门,乃为维持治安起见,并无恶意,请派军队协同保护居民,俾华法两界可以联防"。③ 对此,蒋介石表示允准。与此同时,法租界警务处政治部程子卿亦曾往谒北伐军前敌总指挥白崇禧,旨在消除误会,取得谅解。

4 月 12 日,上海发生四·一二反革命大屠杀。稍后,蒋介石集团在南京成立国民政府。上海地区正式出现了公共租界、法租界和国民党上海市政府三界鼎立的新局面。此后数年间,沪上政治和社会局势相对稳定,并无太大的变乱,但法租界当局每逢风吹草动(如工人罢工)或敏感的纪念日(例如 5 月 1 日、5 月 30 日、8 月 1 日、12 月 11 日等)便动辄戒严,或全闭铁门,或关闭大部,或缩短开启时间,并以铁丝网封锁两租界交界之爱多亚路,中断交通几成家常便饭。所幸每次封锁的时间均不算长,短则半日,长者数天。下表是 1927 年 5 月至 1932 年 1 月间(即一·二八事变爆发前)《申报》的此类记载,虽不完全,但也可见大概:

表 7　1927 年 5 月至 1932 年 1 月上海法租界边界铁门关闭事略

刊文时间	版面	刊文标题	相关内容
1927.5.10	14	法租界之防范	法捕房当局特于昨日下午二时四十分,通令将十六铺及沿民国路一带交界处之铁栅门一律关闭,一面并于各该铁门口加派武装越捕两名或四名驻守,所有车辆行人均不能通过云

---

① 《两租界昨日断绝交通》,《申报》1927 年 3 月 28 日,第 9 版。
② 曾有报载,1927 年 3 月 29 日夜 10 点,有百余名游民欲拆除南市华法交界处的铁门,结果被法、越巡捕赶走(参见《图毁法租界铁栅之制止》,《申报》1927 年 3 月 31 日,第 9 版)。但法总领事随即出来辟谣,斥他说"毫无根据",实系小队流氓"以石掷击沙袋包及铁丝网","不过一寻常小事"(参见《法总领对于法租界之声明》,《申报》1927 年 4 月 1 日,第 14 版)。
③ 《党军在民国路站岗》,《申报》1927 年 3 月 31 日,第 9 版。

(续表)

刊文时间	版面	刊文标题	相 关 内 容
1927.6.1	14	租界方面	是日午刻起,调驻沪法越兵士将所有铁甲炮车、机关枪分往各要隘严密防护,并传谕所属各捕房捕头加派武装中西越各捕至华法交界各处照料,并将华法交界之各铁栅门一律紧闭,阻止交通。并咨请中华义勇团团长武装出外梭巡,以维治安。直至傍晚六点时,始行撤防恢复原状
1927.12.17	13	本埠昨日戒备益严	法租界前晚九时后,各区铁栅门颇多关锁,只东新桥及小北门、天主堂街等门开放,华界老北门一带亦均加派双岗,地方情势一时为之紧张
1928.1.4	14	法租界	法租界副总巡多利安氏于昨日下午五时后即亲率铁甲队在民国路南阳桥一带华租交界处严密巡护,每一小时与华界二区孔区长会哨一次,沿民国路各马路口之铁栅五时后即行关闭,仅留吉祥街、郑家木桥街、东新桥街及南阳桥四处铁栅可通行人
1928.1.5	13	昨晚各处继续特别戒严	华界戒严时间本定晚间九时起,至翌晨六时止,即华法交界之铁门亦于黄昏后始阻止行人车辆不准通过。但前晚因南站方面发生大股"暴徒"扰乱,提早特别戒严,六时后除有口令者外一概不准通行
1928.5.2	13	华租当局之严防	南市高昌庙方面,昨晚仍于六时后宣布戒严,民国路一带则于八时后断绝交通,非有口令不准通行。华法交界处之铁栅亦均提早关闭,八时后即不准通行
1928.5.10	13	法租界之严防	法捕房总巡暨西探长恐界内发生事端,特传谕所属各捕房,将沿民国路一带华法交界处之铁栅门一律关闭外,加派中西越各捕擎枪实弹,出外梭巡防护
1929.5.10	13	本埠昨日戒严情形	法租界沿小东门、法华民国路、蓝维蔼路与华界毗连之各路口,皆将铁栅门关闭,仅留两旁耳门可通行人,若有电车经过之处,亦仅开半面铁门,以便电车汽车之来往

(续表)

刊文时间	版面	刊文标题	相 关 内 容
1929.8.1	13	今日特别戒严	法租界捕房当局为防范未然计,昨特商诸高等顾问黄金荣君,于昨今两日除分饬各捕房探捕一体严密防范,同时召集特别义务员四百余名,分配华法交界各铁栅门及各要道驻守保护外,并于晚间九时起宣布特别戒严,所有铁栅一律关闭,只留小东门及敏体尼荫路南阳桥两要口通行,至夜十二时完全断绝交通
1929.8.2	13	八一平安过去	华法交界之铁栅门,除南阳桥、郑家木桥街、老北门、新北门等处交通繁重之区开启一门外,余多关闭,并有越捕守视
1929.9.23	15	法租界防范加严	法租界总巡费沃礼为防范严密起见,于昨晚起除将华法毗连之僻静处铁栅门提早关闭外,并加派中西越捕分段在公馆马路、南阳桥、郑家木桥街、东西新桥街等处检查形迹可疑之往来行人,以维本租界内商号居户之安全云
1929.12.11	13	今日戒备加严	法租界由北车站开往斜桥,及十六铺开往西门之五、六两路电车,昨晚八时零五分只开至小北门即折回,所有铁栅门九时一刻即完全紧闭,即敏体尼荫路南阳桥通行之铁栅亦同时紧闭各要口,并加派探捕驻守,交通完全断绝。华界居民至九时半返寓者均被阻拦,麇集路隅望栅兴嗟,大有有家无路可归之概
1929.12.12	13	昨日全市戒严情形	法租界毗连华界铁栅,自午后起,行人只能由边门出入华界。晚九时后,即断绝交通,戒备非常严密
1929.12.16	13	法租界昨闭新桥街铁门	昨日民国路新桥街口铁门终日关闭,仅开东首小门,但该处系交通要道,行人尤多,向必开放。故昨日往来居民,经过小门颇感不便
1929.12.23	15	法租界冬防严密	法租界当局为严密冬防起见,特于昨日起,除将往来经过电车之铁栅门照常开放外,其他如前后新街、兴圣街、紫来街、西自来街、老北门等处各铁栅门即日间亦一律关闭,只将行人道上之边门一扇开放,以利往来行人

(续表)

刊文时间	版面	刊文标题	相 关 内 容
1930.4.28	13	法租界之戒严	法租界总巡捕房费总巡昨日宣布戒严……并将华法毗连处之斜桥、徐家汇、小北门、东新桥街口、郑家木桥口、磨坊街口、天主堂街口、小东门等之铁棚门一律关闭,拒绝车辆往来,只留两旁人行道上之小铁门可以通行
1930.7.17	9	本埠昨日防务	昨日华租当局为防"反动分子"扰乱,对于各紧要路口严加戒备,而华法交界之民国路上戒备尤形严密,沿该路法租界所设铁门,除通行电车者外均通日紧闭,行人概由边门进出
1930.7.19	13	法商水电工潮扩大	法租界巡捕房昨午后通令所属各捕房捕头,立即除派武装探捕分赴华法毗连之沿民国路、南阳桥、方浜桥、斜桥、十六铺、小东门等处严加防范外,并将各处铁栅门临时关闭,单留行人道上之边门以便往来行人。惟东新桥街口沿民国路之铁栅门留开两扇,以便车辆来往
1930.7.21	14	法商水电职员将全部加入罢工	法租界当轴昨日戒备愈行严密……老北门等处之铁门一律关闭,东新桥等处则亦惟留一门,以通往来车辆云
1930.7.22	13	马浪路上昨日大流血	连日法租界方面戒备本极严厉,昨日惨案发生后尤觉紧张,各马路、各要隘气象严重,下午六时且将华租交界之铁栅一律关闭
1930.8.1	9	今日本市特别戒严	两租界当局昨日下令于今日上午六时起宣布特别戒严,昨日已无形戒备,华租交界各处铁栅入晚即一律关闭,仅留数处边门容人出入,不能通过车辆
1930.9.7	17	今日全市特别戒严	华法交界之斜桥西门及民国路一带各马路口之铁栅门均已择要关闭,并加派华越两捕,往来梭巡不绝
1930.9.8	13	昨日全市戒严	法租界总巡捕房费总巡于昨日上午八时起宣布特别戒严……饬派大批西捕,每一西捕率领华、越捕五六名前往华法交界各马路口择要驻防,所有斜桥、西门、南阳桥及民国路一带各铁栅门均加锁紧闭,仅留两旁人行道上之小门可以通行

(续表)

刊文时间	版面	刊文标题	相 关 内 容
1930.11.8	14	昨日本埠防范	昨日华租两界之市公安局及工部局警士探捕等,曾全日往来于通衢要隘间梭巡,以防宵小滋扰,租界方面于晚十时后,将僻静路口铁栅一律关闭,闻今日即行恢复原状云
1930.12.11	13	本埠防务今日加严	法警务当局为防范未然计,特发紧急命令,通令各捕房、所有探捕一律宿于捕房,听候调遣。一面于昨晚七时,即全体出防,今日华法交界铁栅门择口关闭
1930.12.12	13	本市昨日严防	法租界南邻华界,除与公共租界毗连处之郑家木桥、麦底安路口、云南路南口一带派越捕会同驻防外,其沿靠民国路之铁栅,仅斜桥及郑家木桥街二处完全开放,余则或开一门以通车辆,或开边门以行路人,戒备亦十分严密
1931.8.2	17	八一平安过去	致法租界警务当局,尤加注意,僻静路口铁栅大都关闭
1931.9.6	18	法电工人琐事纷扰扩大	法捕房非常注意,特派通班中西越各捕,一律武装出外防护。民国路自小东门起至斜桥止,所装铁门一律关闭,仅留小门以便交通
1931.12.10	9	法界戒严	法租界捕房于下午七时许即突告戒严,所有华租交界之铁门十有九关闭,电车均驶至小北门为止,不再驶入华界
1931.12.11	13	特别戒严	法租界当局将斜桥、南阳桥暨民国路一带铁门一律紧闭,卢家湾等处布置铁丝网
1931.12.12	13	昨日法租界之纷扰	昨为共党广州暴动纪念日,本市华租警务当局将防务特别加紧,全市宣告戒严。华法交界铁栅,除电车通过者,开放一面以利交通外,余皆一律关闭,只留边门出入
1931.12.18	9	三千余学生昨日示威游行	华法当局派便衣侦探,沿途加意防范。民国路、中华路及法租界十七、十八两路无轨电车俱停止开行,南阳桥一带铁门亦皆关断。至晚始恢复交通
1932.1.18	9	昨日市民大会	法租界捕房于前晚十二时后,即宣告戒严,所有斜桥、南阳桥、小北门、小东门暨民国路一带铁门一律紧闭。卢家湾、打浦桥等华租交界,并堆有铁丝网,派有大批中西探捕武装驻守

哪里有关门的行动,哪里就会有开门的呼声!而呼吁者(或团体或商家)最常见的诉求便是为了维护交通和商业利益。面对此种自下而上的压力,法租界当局通常采取的是关了又开、开了又关的循环模式,这一猫捉老鼠式的游戏自始至终持续着。表8内容亦采之于《申报》,可见一斑:

表8 1927年、1928年间上海各界要求开启华法交界处铁门的舆论

发文时间	版面	刊文标题	相 关 内 容
1927.4.3	13	法当局关于交通之函复	法租界商业联合会为铁门紧闭、交通阻断,商家大受影响,特于前晚召集评干两部职员三十余人开紧急会讨论救济办法,由正会长叶贶辰主席,经由江锦春、于子承、潘如兴、李维良等提议要求法当道酌量开放数处案,当推定贝在荣、江锦春、李维良等三人为代表,持函晋谒法总巡费沃礼君
1927.4.26	15	法租界商民请开铁门	上海法租界商界总联合会昨接小东门洋行街商号万春、坤元、益昌、顺成、和兴、元泰、元益等函称:沪上风潮业稍平静,敝业各货进出日渐见旺,而我洋行街糖北货行林立,福建路为洋行街中心地点,由华界出入之货,此路为紧要门户,为此请求致函费总巡顾惜商囏,开放此路铁门,以利交通而便商业等语。该会接函后已转请法当局核办云
1927.9.13	15	民国路铁栅门因修路轨开放	法租界公馆马路东段一带现已修筑电车轨道,而法公董局曾经布告阻止车辆改道爱多亚路,不准朝西开驶,故兴圣街一带之怡昌福、周虎臣等二十三家商号以民国路南口铁栅终日锁闭,公馆马路又系修筑轨道不准车辆通行,以致交通断绝,营业因之停顿,特于前日联名盖章函请法租界商业联合会转请法当道开放铁栅门,以维营业等情。该会业已据情函转费总巡
1928.4.17	14	九亩地商联会委员会记	九亩地商界联合会昨晚在露香园路会所开第十七次执行委员会……王昌祥提议民国路东新桥铁门只开一面,车辆往来殊为不便,公决函致法商总会转陈法当局,除非在戒严期内将该项铁门一律开放,以利行人而兴商业

(续表)

发文时间	版面	刊文标题	相 关 内 容
1928.6.18	14	法租界三公团联席会议纪	法租界商界总联合会、纳税华人会、商民自卫团第三团体,昨开星期六联席会议……民国路代表吴亮生提议,所有民国路东段铁门前,捕房允于五卅纪念后一律开放,惟现仍有多处未开,请再函致捕房等情。议决,再行致函法总巡请其即日开放、以利交通
1928.6.20	15	民国路商界要求开铁门	法当局因上月为五月纪念,将各铁门关闭已有月余。今五月纪念期已过,当此春夏端节,正商界营业结账之期,关闭铁门殊于商界有碍,纷请民国路商界联合会转请法当局体恤商艰,准予开放。该会当即据情转请法商总会转函法总巡查照办理,以重商业而便交通云云
1928.6.26	14	各商联会消息	立兴木行等来函,谓该处辣斐德路及茄勒路一带与华界比连之铁栅门迄未开放、影响商业、请求开放等由。议决转函捕房办理
1928.7.3	15	法租界铁门行将开放	法租界各处铁门尚多锁闭,查辣斐德路东首铁门尚未完全通行,该处为西门出入要道,往来车辆绕道迂折,深感不便,闻华董朱炎之君近面陈法总领事请即开放,现已商酌妥定不日实行云

在法租界当局看来,铁门的存在对于维护该租界的安全可谓功莫大焉,但在许多中国人的眼中,作为"一个锐利的刺激",它实在是始作俑者的法帝国主义给中华民族带来耻辱的一项"作品"。① 实际上,不仅法租界使然,仿效而行的公共租界亦莫不如此。1929 年以后,围绕着铁门的设置,公共租界与华界的矛盾也变得日益尖锐起来。进而在 1932 年一·二八事变之后,在长期的战乱时代,围绕着两租界铁门的开与关,中外各方还将演绎更加激烈的纷争……

---

① 康:《绘画与现代精神》,《申报》1931 年 5 月 3 日,增刊第 3、4 版。

本文附表 不同时期法租界铁门数量、位置对照表

序号①	该道铁门开工时间②	1927年1月11日(25道)③	1927年3月20日(35道)④	1929年4月3日(36道)⑤	1931年3月(35道)⑥	1932年9月30日(36道)⑦	1934年3月上旬10日(37道)⑧	租界时代(1943年10月前)中文路名	铁门所在地今址
1	1927.1.12		Quai de France	Quai de France	Quai de France	Quai de King Lie Yeu	KEE ZEE YEU	金利源码头	东门路黄浦江边北侧
2	1926	Rue de l'Est	Poste de l'Est	Poste de l'Est	Quai de K. L. Yuen	Quai de France	QUAI DE FRANCE	法兰西外滩	东门路、中山东二路口北侧
3	1927.1.12		Rue des Escaliers	Rue des Escaliers	R. Porte de l'Escalier	Rue Lo-Ka-za	RUE DES ESCALIERS	陆家石桥	东门路、外咸瓜街交界口北侧
4	1926	Rue Porte de l'Est	Rue Porte de l'Est	Rue de l'Est	R. de l'Est	Rue de l'Est	RUE DE L'EST	小东门大街	人民路、方浜中路口东侧
5	1926.11.17	Rue Minghong	Rue Minghong	Rue Minghong	R. Minghong	Rue Minghong	RUE DE MINGHONG	闵行路	人民路豫园新开河停车场对侧

① 以从东到西为序。
② 资料来源：本文表3。
③ 资料来源：本文表2。
④ 资料来源：本文表3。
⑤ 资料来源：本文表4。
⑥ 资料来源：上海市档案馆馆藏号U38—4—2424，第35—38页。
⑦ 资料来源：本文表6。
⑧ 资料来源：本文表5。

(续表)

序号	该道铁门开工时间	1927年1月11日(25道)	1927年3月20日(35道)	1929年4月3日(36道)	1931年3月(35道)	1932年9月30日(36道)	1934年3月上旬10日(37道)	租界时代(1943年10月前)中文路名	铁门所在地今址
6	1926.11.17	Rue Fokien	Rue Fokien	Rue Fokien	R. Fokien	Rue Fokien	RUE DU FOKIEN	福建路	人民路豫园新开河停车场对侧
7	1926.11.17	Rue Takou	Rue Takou	Rue Takou	R. Takou	Rue Takou	RUE DE TAKOU	大古路(又称大沽路)	人民路、梧桐路口斜对侧
8	1926.11.17	Rue Chusan	Rue Chusan	Rue Chusan	R. Chusan	Rue Chusan	RUE DU CHUSAN	舟山路	人民路、龙潭路口
9	1926.11.17	Rue Formosa	Rue Formose	Rue Formose	R. Formose	Rue Formose	RUE DE FORMOSE	台湾路	人民路丹凤阁对侧
10	约1927年年末			Pl. du Château d'Eau	Pl du Château d'Eau	Place Château d'Eau	PIACE CHATEAU D'EAU	新开河	人民路、新开河路口
11	1926.10.6	Rue Laguerre	Rue Laguerre	Rue Laguerre	Rue Laguerre	Rue Laguerre	RUE LAGUERRE	永安街	人民路、永安路口
12	1926.11.17	Rue Montauban	Rue Montauban	Rue Montauban	Rue Montauban	Rue Montauban	RUE MONTAUBAN	天主堂街	人民路、四川南路口
13	1926.11.17	Rue de la mission	Rue de la Mission	Rue de la Mission	Rue de La Mission	Rue de la Mission	RUE DE LA MISSION	兴圣街	人民路、永胜路口
14	1927.1.20		Rue Petit	Rue Petit	Rue Petit	Rue Petit	RUE PETIT	吉祥街	人民路、江西南路口

(续表)

序号	该道铁门开工时间	1927年1月11日(25道)	1927年3月20日(35道)	1929年4月3日(36道)	1931年3月(35道)	1932年9月30日(36道)	1934年3月上旬10日(37道)	租界时代(1943年10月前)中文路名	铁门所在地今址
15	1926.10.6	Rue Discry	Rue Discry	Rue Discry	Rue Discry	Rue Discry	RUE DISCRY	紫来街(又称紫莱街)	人民路、紫金路口
16	1925.12.25	Rue Porte du Nord	Rue de la Porte du Nord	Rue Porte du Nord	Rue Pt du Nord	Rue Porte du Nord	RUE PORTE DU NORD	老北门街	人民路、河南南路口
17	1925.12.25	Rue Protet	Rue Protet	Rue Protet	Rue Protet	Rue Protet	RUE PROTET	典当街	人民路、金门路口
18	1925.12.25	Rue Vincent Mathieu	Rue Vincent Mathieu	Rue Vincent Mathieu	Rue Vin. Mathieu	Rue Vincent Mathieu	RUE VINCENT MATHIEU	麦底安路	人民路、山东南路口
19	1926.10.6	Rue du Moulin	Rue du Moulin	Rue Moulin	Rue du Moulin	Rue du Moulin	RUE DU MOULIN	磨坊街(又称火轮磨坊街)	人民路、盛泽路口
20	1927.1.12		Rue Tourane	Rue Tourane	Rue Tourane	Rue Tourane	RUE TOURANE	郑家木桥街	人民路、福建南路口
21①	1927.1.13		Rue Hué	Rue Hué	Rue Hué	Rue Hué	RUE HUE	新桥街(又称东新桥街)	人民路、浙江南路口
22	1927.1.13			Rue de Ningpo	R. du Ningpo		RUE DU NINGPO	宁波路(又称法界宁波路)	人民路、淮海东路口

① 有些材料将第21道和第22道合并为一。

(续表)

序号	该道铁门开工时间	1927年1月11日(25道)	1927年3月20日(35道)	1929年4月3日(36道)	1931年3月(35道)	1932年9月30日(36道)	1934年3月上旬10日(37道)	租界时代(1943年10月前)中文路名	铁门所在地今址
23	1926.11.17	Rue des Pères	Rue des Pères	Rue des Pères	R. des Pères	Rue des Pères	RUE DES PERES	东自来火街	人民路、永寿路口
24	1927.1.20		Rue de Ningpo	Passage Ningpo	Passage Ningpo	Rue Ningpo	PASSAGE DE NINGPO	宁波小弄	人民路大境阁对侧
						Blockhaus Palikao①	PORTAIL MUNICIPALITE②		
25	1927.1.26		Rue de Palikao	Rue Palikao	Rue Palikao	Rue Palikao	RUE PALIKAO	八里桥路(又称八仙桥街)	人民路、云南南路口
26	1927.1.12		Rue Buissonnet	Rue Buissonnet	Rue Buissonnet	Rue Buissonnet	RUE BUISSONET	皮少耐路	人民路、寿宁路口
27	1926.11.17	Rue Voisin	Rue Voisin	Rue Voisin	Rue Voisin	Rue Voisin	RUE VOISIN.	华成路(又称华盛路)	人民路、会稽路口
28	1926.11.17	Boulevard Montigny	Boulevard de Montigny	Bld. de Montigny	Bld. de Montigny	Rue Montigny	BOULEVARD MONTIGNY	敏体尼荫路	西藏南路、方浜西路口
29	1926.11.17	Rue Eugene Bard	Rue Eugène Bard	Rue Eugène Bard	Rue Eugène Bard	Rue Eugène Bard	RUE EUG. BARD	白尔路	西藏南路、自忠路口

① 仅出现过一次,估计属临时性质。
② 仅出现过一次,估计属临时性质。

（续表）

序号	该道铁门开工时间	1927年1月11日(25道)	1927年3月20日(35道)	1929年4月3日(36道)	1931年3月(35道)	1932年9月30日(36道)	1934年3月上旬10日(37道)	租界时代(1943年10月前)中文路名	铁门所在地今址
30	1926.11.17	Rue Lafayette	Rue Lafayette	Rue Lafayette	Rue Lafayette	Rue Lafayette	RUE LAFAYETTE	辣斐德路	西藏南路、复兴中路路口
31	1926.11.17	Rue Hennequin	Rue Hennequin	Rue Hennequin	Rue Hennequin	Rue Hennequin	RUE HENNEQUIN	安纳金路	肇周路、东台路路口
32	1926.11.17	Rue Galle	Rue Galle	Rue Galle	Rue Galle	Rue Galle	RUE GALLE	茄勒路	肇周路、吉安路路口
33	1926.11.17	Rue Bluntschli	Rue Bluntschli	Rue Bluntschli	Rue Bluntschli	Rue Bluntschli	RUE BLUNTSCHLI	平济利路	肇周路、济南路路口
34	1926.11.17	Rue Observatoire	Rue de l'Observatoire	Rue du Père Froc		Rue du Pere Froc	RUE DU PERE FROC	天文台路(1927年以后改称劳神父路)	肇周路、合肥路路口
35	1926.11.17	Rue Conty	Route Conty	Rue Conty	Rue Conty	Rue Conty	ROUTE CONTY	康悌路	肇周路、建国东路路口
36	约在1931年年末、1932年年初						RUE PERE DUGOUT	杜神父路	肇周路、永年路路口
37	1927.1.26		Route de Zikawei	Pont Ste. Catherine	Pont St Catherine	Pont St Catherine	PONT SAINTE CATHERINE	徐家汇路(又称斜桥)	肇周路、徐家汇路口

（作者系上海社会科学院历史研究所研究员）

法国碑铭学院嘉尔业基金资助杜特列中亚考察团始末[①]

王冀青

法国碑铭学与美文学科学院(Académie des Inscriptions et Belles-lettres,以下简称"碑铭学院")设立的"嘉尔业基金"(Foundation Garnier),系由法国探险家和领事官本诺特·嘉尔业(Benoît Garnier,?—1883)捐资创建。嘉尔业曾任法国驻上海总领事,与上海法租界有过密切的关系,值得上海法租界史研究者加以重视。但因资料不足等原因,中国学界对嘉尔业的生平事迹及嘉尔业基金

图1 法国探险家杜特列·德·兰斯

的详情细节都不甚了解,这已成为法国中亚考察史研究中的短板。碑铭学院于1890年11月14日决定利用嘉尔业基金,资助法国探险家朱里斯-勒昂·杜特列·德·兰斯(Jules-Léon Dutreuil de Rhins,中文名"吕推",以下简称"杜特列",1846—1894)领导的中亚考察团(以下简称"杜特列考察团")。(图1)杜特列考察团是由碑铭学院委派、由嘉尔业基金资助的第一支法国中亚考察队,于1890—1895年在中国新疆、西藏等地实施了考察,是中法关系史、法国中亚考察史上的重要事件,值得深入研究。但又因种种原因,中国学界迄今未能深入研究杜特列考察团,且寥寥无几的研究论文中错误百出。有鉴于此,笔者怀着对嘉尔业基金和杜特列考察团的双重兴趣,试对嘉尔业基金的初创及其资助杜特列考察团的过程进行一次初探,旨在抛砖引玉。拙文不足之处,万望方家补正!

[①] 本文系国家社会科学基金重大项目"欧洲藏斯坦因新疆考古档案整理与研究"(12&ZD140)子课题成果。

一

欧洲文艺复兴后,西方学者大力搜集古希腊、罗马碑铭、雕刻,以及古希腊语、拉丁语文献。法国波旁王朝统治时期(1589—1792),"太阳王"路易十四(Louis XIV,1638—1715,1643—1715 在位)于 1663 年在巴黎创设"碑铭学与美文学科学院",主要从事古典(古希腊、罗马)考古学、历史学和文学的研究。1789年法国大革命后,法兰西第一共和国于 1796 年正式成立全国最高学术研究机构"法兰西研究院"(Institut de France),下设不同门类的五大科学院,除碑铭学院外,还包括 1635 年建立的"语文学院"(Académie française)、1666 年建立的"科学院"(Académie des sciences)、1775 年建立的"艺术学院"(Académie des beaux-arts)和 1795 年建立的"伦理学和政治学院"(Académie des sciences morales et politiques)。

欧洲各国竞相开辟新航线并导致"地理大发现"后,伴随着西方列强向东方(亚洲与北非)的殖民主义扩张,与之相适应的"东方学"体系应运而生。进入 19 世纪后,法国人在东方学领域快马加鞭,尤其是埃及学、中国学(汉学)、印度学等学科异军突起。碑铭学院也顺应潮流,将东方考古学、历史学和文学等纳入其研究范围之内,不断将法国东方学各领域涌现出来的领军学者推选为终身制的碑铭学院院士,也为汉学家们提供了著书立说的平台。法国汉学界以碑铭学院为平台,创造了领先于全欧洲的研究成果。尤其是法国汉学家、印度学家联手翻译晋释法显(342—423)、唐僧玄奘(600—664)的西行求法游记,将欧洲汉学、印度学的注意力吸引到了古代中国、印度两大文明的交汇地西域,即以中国新疆塔里木盆地为核心的地区。

由于地缘政治的缘故,英国通过英属印度与中国新疆、西藏接壤,以及通过俄属中亚与新疆接壤的俄国,最先染指并垄断了在中国西部地区的考察。英、俄两国从 19 世纪 20 年代起不断进入中国西北考察,自 19 世纪 60 年代以后大力争夺中国西北文物。而势力范围远在印度支那的法国,只能望洋兴叹。近代最早进入中国西北考察的法国人,应是法国遣使会传教士古伯察(埃瓦里斯特-雷吉斯·于克,Evariste‐Regis Huc,1813—1860)与秦神甫(约瑟夫·加贝,Joseph Gabet,1808—1853)。他们于 1844 年从北京赴今内蒙古、宁夏、甘肃、青海、西藏等地游历。1889 年,法国查特雷斯公爵(Duc de Chartres,1840—1910)之子、奥尔良的亨利亲王(Prince Henri d'Orléans,1867—1901)在中亚探险家加布列尔·邦瓦罗特(Gabriel Bonvalot,1853—1933)的陪同下,进行了一次横穿中国新疆南疆的旅行。但这类临时拼凑的法国中亚考察队,都无力进行有系统的考古活动。直到碑铭学院于1884年接受嘉尔业捐赠的遗产,于1886年正式设立"嘉尔业基金",才为法国大力发展中亚考察创造了经济条件。

由于法文传记资料的欠缺,嘉尔业的生平事迹显得模糊不清。他早年曾领导过一支队伍赴非洲岛国马达加斯加(Madagascar)考察,后到亚洲担任法国驻暹罗(泰国)曼谷领事、驻巴塔维亚(Batavia,今印度尼西亚雅加达)领事,1880年3月至1882年2月间还担任过法国驻上海总领事。① 1879年1月29日,嘉尔业立下遗嘱,愿将自己的全部遗产捐赠给碑铭学院。1883年4月11日,嘉尔业临终签署遗嘱,将全部遗产约60万法郎捐赠给碑铭学院,设立"嘉尔业基金",规定每年用本金产生的利息资助一支由碑铭学院委派的法国人考察队,在非洲中部(中非)或高地亚洲(haute Asie,即中亚)进行考古学、历史地理学、语言学、民族学等方面的科学考察。

但后来在嘉尔业遗嘱执行过程中,发生了一些变更。1884年9月27日,法兰西共和国总统朱里斯·格列维(Jules Grévy,1807—1891,1879—1887在任)签署法令,批准碑铭学院接受嘉尔业遗产,但减少数额,只占嘉尔业遗产总数的2/3(约40万法郎),其余1/3(约20万法郎)留给嘉尔业的继承人。随后,法国主管全国教育、科学、文化等事业的最高行政机构"公共教育与美术部"(Ministère de I'instruction publique et des beaux-arts,以下简称"法国教育部")部长阿尔曼德·法里埃斯(Armand Fallières,1841—1931,1883—1885、1889—1890在任)将总统法令寄给碑铭学院。碑铭学院于1884年10月3日召开会议,通过投票表决,同意接受嘉尔业遗赠。对此,《碑铭学与美文学科学院会议纪要》(以下简称《碑铭学院纪要》)报道说:"公共教育部部长将共和国总统签署的一道法令寄给了本科学院,署期1884年9月27日。根据这道法令,本科学院获准接受根据本诺特·嘉尔业先生署期1879年1月29日的自书遗嘱而遗赠的一笔遗产,但接受的总数只达到其遗产总数的三分之二";又说:"本科学院通过投票表决的方式,最终做出决定:无条件接受本诺特·嘉尔业先生遗赠的这笔钱。本科学院已向终身干事授予必要的权力,以执行这道法令。"② 经过两年筹备后,碑铭学院于1886年正式设立"嘉尔业基金"。

在碑铭学院于1886年11月19日召开的公开全会上,1886年度院长加斯

---

① 中国第一历史档案馆、福建师范大学历史系合编:《清季中外使领年表》,中华书局1985年版,第119页。

② 'Séances du 3 octobre 1884', *Comptes rendus des séances de Académie des Inscriptions et Belles-Lettre (Comptes rendus)*, 28ᵉ année, N.4, 1884, p.417.

顿·帕里斯(Gaston Paris, 1839—1903)致辞时,这样介绍刚设立的嘉尔业基金:"同样在今年,建立了一项全新性质的重要基金,这笔资源由我们来处置。为了找到更好的使用它们的途径,需要我们更加仔细地去考虑。本诺特·嘉尔业先生以译员起家,后来领导了一次在马达加斯加的重要考察,最后担任法国驻曼谷、巴塔维亚(雅加达)和上海的领事。他热爱科学,热爱祖国。3年前,当他临死的时候,他将自己苦心经营的丰富藏书遗赠给了东方语言学院(École des langue orientale),还为我们科学院遗赠了一笔钱。我们今天掌握在手的这笔钱,总数大约是40万法郎。我们可以使用这笔本金的利息,创设一个奖项,用于资助在非洲中部或在高地亚洲地区的科学探险旅行。嘉尔业先生在委托我们科学院制定这些考察项目的方向时,指定了以下性质:以考古学、历史地理学、语言学、民族学为主要目的。因此,我高兴地向公众提到这个今后将在人类历史上永垂不朽的名字。科学将因他而取得新的进步,法兰西将因他而获得新的荣耀。"①

关于嘉尔业基金的设立经过和宗旨,1886年出版的《碑铭学院纪要》中记录如下:"本诺特·嘉尔业先生于1883年4月11日签署遗嘱,将他的全部财产遗赠给碑铭学与美文学科学院。根据1884年9月27日的法令,因为要照顾到其子女继承人的利益,这笔遗赠金缩水了1/3。经过这次缩减之后,仍然留下来大约40万法郎。利用其产生的利息,每年'支付由本科学院指定的一位或数位法国人进行的一次科学旅行所产生的费用,旅行地点在非洲中部,或者在高地亚洲地区'。"②很明显,嘉尔业基金的目的,是资助由碑铭学院委派的法国人,在中非地区或中亚地区进行科学考察活动。

二

嘉尔业基金建立不久,碑铭学院于1886年11月19日召开的公开全会上做出如下决定:"本科学院定于1887年第一次实施资助计划,以满足立遗嘱人的愿望。"③但由于碑铭学院此时尚无任何中亚考察项目或计划,只能于1887年度、1888年度、1889年度用嘉尔业基金资助在中非地区活动的几支考察队。19世纪80年代末,与中国新疆省接壤的英、俄两国将中亚考察的重点从地理学转向

---

① Gaston Paris, 'Discourse d'ouverture du Président', *Comptes rendus*, 30ᵉ année, N.4, 1886, pp.505 – 506.
② 'Annonce des concours', *Comptes rendus*, 30ᵉ année, N.4, 1886, p.536.
③ 'Annonce des concours', *Comptes rendus*, 30ᵉ année, N.4, 1886, p.536.

考古学,开始大规模争夺塔里木盆地文物。法国教育部及其下辖的碑铭学院也计划加入中亚文物争夺战。碑铭学院在连续3年资助赴中非地区的法国考察队后,于1890年开始决定调整嘉尔业基金的使用方向,从中非地区转到中亚地区。

1889年12月,法国教育部部长法里埃斯召回曾考察过东南亚、非洲的法国探险家杜特列,委托他利用嘉尔业基金,对中国新疆和西藏地区进行一次考古学和语言学考察,并搜集各类文献。杜特列出生于法国圣埃蒂安(Saint-Étienne),长大后参军,曾长期担任法国海军军官,后在受法国"保护"的印度支那地区进行测绘活动。1882年北非阿拉伯民族大起义期间,杜特列在埃及当记者,此后又陪同为法国服务的意大利探险家皮埃尔·萨沃格南·德·布拉扎(Pierre Savorgnan de Brazza,1852—1905)在非洲考察。但杜特列的主要兴趣一直在亚洲,1889年出版了《亚洲:正文和地图集》①一书,名噪一时。杜特列受到法国教育部召唤后,又将注意力转向了中亚地区,欣然接受考察中国西北的任务。

1890年3月18日,法国政治家勒昂·维克多·奥古斯特·布尔乔瓦(Léon Victor Auguste Bourgeois,1851—1925)由内政部长转任教育部长,随后大力支持嘉尔业基金资助杜特列的中亚考察团,并推荐杜特列参加碑铭学院的各种活动。1890年年初,正在巴黎组建考察团的杜特列与其他3名候选人一起,申请碑铭学院的"让·雷诺德奖"(prix Jean Reynaud)。法国碑铭学院于1890年3月28日进行投票表决,②杜特列虽然落选,但在法国碑铭学院中赢得了名声。

1890年夏,杜特列与法国东方学家费尔南德·格瑞纳德(Fernand Grenard,1866—1942)组建了中亚考察团。考察团组建后,杜特列通过法国驻华公使维克多·加布列尔·李梅(Victor Gabriel Lemaire,1839—1907),向清朝总理各国事务衙门(以下简称"总理衙门")提出发放护照的申请。根据格瑞纳德撰《1890—1895年在亚洲高地的杜特列·德·兰斯科学考察团》(以下简称《杜特列科学考察团》)提供的护照法译本,李梅致总理衙门的信文如下:"本国政府拟派杜特列·德·兰斯先生率一支重大的科学考察队,前往新疆、甘肃、库库诺尔地区(青海)和蒙古地区进行考察游历,而且还要在陕西省、山西省和直隶省游历。该员由格瑞纳德先生以及若干仆从陪同,考察队还装备有必要的科学仪器。为此,特请求为该考察队缮发护照。"③1890年10月3日(光绪十六年八月二十日),总理衙门向杜特列中亚考察团发放了护照。除了清总理衙门颁发的护照之外,杜特

---

① Jules-Leon Dutreuil de Rhins, *L'Asie: texte et atlas*, Paris, 1889.
② 'Séances du 28 Mars (1890)', *Comptes rendus*, 34ᵉ année, N.2, 1890, p.119.
③ Fernand Grenard, *J.-L. Dutreuil de Rhins Mission Scientifique dans la Haute Asie 1890 - 1895* (*Mission Scientifique dans la Haute Asie*), Paris: Ernest Leroux, 1897, T. 1, pp.4 - 5.

列还设法让清朝驻英国公使兼驻法国公使薛福成(叔耘,1838—1894,1889—1894在任)给陕甘总督杨昌濬(石泉,1826—1897,1889—1895在任)写了一封推荐信。

杜特列中亚考察团获得中国护照后,碑铭学院于1890年11月14日召开公开全会,决定用嘉尔业基金资助杜特列中亚考察团的活动。1890年度院长夏尔·谢佛(Charles Schefer,1820—1898)在致开幕词时这样说:"遵照嘉尔业先生所表达的意愿,在上一个年度,本科学院资助了由乌班吉(Oubangui)的宗座代牧主教(vicaire apostolique)奥瓜德神父(P. Augouard)领导的一个项目,在中非进行地理学和语言学研究工作。由于奥瓜德神父健康状况发生恶化,他不得不回国呼吸故乡的空气,而且他的力量也无法让他进行协调工作,不能编撰他在非洲逗留期间搜集到的基础资料。因此,本科学院决定,本年度将嘉尔业遗产的过期未付款赠送给杜特列·德·兰斯先生。他将在西藏边境地区领导一次考古学和语言学考察。"①这次全会上还宣布:"(嘉尔业基金)本年度,本科学院向杜特列·德·兰斯先生赠送了一笔款项,总数19 000法郎。这笔钱是遵照本基金会的意愿提取出来的,用于在中亚进行一次探险考察。"②杜特列中亚考察团是嘉尔业基金成立后资助的第一支法国中亚考察队,所受第一笔资助款多达19 000法郎。

杜特列中亚考察团获得资助后,法国教育部部长布尔乔瓦于1891年2月14日给杜特列写了一封信,就中亚考察团的任务和目标下达了一系列指示,总体任务如下:"你们考察团的名称本身就说明,你们首先应该尽可能地迅速赶往和阗,从那里开始真正地进行你们的切实工作:尽大可能去搜集与地理学、语言学、人种学、考古学、历史学和自然科学有关的资料。从今年(1891年)起,你们应该将你们的勘测工作尽可能远地推往北纬36度以南、和阗以东地区;你们应在1891年和1892年之交的冬季经过和阗。在你们于1892年进行的第二战役期间,你们应该完成你们在新疆南部地区的第一次考察工作。虽然委托你们在西藏从事科学工作,但如果以你们的能力在目前条件下无法进入西藏的话,你们可以经蒙古西南部到西宁(甘肃省)。你们可审时度势,进行你们的第三战役,目标可以是在蒙古中部进行考察,然后在所谓中国本土的北方诸省单程旅行,直到北京。到达北京后,你们便会得到有关你们返回法兰西的一般指令。"③布尔

---

① Charles Schefer, 'Discours d'ouverture', *Comptes rendus*, 34ᵉ année, N.6, 1890, p.490.
② 'Jugement des concours', *Comptes rendus*, 34ᵉ année, N.6, 1890, p.495.
③ 1891年2月14日布尔乔瓦致杜特列信,刊布于 *Mission Scientifique Dans la Haute Asie*, T. I, p.2.

乔瓦大力支持杜特列中亚考察团,又给考察团下达了上引指令信,可见这位法国教育部部长对当时以中国新疆塔里木盆地和阗为重心的国际中亚考察运动以及文物争夺战是相当熟悉的。杜特列中亚考察团后来在中国境内的考察活动,几乎完全是按照布尔乔瓦的这一指令进行的。

三

杜特列中亚考察团做好行前准备工作后,于1891年2月19日离开巴黎,前往亚洲。考察团经枫丹白露至马赛,再乘船至土耳其伊斯坦布尔。经黑海进入俄国境后,考察团越高加索山脉,再至巴库、谋夫等地,于3月28日到达撒马尔罕。离开撒马尔罕后,考察团再经浩罕,于4月7日到达塔什干。至此,杜特列考察团的行踪一直受到欧洲的关注。据1891年9月出版的伦敦皇家地理学会机关杂志《皇家地理学会纪要和每月地理大事记》(以下简称《皇家地理学会纪要》)第13卷第9期"旅行家在亚洲的消息"栏中记载:"缪勒先生(M. E. Müller)从塔什干写信报告说:杜特列·德·兰斯先生和他的旅伴格瑞纳德先生于4月7日到达塔什干。信中还说:他们于12天后离开塔什干,前往马尔吉兰(Margilan)和喀什噶尔。"①

杜特列考察团离开塔什干后,经马尔吉兰到达离中俄边境不远的奥希,在这里为考察做准备。作为接受嘉尔业基金资助后应承担的责任,杜特列考察团在考察过程中,必须不断向教育部部长布尔乔瓦和碑铭学院写信汇报工作。1891年5月22日,杜特列从奥希给布尔乔瓦写了一封汇报信。布尔乔瓦又将这封信的内容转达给了碑铭学院,碑铭学院于7月17日召开全会,宣布了杜特列来信的内容。据《碑铭学院纪要》记录:"公共教育与美术部部长向本科学院宣布,杜特列·德·兰斯先生于今年5月22日寄来一份报告书,其中汇报了他们考察团完成任务的情况。"②

1891年5月23日,杜特列考察团离开奥希,在俄国当局派遣的一队哥萨克士兵护送下,越过铁力克达阪帕米尔,于6月9日进入中国境内,抵达喀什噶尔。杜特列考察团到达喀什噶尔后,就地休整了一段时间。其间,杜特列和格瑞纳德先后拜访了俄国驻喀什噶尔总领事尼古拉·费多罗维奇·彼德罗夫斯基(Николай Федорович Петровский,1837—1908)和喀什噶尔道台向邦卓以下的

---

① 'Proceedings of Foreign Societies', *Proceedings of the Royal Geographical Society and Monthly Record of Geography* (*PRGSM*), Vol.13, No.9, September 1891, p.561.
② 'Séances du 17 juillet (1891)', *Comptes rendus*, 35ᵉ année, N.4, 1891, p.260.

清朝地方官员,同时在喀什噶尔进行了天文学观测活动。当时正在进行中亚考察的英国探险家弗朗西斯·荣赫鹏(Francis Younghusband,1863—1942),了解到杜特列考察团在喀什噶尔的活动,他后来于1892年2月8日在伦敦皇家地理学会上宣读的论文《在帕米尔及其附近地区的旅行记》中提到:"杜特列·等·兰斯先生在喀什噶尔不屈不挠地进行了天文学观测,他的科学考察结果必将具有重大的价值,他的同伴(格瑞纳德)将有可能非常生动地描述一番他们是如何穿越该地区的。"①

1891年6月24日,杜特列考察团离开喀什噶尔,经过英吉沙和叶尔羌,于7月7日到达和阗。1891年12月出版的《皇家地理学会纪要》第13卷第12期"地理学札记"栏中,以《和阗的位置》为题,简介了杜特列考察团在和阗的活动:"杜特列·德·兰斯先生现正在和阗,他打算在那里过冬……他希望8月中旬到达普鲁(Polu)。他于5月23日离开奥希,后经喀什噶尔越天山,沿苏尔察布(Surchab)旅行。"②考察团到达和阗后,以此为根据地,在周围地区进行了三次考察。

1891年8月初,杜特列考察团离开和阗,进行第一次考察。8月5日,杜特列从和阗附近的桑普拉(Sampoula)给碑铭学院写了一封信,汇报工作。根据《碑铭学院纪要》记录,碑铭学院在10月9日召开的秘密会议上,介绍了杜特列的来信:"杜特列·德·兰斯先生于8月5日从和阗附近桑普拉写来的一封信中,向本科学院更加详细地汇报了他们考察团和他本人在高地亚洲考察过程中的旅行情况。本科学院以秘密会议形式听取汇报。"③杜特列考察团离开和阗后,取道东南方向,先考察昆仑山麓的普鲁以及与西藏高原接壤的克里雅河上游地区,然后再考察尼雅遗址。考察团是于1891年10月2日到达尼雅的,随后向北进入沙漠考察,直到伊玛目·贾法尔·萨迪克麻扎(Mazar d'Imam Djafar Sadyk),再到尼雅遗址,这是西方人第一次对尼雅遗址进行考察。10月14日,杜特列从喀拉塞(Kara Say)给布尔乔瓦写了一封汇报信。④

杜特列考察团在尼雅一带考察前后,碑铭学院于1891年11月6日召开公开全会,1891年度院长朱里斯·奥波特(Jules Oppert,1825—1905)致开幕词时说:"由嘉尔业先生捐赠给本科学院的遗产,用于资助在高地亚洲的法国考察队。

---

① Francis Younghusband, 'Journeys on the Pamirs and Adjacent Countries', *PRGSM*, Vol.14, No.4, April 1892, p.228.
② 'Geographical Notes', *PRGSM*, Vol.13, No.12, December 1891, p.725.
③ 'Séances du 9 octobre (1891)', *Comptes rendus*, 35e année, N.5, 1891, p.349.
④ 'Séances du 4 mars (1892)', *Comptes rendus*, 36e année, N.2, 1892, p.69.

这项工作现在由杜特列·德·兰斯先生进行,我们已经收到了有关考察的一份报告书。"①会上还宣布:"(嘉尔业基金会)在过去的一年里,杜特列·德·兰斯先生利用本基金的拖欠款,领导了一次在高地亚洲的考察活动。考察仍在继续,本科学院已经收到了有关考察团的最初几篇报告书。"②

杜特列考察团于1891年冬季在尼雅受到初冬严寒的袭击,损失了许多马匹和财产,遂不得不经克里雅,于11月18日回到和阗。1892年4月出版的《皇家地理学会纪要》第14卷第4期"地理学札记"栏中以《杜特列·德·兰斯在中亚》为题,对此做了简要报道:"据最新消息(1891年11月28日),杜特列·德·兰斯先生及其同伴格瑞纳德先生在尼雅进行了重要考察之后,已经返回和阗。他在考察期间走到了克里雅河之源,所走的道路有一部分是新的。考察队受尽了寒冷和疲劳的折磨,损失了大部分马匹和装备。"③杜特列返回和阗后,于1891年11月28日从和阗给布尔乔瓦写了一封汇报信。④ 1892年1月14日,杜特列又从和阗给碑铭学院写了一份报告书。⑤

1892年1月20日,杜特列考察团向西返回喀什噶尔,结束了第一次考察。杜特列和格瑞纳德逗留喀什噶尔期间,先后拜访了彼德罗夫斯基、英国新任驻喀什噶尔政治代表乔治·马继业(George Macartney,1867—1945)以及中国各级官员,为1892年的第二次考察做准备。布尔乔瓦收到杜特列的两封来信后,于1892年3月2日给碑铭学院终身干事(Secrétaire perpétuel)亨利-亚历山大·瓦隆(Henri-Alexandre Wallon,1812—1904,1874—1904在任)写信,转达了杜特列来信的内容。1892年3月4日,碑铭学院召开全会,瓦隆宣读了布尔乔瓦写给他的信,并转述了杜特列两封来信的主要内容。⑥

1892年5月底,杜特列考察团从喀什噶尔返回和阗。6月17日,杜特列从和阗给布尔乔瓦写了第二份报告书。⑦ 6月中旬,考察团从和阗出发,开始了第二次考察。他们先向东,经过策勒到克里雅,然后南折至普鲁,再越昆仑山的克孜尔达阪(Kizil davan),进入西藏高原西北部。随后,考察团一直南下,到达叶齐尔·库尔(Yechil Koul)湖、索及错(Soum dji tso)一带,然后又西折,至班公湖的西端,再进入英属克什米尔的拉达克,于10月初到达拉达克首府列城。在列

---

① Jules Oppert, 'Discours d'ouverture', *Comptes rendus*, 35ᵉ année, N.6, 1891, p.472.
② 'Jugement des concours', *Comptes rendus*, 35ᵉ année, N.6, 1891, p.476.
③ 'Geographical Notes', *PRGSM*, Vol.14, No.4, April 1892, p.238.
④ 'Séances du 4 mars (1892)', *Comptes rendus*, 36ᵉ année, N.2, 1892, p.69.
⑤ Alexandre Bertrand, 'Discours d'ouverture', *Comptes rendus*, 36ᵉ année, N.6, 1892, p.430.
⑥ 'Séances du 4 mars (1892)', *Comptes rendus*, 36ᵉ année, N.2, 1892, pp.69-71.
⑦ Alexandre Bertrand, 'Discours d'ouverture', *Comptes rendus*, 36ᵉ année, N.6, 1892, p.431.

城,杜特列和格瑞纳德拜见了以搜集文物著称的摩拉维亚教派(Moravian Missionary)德裔传教士韦伯牧师(Reverend F. Weber)等人。10月中旬,考察团又离开列城向北,越过喀喇昆仑山,经苏盖提达阪、桑珠达阪、桑珠、藏桂,于11月21日返回和阗,结束了第二次考察。

四

杜特列考察团第二次考察期间,碑铭学院于1892年11月11日召开会议,展示了布尔乔瓦代表杜特列转送给碑铭学院的一批研究成果和文献资料。据《碑铭学院纪要》记录:"公共教育与美术部部长先生以杜特列·德·兰斯先生的名义,向本科学院转交了其助手格瑞纳德先生撰写的一部专题研究成果。在这部成果中,包括4篇流行诗词,一篇新疆流行语言中所使用词汇的目录,还有一篇具有历史价值的残文字,内容涉及阿古柏·伯克(Yakoub bek)之死,以及其幼子哈克·古里·伯克(Hak Kouli bek)之死。"①

碑铭学院于1892年11月18日召开的公开会议上,决定继续用嘉尔业基金资助杜特列考察团:"嘉尔业遗产的过期未付款,第二年的应付款拨付给杜特列·德·兰斯先生,为的是让他在高地亚洲的考察活动得以持续下去。"②在1892年11月18日的公开全会上,1892年度院长亚历山大·伯特兰德(Alexandre Bertrand,1820—1902)所致开幕辞中,提到杜特列考察团的考察经过:"对于杜特列·德·兰斯先生前往西藏边境地区进行的探险活动,利用嘉尔业遗产为他提供补助金,使他的工作焕然一新。去年,杜特列·德·兰斯先生以漫长的艰辛和少不了的危险为代价,重新踏上了从喀什噶尔前往和阗的道路。一份署期今年1月14日的报告书让我们知道,他已经恢复了健康,并对英国和俄国的旅行家们此前在匆忙之间绘制的地图加以完善。他已经做出决定,要在和阗安顿下来,搜集资料。由格瑞纳德先生撰写的第一份报告书,特别涉及语言学和历史学研究,同时寄到了我们这里。但这份报告尚不完整,我们希望随后又有东西寄来。署期今年6月17日的第二份报告书,已经寄给了教育部。考察团已经上路了。有可能指望他们实现他们的原定计划,表现出他们值得奖励的勇气,为本科学院赢得双倍的荣誉。对于他们所获成果的重要性,我们还不知道如

---

① 'Séances du 11 novembre (1892)', *Comptes rendus*, 36ᵉ année, N.6, 1892, p.378.
② 'Jugement des concours lu le 18 novembre 1892', *Comptes rendus*, 36ᵉ année, N.6, 1892, p.435.

何判定。"①

杜特列考察团于1892年11月21日结束第二次考察后,杜特列因身体患病,留在和阗休养。(图2)1893年1月3日,格瑞纳德离开和阗去了一趟喀什噶尔,应彼德罗夫斯基邀请,下榻于俄国领事馆中。3月6日,格瑞纳德返回和阗,然后和病愈的杜特列一起开始进行第三次考察。考察团先向东行,以克里雅为基地,在尼雅、喀拉塞一带考察,时分时合。6月24日,杜特列和格瑞纳德离开克里雅,然后分头考察。杜特列在克里雅一带活动,而格瑞纳德于6月底、7月初到达车尔臣考察。8月,格瑞纳德离开车尔臣,再向东南方折,于9月中旬越过阿尔金山和阿尔卡塔格(白山),考察且末以西大河喀拉米兰河(Kara Mouran,勿遮水)之源头,并为此进入西藏南行,于11月1日到达16号湖,然后向东南折,于11月30日到达位于拉萨以北的纳木错(或称腾格里诺尔)。

图2 在和阗养病期间的杜特烈·德·兰斯

杜特列在克里雅考察期间,曾给法国巴黎地理学会(Société de Géographie)写了一封信,转报格瑞纳德从车尔臣写给他的信的内容。1894年1月出版的伦敦皇家地理学会机关杂志《地理学学报》第3卷第1期"月记"栏中,以《杜特列·德·兰斯先生在中亚》为题,转报了这封信的内容及考察队在新疆、西藏的活动,主要内容如下:"地理学家们一直怀着很大的兴趣关注着杜特列·德·兰斯先生在北部西藏地区进行考察的进展状况。令人满意的消息是,杜特列·德·兰斯先生的健康状况好转,他的研究进展顺利。去年(1893年)6月30日,他从于阗给巴黎地理学会写了一封信,摘要汇报了其同伴格瑞纳德从车尔臣(且末)写给他的信的内容,该信内容涉及从中国突厥斯坦平原越昆仑山进入西藏所必经的关隘。如果杜特列·德·兰斯先生在去年(1893年)夏天能够走这条路进入西

---

① Alexandre Bertrand, 'Discours d'ouverture', Comptes rendus, 36ᵉ année, N.6, 1892, pp.430 - 431.

藏（即经车尔臣河河源）的话，那我们便可指望他的观察结果能为地理学界提供有意义的新资料。"①

碑铭学院嘉尔业基金连续 3 年（1890—1892 年）拨款资助杜特列中亚考察团后，从 1893 年开始又变换方向，转而资助法国在中非地区的考察队。碑铭学院于 1893 年 11 月 24 日召开的公开全会上做出决定："嘉尔业遗产的 1892 年过期未付款和 1893 年上半年的利息分配给费尔南德·福利奥先生（M. Fernand Foureau），用于在西撒哈拉沙漠地区进行的一次探险旅行。"②

杜特列与格瑞纳德于 1893 年年底会合后，又于 1894 年 1 月 8 日分道扬镳。1894 年 1 月 21 日，两人又在那曲（Nag-tchou）一带会合，然后东进，经泽腊（Dze La）、巴曲（Pa tchou），于 6 月 2 日到达玉树（今属青海）结古镇附近的通不多（Tong bou mdo）。6 月 5 日，杜特列在通不多被藏民杀死，考察团作鸟兽散。格瑞纳德带着残余行李落荒而逃，继续向东北方向行，于 6 月 28 日到达喀曲（Ka tchou），6 月 29 日到达查曲（Tcha tchou），7 月 1 日到达巴中腊（Patchong La）和喀拉曲（Kala tchou），7 月 4 日到达鄂陵错（Ngoring tso）东的马中错（Machong tso），7 月 5 日到达波鲁腊（Polou La），7 月 9 日到达青海湖南的腊泽（Labtse），7 月 15 日到达西宁。格瑞纳德抵达西宁后，向甘肃省西宁府报案。等待案件审理期间，格瑞纳德又专程前往塔尔寺一带考察，于 8 月 11 日回到西宁。

格瑞纳德于 1894 年 8 月 11 日从塔尔寺回到西宁后，看到与当地官府交涉杜特列被杀案没有任何进展，便于 8 月 29 日离开西宁，沿着湟水、黄河向东走，直到兰州，向甘肃省政府报案，仍无结果。随后，格瑞纳德经六盘山、华亭、平凉、泾州、雍州、西安，于 11 月 13 日到达潼关，然后折向东北，经侯马，于 11 月 20 日至太原，于 12 月 16 日到达北京。格瑞纳德到达北京，标志着杜特列中亚考察团野外工作的结束。

五

西方科学界迟至 1894 年秋季才根据格瑞纳德从西宁寄回的通信，获悉杜特列被杀的消息。碑铭学院于 1894 年 8 月 10 日召开的会议上，"院长宣布了一件

---

① 'The Monthly Records', *The Geographical Journal* (GJ), Vol. 3, No. 1, January 1894, pp.57-58.

② 'Jugement des concours lu le 24 novembre 1893', *Comptes rendus*, 37ᵉ année, N.6, 1893, p.432.

令人悲痛的事情,即杜特列·德·兰斯先生最近在西藏被刺身亡……"①1894年9月出版的英国《地理学学报》第4卷第3期"月记"栏中,以《杜特列·德·兰斯先生之死》为题,发布了如下消息:"我们遗憾地获悉,著名的法国考察家杜特列·德·兰斯先生在西藏被杀。他已经在中亚游历了大约3年时间。杜特列·德·兰斯先生生前曾在非洲和东方进行过著名的旅行,是一位观察敏锐的探险家和有能力的地理学家。"②

碑铭学院于1894年11月16日召开的公开全会上,1894年度院长保罗·梅耶(Paul Meyer,1840—1917)在致开幕辞时提到杜特列的死亡消息:"嘉尔业基金拨款资助在非洲中部和高地亚洲地区进行的科学旅行,依据的是捐款使用期限相同的原则。根据本基金的收入,不同的款项已经分配给了福利奥先生(M. Foureau)和加蓬的主教勒·罗伊先生(Mgr. Le Roy)。分配给福利奥先生的经费用于支持他在西撒哈拉的探险,分配给勒·罗伊先生的经费用于支持他对定居于恩古尼埃河(Ngouniai)以东地区的矮人人口进行民族学和语言学研究。正是依靠相同的基金,我们资助了不幸的杜特列·德·兰斯领导的考察团。最近获悉,他已在西藏死亡。我们希望,这位勇敢的地理学家的旅行记录和札记尚未丢失。这样一来,这支已四分五裂的悲惨考察团也不至于毫无成果保留下来。"③

稍后,1894年12月出版的《地理学学报》第4卷第6期"讣告"栏中,又刊登了杜特列的正式讣告。④ 1894年12月,正在新疆进行第二次中亚考察的瑞典探险家斯文·赫定(Sven Hedin,1865—1952),在喀什噶尔休整期间也顺便对杜特列的死因进行了一些调查工作。斯文·赫定于1894年12月21日从喀什噶尔给俄国《突厥斯坦报》(*Turkestan Gazzette*)写了一封信,披露了一些有关细节。⑤

格瑞纳德于1894年12月到达北京后,立即将杜特列被杀案以及考察团财物被抢案报告给了法国驻华公使施阿兰(Auguste Gerard,1852—1922,1893—1897在任),请他向清总理衙门交涉。对此,格瑞纳德记录说:"一听到我国国民

---

① Paul Meyer, 'Éloge funèbre de M. Dutreil de Rhins, assassiné lors d'une mission au Tibet', in 'Séances du 10 août (1894)', *Comptes rendus*, 38ᵉ année, N.4, 1894, p.269.
② 'The Monthly Records', *GJ*, Vol.4, No.3, September 1894, p.276.
③ Paul Meyer, 'Discours d'ouverture du Président, séance publique annuelle', *Comptes rendus*, 38ᵉ année, N.6, 1894, p.502.
④ 'Obituary: M. Dutreuil de Rhins', *GJ*, Vol.4, No.6, December 1894, pp.572-574.
⑤ 'The Monthly Records. Dr. Sven Hedin on the Death of Dutreuil de Rhins', *GJ*, Vol.5, No.4, April 1895, pp.380-381.

被杀的消息，他便设法要求北京政府支付一笔高达 40 万法郎的赔偿金，但考虑到中国当时的财政状况极度拮据，于是后来这个数额便减少到 25 万法郎。"①格瑞纳德从总理衙门诈得 25 万法郎的赔偿金后，于 1895 年年初从天津大沽乘船返回法国。

格瑞纳德于 1895 年年初回到巴黎后，受碑铭学院的委托，对杜特列中亚考察团留存下来的考察成果加以整理。他根据杜特列和他本人的考察记录，最后撰成一部 3 卷本的考察报告书。为了纪念被杀的考察团团长杜特列，报告书总称为《1890—1895 年在亚洲高地的杜特列·德·兰斯科学考察团》，后在法国教育部部长阿尔弗雷德·兰宝德的赞助下，于 1897—1898 年间由巴黎的恩斯特·勒鲁出版社出版。②该著第 1 卷题为《旅行记(1891 年 2 月 19 日至 1895 年 2 月 22 日)》，于 1897 年出版，③是集中记录杜特列中亚考察团考察过程的一卷。该著第 2 卷题为《新疆和西藏：人种学和社会学研究》，于 1898 年出版，④是格瑞纳德对新疆、西藏等地的民族、文化、风俗、家庭、社会阶级、农业、手工业、商业、宗教、政治及清朝在这里的行政管理体系的专题研究。该著第 3 卷题为《历史学、语言学、考古学、地理学研究》，于 1898 年出版，⑤是格瑞纳德关于考察沿途（主要是新疆和西藏)地区历史、语言、考古、地理方面的专题研究著作，其中第 123—153 页是考古部分。

在此期间，格瑞纳德因杜特列被杀案而从清总理衙门获得的 25 万法郎赔偿款中，有一部分返还给了嘉尔业基金。嘉尔业基金决定用这笔清朝赔款的一部分，于 1897 年继续资助印度学家阿尔弗雷德·福尔(Alfred Foucher, 1865—1952)在印度北部考察佛教美术的旅行。碑铭学院于 1896 年 11 月 13 日召开的年度公开全会上，做出如下决定："因为杜特列·德·兰斯先生的死亡，对于退还给本(嘉尔业)基金的赔款部分，本科学院做如下分配：(1) 给福色尔先生分配一笔总数为 14 000 法郎的经费，用于他继续在印度北部进行的考察；(2) 给福利奥

---

① Fernand Grenard, *Mission Scientifique dans la Haute Asie*, T. 1, p.447.
② J.-L. Dutreuil de Rhins et Fernand Grenard, *J.-L. Dutreuil de Rhins Mission Scientifique dans la Haute Asie 1890 - 1895*, Paris: Ernest Leroux, 1897 - 1898.
③ J.-L. Dutreuil de Rhins et Fernand Grenard, *J.-L. Dutreuil de Rhins Mission Scientifique dans la Haute Asie 1890 - 1895*, Première Partie: Récit du Voyage (19 Février 1891 - 22 Février 1895), Paris: Ernest Leroux, 1897.
④ Fernand Grenard, *J.-L. Dutreuil de Rhins Mission Scientifique dans la Haute Asie 1890 - 1895*, Deuxième Partie: Le Turkestan et le Tibet, Étude Ethnographique et Sociologique, Paris: Ernest Leroux, 1898.
⑤ Fernand Grenard, *J.-L. Dutreuil de Rhins Mission Scientifique dans la Haute Asie 1890 - 1895*, Troisième Partie: Histoire, Linguistique, Archéologie, Géographie, Paris: Ernest Leroux, 1898.

先生分配一笔总数为 10 000 法郎的经费,用于他继续在西撒哈拉进行的考察。"①

1896 年度院长古斯塔夫·舒姆伯格（Gustave Schlumberger,1844—1929）在 1896 年 11 月 13 日的全会上解释说:"事实上,我们的科学院又重新掌握了一部分经费,它们是用来维持我们不幸的同胞杜特列·德·兰斯的中亚考察队的那笔经费中的一部分,这次考察以悲痛的方式而告终。中国政府已向法国政府支付了一笔赔款,以弥补这位勇敢的探险家遇害身亡而带来的损失。我们意见一致,共同做出决定:从我们收到的这笔钱当中,拨出 14 000 法郎来,交给福色尔先生,让他用来继续在印度的研究工作。正如你们所知,他一直在那里揭示希腊式佛教美术的遗迹。另拨出 1 万法郎来,交给福利奥先生,用来继续他在撒哈拉沙漠里的探险工作。"②1896—1897 年,福色尔利用嘉尔业基金收到的清朝赔款,在印度旁遮普大学学生注册官兼东方学院院长奥莱尔·斯坦因（Aurel Stein,1862—1943）的陪同下,周游了印度各地,考察佛教美术。

福色尔在印度的考察虽具有重要性,但毕竟不算真正意义上的中亚考察。在国际中亚考察运动逐渐达到高潮之际,碑铭学院和嘉尔业基金又资助法国探险家夏尔-厄德·保宁（Charles - Eudes Bonin,1865—1929）于 1898—1900 年进行中亚考察,资助了法国汉学家保罗·伯希和（Paul Pelliot,1878—1945）于 1906—1908 年进行中亚考察。在碑铭学院派遣、嘉尔业基金资助下,分别由杜特列、保宁、伯希和进行的三次中亚考察,使法国在近代国际中亚考察史上占据了很高的地位。

（作者系兰州大学敦煌学研究所教授）

---

① 'Jugement des concours', *Comptes rendus*, 40ᵉ année, N.6, 1896, p.518.
② Gustave Schlumberger, 'Discours d'ouverture', *Comptes rendus*, 40ᵉ année, N.6, 1896, p.504.

都市文化

外文书店

上海法租界越界筑路与区域城市化
——以东平路街区为研究对象(1913—1949年)

王小雅

一、筑路史

(一) 路之辟筑

清代的上海县,下设有乡、保、区、图、圩等各级组织。东平路一带位于高昌乡二十七保五图淡井庙头景字圩,周边除南长浜①、北库池浜、西娄浦等河流外,还分布着一些小河浜,这些河浜大多通过沟渠相连。周围分布有顾家宅、小刘家宅等村落,四周多为农田。1917年绘制的《上海法国新租界分图》②上仍能清晰地看见这些景状。

1913年,适逢上海法租界第三次扩张前夕,法租界当局越界筑成东平路。公董局在1913年7月份工作报告"界外马路"一项提到:俄亚道胜银行地产上的新辟马路的土方工程已完成一半,开始铺设砖石。③ 8月份工作报告中再次谈到:俄亚道胜银行地产上的新辟马路继续土方施工和铺设碎石砖块。④ 同年10月13日,公董局董事会将俄亚道胜银行地产上的新辟马路命名为贾尔业爱路(Route Francis Garnier)。⑤ 法租界时期,贾尔业爱路一直是东平路的常用名。

贾尔业爱路在当时属于越界筑路性质。洋人越界筑路的行为也常引起附近乡民的不满,⑥然而在国力衰微与军阀混战的大背景下,中国政府虽"以保主权"为名义,但却无法保得"主权"。上海市政厅和上海县公署秉持息事宁人的态度,力图调解乡民与洋人间的矛盾,允乡民一定好处,从而纵容越界筑路的行为。通

---

① 1914年,南长浜被公董局填平筑成辣斐德路(今复兴中路)和白赛仲路(今复兴西路)。
② 孙逊、钟翀主编:《上海城市地图集成》(中册),上海书画出版社2017年版,第七图。
③ Rapport du Mois de Juillet 1913,档号:U38—1—2813,上海市档案馆藏。
④ Rapport du Mois d'Août 1913,档号:U38—1—2813,上海市档案馆藏。
⑤ Séance du Conseil du 13 Octobre 1913,档号:U38—1—2813,上海市档案馆藏。
⑥ 1913年10月24日《申报》曾有过相关报道:"西门外二十七保五图淡井庙西首娄浦港西岸向有公路一条,近被洋人在彼购地筑芭树立界石,将该处公路占入,断绝交通。是以该处公民郁根祥、沈文秉等至上海县公署,请即派员丈勘并令该洋人迅速退让以保主权。"

过这种方式,洋人越界购进土地、修筑马路,所谓的"保主权"也就沦为了一纸空谈。

在贾尔业爱路修筑之前,附近已筑有越界马路宝建路(1902年筑,今宝庆路)、毕勋路(1902年筑,今汾阳路)和祁齐路(1912年筑,今岳阳路)。贾尔业爱路与比邻的恩利和路(今桃江路)及其附近的几条马路相沟通,并与宝昌路(今淮海中路)连通,构成了法租界西区最初的道路网。

(二) 路名考证

上海法租界道路的名称在不同时期呈现出不同特色,曾先后以附近的地物和中国山河来命名,1906年公董局以法国人名更替了大部分以中国山河命名的道路。① 自此之后,法租界新辟马路形成了以法国人名命名的习惯。道路名称的变化也使整个区域打上了法兰西文化的烙印。

1913年10月13日,法租界公董局董事会将俄亚道胜银行地产上的两条道路分别命名为恩利和路(今桃江路)和贾尔业爱路(今东平路)。② 恩利和路与贾尔业爱路是两条并行的姊妹街,并于同一年修筑、得名。这两条很短呈弧形相交的马路,分别以先后在越南阵亡的法国军官贾尔业爱(Francis Garnier)和李威利(Henri Laurent Rivière)来命名。

贾尔业爱路的名字由来存有争议。过去常常认为贾尔业爱路是以法国驻沪总领事之名命名。20世纪30年代时开始出现此类说法,吴静山在《法租界马路名称考》一文中将法租界内用外国人名做路名的情况分为8种,主要包括法国特派大使及驻华公使、法国驻沪领事、法租界公董局董事、法公董局职员、旅沪法侨、旅华法教士、法国名人和其他与法国有关的事物等。他将贾尔业爱路归入以法国驻沪领事命名的马路一类,称:

> 贾业爱路:贾业爱(Francis Garnier)是一八八〇年(清光绪六年)驻沪总领事。③

"贾业爱路"即贾尔业爱路,外文名全称为 Route Francis Garnier。查阅相关资料可知,法国驻沪总领事中并没有一个叫 Francis Garnier 的人,而1880年担任法国驻沪总领事的是法国人 B. Garnier。B. Garnier 曾于1880年3月至

---

① 郑祖安:《上海地名小志》,上海社会科学院出版社1988年版,第44页。
② Séance du Conseil du 13 Octobre 1913,档号:U38—1—2813,上海市档案馆藏。
③ 上海通社编:《旧上海史料汇编》(上),北京图书馆出版社1988年版,第337页。

1882年2月担任法国驻沪总领事。① 显然,贾尔业爱路并不是以 B. Garnier 命名的。因此,贾尔业爱路是以法国驻沪总领事之名命名的这一观点并不成立。

图1　1916年、1930年《字林西报行名簿》

笔者以为这一错误是时人为书写简便而将贾尔业爱路外文路名缩写所致。例如1916年《字林西报行名簿》第一次记载贾尔业爱路,当时外文名写作"Route Francis Garnier"。而自1930年后,其外文路名则写为"Garnier, Route",外文路名的缩写致使后人错以为"Garnier, Route"是以法国驻沪总领事 B. Garnier 命名。

贾尔业爱路之名实源自19世纪的法国军官贾尔业爱。贾尔业爱(Francis Garnier,1839—1873),全名为 Marie Joseph François Garnier,中国一般译作安邺,又译作加尼。1866年6月,贾尔业爱曾随法国海军中校特拉格来(Doudart de Lagrée)②率领的探险队调查湄公河(澜沧江)流域。次年10月进入中国,再沿长江顺流而下到达上海。他据赴中国的经历,写下《印度支那探险记》一书。1873年初,贾尔业爱再次来到上海,他对上海的印象是"上海这座城市中的人能更好地接受新鲜奇异的观念和事物"。③ 1873年11月,贾尔业爱率兵强占越南河内及附近区域。应越南政府援请,刘永福率领黑旗军抗击贾尔业爱部。12月21日,贾尔业爱在河内西门外被黑旗军先锋吴凤典击毙。④

---

① 故宫博物院明清档案部、福建师范大学历史系编:《清季中外使领年表》,中华书局1985年版,第119页。
② 现在的通行译法为杜达尔·德·拉格雷。——编者注
③ [法]居伊·布罗索莱著,牟振宇译:《上海的法国人(1849—1949)》,上海辞书出版社2014年版,第161页。
④ 罗香林:《黑旗将军刘永福略传(史料)》,《中国新论》1935年创刊号。

贾尔业爱阵亡后,法国授其为征服越南的杰出"烈士"。1884 年,在中法战争期间,法国人的一艘炮舰就以"Francis Garnier"命名。之后这个名字在法国炮舰中传承了下来,每有旧舰退役就有新舰继承此名。1940—1941 年,一艘"贾尔业爱"号曾停泊于法国领事馆对面的黄浦江。1941 年在上海外侨社会中引起轩然大波的"爱高案"就与该舰相关。"贾尔业爱"号军舰上的水兵执行了抓捕爱高的行动。爱高被捕后,并未按照常例押解至法租界内的监狱监禁,而是直接解往"贾尔业爱"号关押。① 直至 1973 年,法国一艘舰艇仍以"Francis Garnier"(L9031)命名,这已经是第五艘以"贾尔业爱"号命名的船舰。②

1913 年,法租界以贾尔业爱之名命名了上海法租界内一条新辟的马路,即今东平路。与其相邻的桃江路,最初也是以一名同在越南命丧黑旗军之手的法国军官——李威利命名的。法国殖民时期,贾尔业爱和李威利均是法国政府授予的杰出"烈士"。这两名法国军官生前有着相似的经历,死后也双双被埋葬在巴黎的蒙马特公墓。二人虽命丧中国人之手,却通过以其命名的马路得以"铭记"。1943 年 10 月,汪精卫政权将原公共租界和法租界区域内的道路更名,像"贾尔业爱路"和"恩利和路"这种带有法国殖民色彩的名字也随之退出了历史舞台。

(三) 近代化市政建设

1914 年上海法租界正式完成第三次扩张,原越界筑路区悉数划入。法租界当局获得越界区域的"合法性",继续填没河浜、修筑马路,并加快基础设施建设,促进了区域城市化进程。

随着租界筑路技术的日臻完善,路面结构不断变化。早期道路的路面材料非常简陋,多为夯土路,铺以碎砖、煤渣、沙石等。贾尔业爱路最初也是砖石路面,后改为沥青路面,路两旁设置了平石、侧石及路面泄水设施。1930 年 11 月 19 日,公董局董事会通过决议将贾尔业爱路放宽至 40 英尺(约 12 米)。③ 1932 年 2 月,贾尔业爱路开始铺设人行道工程,平石 200 米,侧石 600 米。④

1915 年 1 月 30 日,法租界公董局市政工程师向公共工程处递交了贾尔业爱路至宝昌路段(今该路段属乌鲁木齐南路)的照明计划书。计划在该路段安装

---

① 蒋杰:《"自由法国"运动在上海(1940—1942)》,《史林》2016 年第 5 期。
② 维基百科:https://en.wikipedia.org/wiki/Francis_Garnier。该舰艇曾参与 2010 年海地震后人道主义救援工作,现已于 2011 年 2 月退役。
③ 《上海法租界公董局公共工程处关于贾尔义爱路路面放宽的文件》,档号:U38—4—1693,上海市档案馆藏。
④ 《上海法公董局公报》,第二年第四十一号,1932 年 4 月 11 日。

6盏50支光的电灯,并提交了一份照明计划示意图。① 预计安装费用99.22两②(6×50×12×3 937.5×0.007),维修费39.60两(6×0.55×12),折旧费13.20两(6×0.183 4×12),更换灯具费用6.48两(6×3×0.36),这6盏电灯一年共计花费158.5两。1915年2月24日,公董局董事会投票通过了该计划。③

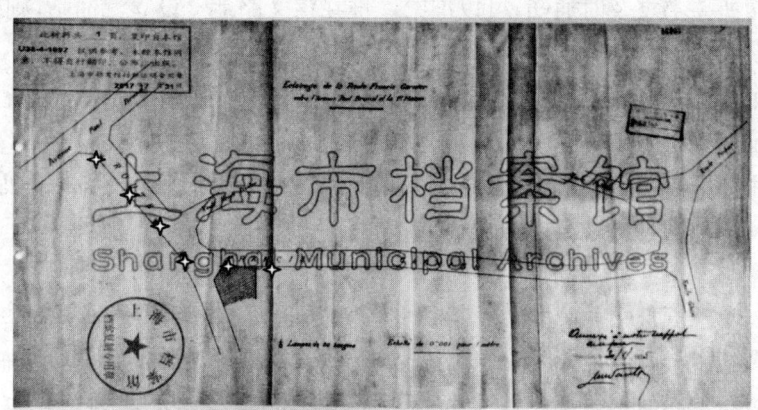

图2　1915年贾尔业爱路至宝昌路段照明计划示意图④

(笔者注:✧表示电灯位置,阴影部分为新落成建筑物。)

法租界非常重视界内的卫生管理。租界道路两旁大多以砖石修筑阴沟,将污水通至邻近的河渠。至1931年10月,贾尔业爱路阴沟已达393米。⑤ 该路全长不过400米,而阴沟已基本覆盖全路段。1931年5月26日,公董局颁布《法租界粪秽流入马路阴沟章程》,规定粪水一概禁止直接流入马路阴沟内,一经发现立予堵塞禁止使用,粪水需先流入自化坑,并对自化坑的式样、材质、规格等作了详细规定。⑥

1925年4月6日,法租界公董局市政工程师向市政总理处秘书长提议扩大贾尔业爱路、毕勋路(今汾阳路)和祁齐路(今岳阳路)交汇处的周边道路。这个计划并没有减少三岔路口的面积,但使周边人行道统一为8英尺,增加了道路的

---

① 《上海法租界公董局公共工程处关于贾尔义爱路公用照明的文件》,档号:U38—4—1692,上海市档案馆藏。
② 晚清时期使用的一种记账货币单位,又称"关平两""海关两"。一两约合583.3英厘或37.749 5克的足色纹银。
③ Séance dela Commission Municipale du 24 Février 1915,档号:U38—4—2815,上海市档案馆藏。
④ 《上海法租界公董局公共工程处关于贾尔义爱路公用照明的文件》,档号:U38—4—1692,上海市档案馆藏。
⑤ 《上海法公董局公报》,第一年第二十六号,1931年10月5日。
⑥ 《法租界粪秽流入马路阴沟章程》,《工程周刊》1934年第3卷第26期。

表面积并有助于改善交通。① 4月9日,市政总理处回信并同意了这一计划。

20世纪30年代初,美孚公司承租三岔路口间的空地准备设立汽油站,然而承租五年期间并未利用该地并准备退租。工务委员会据公董局督办称:"如别家公司愿租此地时,则本局当按时通知该公司,以便其或再承租此地等情。据此,查该公司所要求之及时通知,可以准给。惟在该叉路地上设立汽油站,则殊非所宜也。"②

这个三岔路口最终没有设立汽油站,后经规划成为一个三角花园,矗立着一座普希金雕像。1937年2月11日,上海各界人士为纪念俄国诗人普希金逝世一百周年在三角花园举行纪念碑揭幕礼。③ 1944年该雕像被侵华日军掠走,熔制军火。抗战胜利后曾有人写道:

> 唯一有诗意的地方是在旧法租界西面一带,在那面与情人散步是最有意思的,毕勋路上的普希金像几乎成了年青人心中恋爱与自由的象征,现在这个伟诗人的像早不知被敌人弄到哪里去了,这不过是证明日本人不懂文化摧残文化的一端。④

在20世纪三四十年代,普希金雕像已成为远离家乡、寓居上海的白俄人的精神寄托。三角花园的普希金雕像几经毁建,恰似普希金本人一样命途多舛。如今的普希金雕像是1987年普希金逝世150周年时第三次在原址上重建而成。

二、造房史

(一) 早期地产业主

20世纪初东平路沿线的大部分地产早已被外国人租赁、购买,当时外籍商人通过与中国农民签订道契,获得土地的永远承租权。东平路两侧分布有法册道契(F.C.,法国)、英册道契(B.C.,英国)、美册道契(U.S.C.,美国)、日册道契(J.C.,日本),此外还有一小块中国业主地产。⑤ 据《上海法租界公董局1932年地册簿》显示,20世纪二三十年代,东平路两侧地产主要集中在中国营业公司和

---

① 《上海法租界公董局公共工程处关于贾尔义爱路路面放宽的文件》,档号:U38—4—1693,上海市档案馆藏。
② 《上海法公董局公报》,第六年第一百九十七号,1936年1月9日。
③ 《普式庚逝世百周年,纪念碑揭幕礼》,《申报》1937年2月14日,第15版。
④ 《普希金像那里去了?》,《辛报周刊》1946年第7期。
⑤ 《上海法租界公董局1932年地册簿》,档号:U38—1—1073,上海市档案馆藏。

万国储蓄会手中。这两家房地产公司成为东平路上最主要的房地产业主,同时也是早期房屋的建造者和设计者,另有零散几户地产归属法租界公董局、其他洋行或为居住者自有。

中国营业公司购入东平路一带地产的具体时间尚有待考证。至20世纪30年代初中国营业公司在东平路两侧共有6处地产,分别位于法租界内地册第11085B号(今桃江路15号)、11085I号(今东平路2号)、13412号(今东平路13号和15号)、13414号(今东平路11号)、13415号(今东平路9号)和13426号(今东平路1号)。① 鉴于法租界西区的市政规划和营建高端住宅的丰厚利润,中国营业公司在法租界兴建了一批花园洋房。1915—1917年间,该公司长期在《申报》刊登出售花园住宅及地产的广告:"兹者本公司今有新式头等洋房数宅,均在租界之内,花园马房一应俱全,交通便捷,空气清爽,于卫生之道颇为相宜。并有租界内大小地亩数十处可备起造花园住宅大小工厂学校等。"

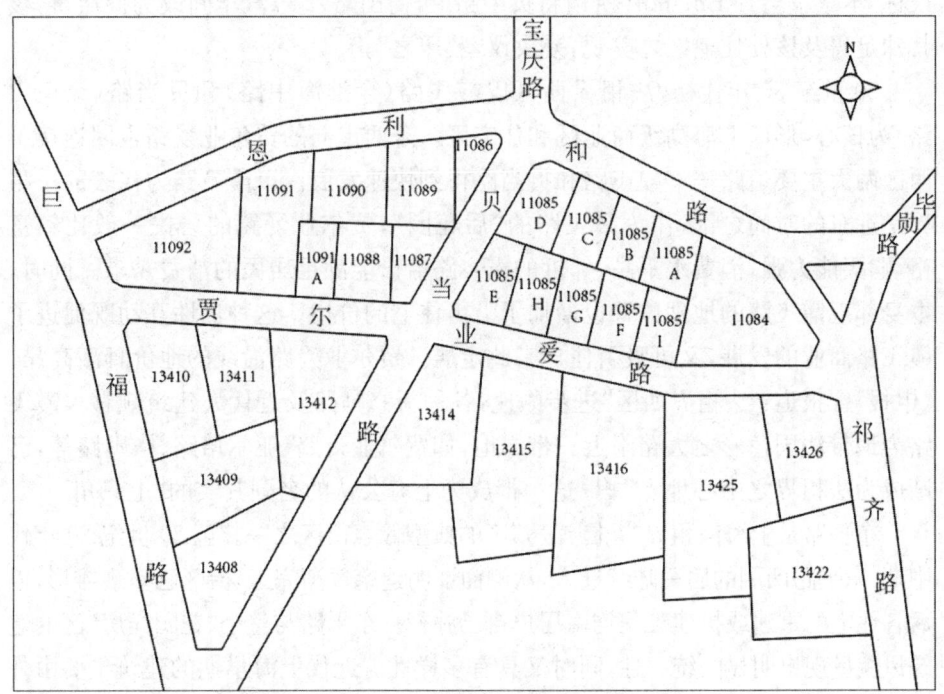

图3 1932年贾尔业爱路沿线地籍图②

---

① 《上海法租界公董局1932年地册簿》,档号:U38—1—1073,上海市档案馆藏。
② 据《上海法租界公董局1932年地册簿》绘制,档号:U38—1—1073,上海市档案馆藏。由上海师范大学历史地理学研究生王梦佳绘制,谨致谢意。

1920年12月,万国储蓄会成立了中国建业地产公司,这是法商中最大的房地产公司。中国建业地产公司的大部分资产集中于法租界西区,20年代初其在《申报》刊登的广告称:"本公司现有各种精美房屋独宅洋房上等地产出售,地点适宜,均坐落法租界。"①1932年,中国建业地产公司在东平路一带的地产就有11处之多。之后中国建业地产公司又陆续购进邻近地产,从法租界公董局手中购进了11086号(今桃江路31号)和11087号(今衡山路2号)地产。②

中国营业公司和万国储蓄会作为东平路一带最大的地产商,既是土地所有者又是房屋建造者,对"花园洋房"街区的形成起着重要作用。

(二)"花园洋房"街区形成

法租界公董局有意在新扩展的西区打造一个高雅住宅区,对地产开发商及居住者进行严格的管控,并将所有私人地产开发都纳入总体规划体系之中,对建筑类型和分类营业进行有效的约束。如1940年3月11日,工务委员会会议决议称"本董事会查Emanoff所请将贝当路(今衡山路)2号汽车间改为商店事,核其殊足碍及该处住宅区之美观,爰决议,驳斥之"。③

20世纪30年代初,法租界西区以霞飞路(今淮海中路)和贝当路(今衡山路)为核心,形成上海高级商业区和住宅区。东西走向的贾尔业爱路也因连接了西区两大主要道路——霞飞路和贝当路得到快速发展。以霞飞路为代表的法租界是远东的时尚之都,作为霞飞路的"后花园",贾尔业爱路的居民一般比较富裕,购买能力强,消费水平高,邻近的霞飞路恰恰能满足居民的消费需求。同时,本身邻近霞飞路的地理位置也增加了沿街住宅的价格。这种良性互动既促进了霞飞路商业的发展,又可吸引住户来此定居。贾尔业爱路沿线的地价日渐高昂。《申报》曾报道:法租界西区"进步颇速,各种新修马路及近代大建筑颇夥。霞飞路为最带法国色彩之大路附近一带之地,如贾尔业爱路、亚尔培路、毕勋路等,已渐成为法租界之中心地点"。④ 这一带成为上海公认的名副其实的"上只角"。

东平路是上海法租界"花园洋房"区的典型代表街区之一。至20世纪20年代中期,东平路两侧的居民陆续迁入,从侧面证明建筑逐渐完工,街区已呈现雏形,以后各住宅的重建或扩建工程均由居户自己施行。东平路与整个"花园洋房"区的建筑风貌呈现出明显的统一性,同时又具有多样性。近代上海早期的建筑主要由外国建筑师设计,来自不同地方的建筑建造者、设计者与使用者的民族传统,风俗习

---

① 《法商中国建业地产公司启事》,《申报》1922年8月24日,第1版。
② 《上海法租界公董局1941年地籍簿》,档号:U38—1—1075,上海市档案馆藏。
③ 《上海法公董局公报》,第十年第四百一十八号,1940年3月28日。
④ 《上海法租界之起源》(下),《申报》1930年8月25日,第18版。

惯,个人喜好以及他们受教育的状况,往往在一定程度上决定了建筑的风格。①

东平路街区建筑风格多样,除一些没有明显样式特征的建筑外,主要有西班牙式、北欧式、法国式等。每一种建筑风格背后都蕴含着一定的社会文化背景,建筑设计中也往往会打着一个时代的烙印。如东平路10号内建有防空洞。20世纪二三十年代时,这一带虽位于法租界高档住宅区,相较华界来说比较安全,但也时不时遭受袭击。1927年2月22日,沪西祁齐路(今岳阳路)顾家宅茅姓家为日军舰炮流弹所击,客堂屋顶樑木洞穿。② 1946年,"面粉二王"王禹卿为新婚妻子侯铭仙在东平路10号建造豪宅。③ 这时抗战的动荡时局刚刚结束,受战争中空袭事件的影响,王家在东平路10号内修建了防空洞。

花园洋房里的花园占地广阔,住宅面积相较来说并不大,营造出自然舒适的环境。住宅内往往配有近代基础设施,水电煤等一应俱全。宜居的环境和先进的设施吸引了众多的社会名流来此定居。

三、人文史

(一) 法租界时期

据《字林西报行名簿》记载显示,1916年起东平路始有居民入住。最早有居住记录的为东平路1号(原祁齐路2号)和东平路(原贾尔业爱路)15号。至20世纪30年代,东平路街区已逐渐走向成熟。完备的基础设施、安定的社会环境、幽静的自然环境逐渐吸引了各国外侨来此定居。一个以外侨为主的社区逐渐成形,仅有极少几户中国居民,这种局面一直持续到40年代初。因1942年《字林西报行名簿》停刊,之后的外侨寓居情况不明。从居民职业结构来看,东平路街区居民有外交官、律师、工程师、洋行大班以及公司高级职员,绝大部分为当年上海的中上层人士。

东平路一带属于外国驻沪领馆区,东平路5号曾为荷兰驻沪总领事官邸。《字林西报行名簿》记载:1933—1935年东平路5号居住者为赫龙门(F. E. H. Groenman);1935—1937年居住者为鲍赛文(G. W. Boissevain);茄司德曼(L. A. Gastmann)也于1937年在此短暂寓居。查阅相关资料可知,赫龙门、鲍赛文、茄司德曼曾先后担任荷兰驻沪总领事。《申报》中也有相关报道:

---

① 伍江:《上海近代建筑风格》,上海建筑施工志编委会编写办公室编《东方"巴黎"——近代上海建筑史话》,上海:上海文化出版社1991年版,第118页。
② 《天民报图画附刊》1927年第26期。
③ 荣宗敬、荣德生兄弟被誉为"面粉大王"、"棉纱大王",王禹卿则被称为"面粉二王"。

> 昨为荷国君后诞辰,该国驻沪总领事赫龙门特于上午十二时半,在贾尔业爱路五号寓所举行庆祝……①

> 淞沪警备司令杨虎昨晨(十九日)十一时,偕同秘书孙履平、副官长赵慰先等乘车赴贾尔业爱路五号答拜新任荷兰驻沪总领事茄司德曼,当由茄氏亲自延见并开香槟畅饮,谈二十分钟始辞出。②

1939—1941年,葡萄牙驻沪总领事馆迁至东平路15号。1939年《字林西报行名簿》记载贾尔业爱路15号居民为"Portuguese Consulate; Dr. & Mrs. A. J. Alves",即"葡萄牙领事馆;艾尔扶斯夫妇"。1940年、1941年记载为"Portuguese Consulate; Mr. & Mrs. J. A. Ribeiro de Melo",即"葡萄牙领事馆;梅洛夫妇"。1939年4月,葡萄牙驻沪总领事艾尔扶斯调往纽约供职,梅洛来沪接任。据《申报》报道梅洛曾于1939年在东平路15号举办游园会:

> 驻沪葡萄牙总领事梅洛夫妇,已邀请本埠葡侨于明日(五日)午后六至九时,赴贾尔业路十五号参加游园会,以庆祝葡萄牙宣布共和之二十九周年纪念。③

国民政府聘请的外籍顾问也曾寓居于此,如所聘的美籍来华财政部顾问麦尔思(D. F. Myers),1937—1938年居贾尔业爱路2号。财政顾问杨格(Arthur N. Young),1933—1935年寓祁齐路2号(今东平路1号),1936—1938年迁至贾尔业爱路7号。今上海市城建档案馆收藏的一份1935年6月12日的贾尔业爱路7号工程领照单上显示,业主为孔祥熙,但目前尚未发现孔祥熙在此居住的档案记录,孔祥熙购下这处房产后,在此安置了国民政府聘请的外籍顾问。这些外籍顾问在上海的寓所应是由国民政府统一安置,与时任国民政府主席的蒋介石的官邸相距不远,沟通交流都极为便利。

20年代至40年代初期,寓居于斯的华人住户寥寥可数。查阅《字林西报行名簿》等资料发现,其间登记的居民中有三个中国人的名字:W. H. Tan(谭伟学)④、

---

① 《荷侨庆祝君后诞辰,吴市长等均往道贺》,《申报》1933年9月1日,第20版。
② 《杨虎拜荷总领》,《申报》1937年6月20日,第13版。
③ 《葡萄牙国庆纪念》,《申报》1939年10月5日,第10版。
④ 谭伟学(1890—?),原名倭伸布。满族,河北北平(今北京)人。第二批庚款赴美留学生,同船赴美的有胡适、杨锡仁等70人。1938年起,谭伟学一家寓居东平路4号,1946年前后的上海市户籍登记表中仍有其居住信息,至1949年上海解放前全家迁往美国。

Mrs. Chiang Kai-Shek(蒋介石夫人,即宋美龄)、YiChang Whang(黄赞熙)①。

这里着重介绍一下蒋介石、宋美龄居住的东平路9号,东平路9号是蒋宋两家联姻后,宋子文送给宋美龄的结婚礼物,又被称为"爱庐"。目前能查到的蒋介石、宋美龄入住爱庐的最早记载是在1929年8月24日,当天《申报》报道:

> 昨晨七时许,蒋主席抵上海卫生疗养医院,即晤其夫人宋美龄女士并侯宋老太太疾。蒋以宋女士精神已极健旺,无须再在医院疗养,遂于上午十时半偕宋出院,乘车直返贾尔业爱路九号私宅。蒋夫妇即在本宅午膳,往访者概未接见。②

1932年宋美龄亲自委托思九生洋行在不改变建筑原貌的情况下进行东面扩建。据1932年《法公董局公报》载"贾尔业路地册第13415号(今东平路9号)地主,请准加高房屋一层"。③ 同年上海法租界公董局核准发给营造执照。一楼修建了一个小小的礼拜堂,以供作为基督教徒的宋美龄做礼拜之需。

民国政要在法租界寓居期间,法租界当局常派人密切监视行踪,何时何地会见何人几乎一清二楚,如孔祥熙何时出入蒋介石寓所在法租界档案中均有详细记录。④

概括而言,在法租界时期,东平路街区以外侨为主,华人居户较少,居民以洋行大班、律师、政府高官等中上层人士为主。这也是反映近代上海上层社会生活方式的代表性街区之一。

(二) 抗战时期

1937年八·一三淞沪抗战爆发,三个月后上海沦陷,租界沦为"孤岛"。上流人士、华人机构纷纷迁入租界,租界里呈现短暂的畸形繁荣景象。与此同时,大量难民的涌入打破了高档住宅区的往日宁静,日伪势力不断渗透,增加了租界管理的难度。

1943年7月30日,汪伪政府"接收"上海法租界,改为"上海市第八区",日本人掌握着实际控制权。为摆脱汉奸之名,汪伪政府将法租界内以西人命名的道路用中国地名代之,其中,贾尔业爱路以山东东平命名,并沿用至今。这一时

---

① 黄赞熙(1874—?),字翊昌。福建闽侯人。毕业于香港皇仁书院。历任职于交通部,1924年11月,任陇秦豫海铁路督办。在位三年后,来沪定居。1929年《字林西报行名簿》载贾尔业爱路13号居民为"YiChang Whang","Whang"即黄姓,而"YiChang"正是"翊昌"的发音。
② 《蒋主席昨晨抵沪》,《申报》1929年8月24日,第17版。
③ 《上海法公董局公报》,第二年第五十九号,1932年12月12日。
④ 《上海法租界关于孔祥熙活动情况简报》,档号: U38—2—931,上海市档案馆藏。

期英美侨民相继回国,或被日军关入了集中营。因20世纪40年代的汪伪户籍档案残缺,只能从他人回忆录或报道中零散地探讨抗战时期东平路街区状况。

周佛海委派傅式说①等组织的汉奸学术团体"财政经济研究所",曾挂牌于祁齐路2号(今东平路1号)。②战前,祁齐路2号为中央造币厂厂长席德柄的寓所。抗战爆发后,席德柄携眷随国民党西撤,在此期间寓所被日伪占用。

日本占领者还欲侵占蒋介石与宋美龄在东平路9号的寓所,后因两名德国人极力维护得以"秋毫无犯"。这两名德国人为国民政府聘用的军事教官,因抗战爆发后身份敏感而留守上海。③另据在上海法租界巡捕房工作多年的薛畊莘回忆,抗战期间,德国纳粹党总部上海办事处通过杨志雄的关系,设在贾尔业爱路(今东平路)9号蒋介石住宅。④杨志雄曾任国民党国际问题研究所德国系主任,当时在上海活动自如,不受日方监视,这两名德国人极可能是以德国纳粹党作为身份掩护来开展活动。

当时日本军管的房屋中,凡是可以移动的设备、装修、家具都被搬走或拍卖,甚至连水汀片、铁门、铜手把等铜铁制件,也被拆去制作军用品。⑤位于今东平路、桃江路、岳阳路交叉口的普希金铜像,被日军拆毁熔铸。邻近的汾阳路150号,原为万国储蓄会董事长司比尔门的洋房。1941年日军侵占租界后,他被关入了集中营。伪国民政府行政院长梁鸿志趁机占用了此处。⑥

(三) 解放前夕

1945年8月抗日战争胜利后,国民党派来的接收大员在上海掀起"劫收"风暴。关于日伪产业,政府宣布租卖转顶概作无效,由中央信托局接收保管,法租界内大批花园洋房再次易主。

法租界西区的"花园洋房"成为国民党党政要人聚居的地方,东平路一带亦是如此,且住户之间大多有千丝万缕的联系。短短的一条东平路上齐聚了民国"四大家族"中的蒋、宋、孔三家,7号为孔祥熙产业,9号是蒋介石、宋美龄的"爱

---

① 傅式说(1891—1947),字筑隐,浙江省乐清县人。1924年在上海创办大厦大学。抗日战争期间,与日军勾结,后投靠汪精卫,曾担任汪伪政权铁道部部长、中日文化协会常务理事等。1945年任"敌产管理委员会"委员,周佛海担任委员长。1947年被国民政府以叛国罪处决。

② 何国涛:《汪伪巨奸派系之争》,中国人民政治协商会议全国委员会文史和学习委员会编:《文史资料选辑》合订本第十三卷第37—39辑,中国文史出版社2011年版,第486页。

③ 《贾尔业爱路·主席邸第之保管人》,《七日谈》1946年第10期。

④ 薛畊莘:《我与旧上海法租界》,载《文史资料选辑》(第6辑),上海人民出版社1979年版,第164页。

⑤ 陆文达主编,《上海房地产志》编纂委员会编:《上海房地产志》,上海社会科学院出版社1999年版,第124页。

⑥ 上海市徐汇区精神文明建设委员会办公室主编:《那些永远的上海老马路》,上海社会科学院出版社2014年版,第100页。

庐",11号也是宋子文时常光顾之处。抗战胜利后宋子文与夫人张乐怡的一张合影写明在东平路。① "面粉二王"王禹卿居于东平路10号,据其孙女王佩琰回忆宋子文是邻居。② 还有传说战后宋子文在此处金屋藏娇,细思一下,既为宋子文藏娇处,为何还带夫人张乐怡来此？老洋房、名人光环再加上暧昧往事成为商业炒作的资源。

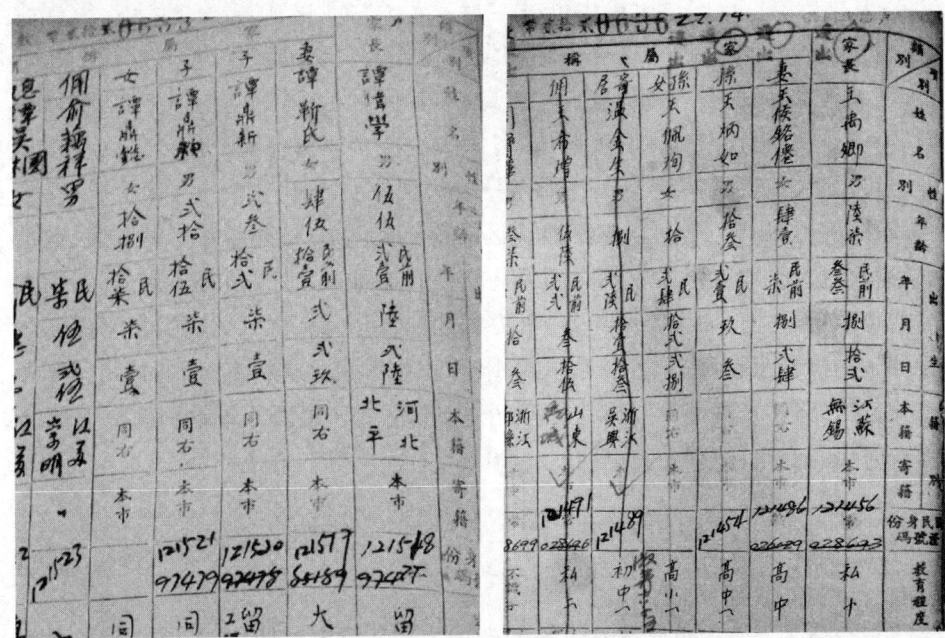

图4　1946年东平路4号(左)、10号(右)户籍档案③

另外,东平路1号的席德柄曾任国民政府中央造币厂厂长,其兄席德懋是宋子文的得力助手,席德懋的小女儿席梅英嫁给了宋子文的弟弟宋子良。④ 4号的谭伟学在抗战期间与刘景山等人协助宋子文负责中国战时物资供应公司(China Defense Supplies, Inc.);⑤八·一三淞沪抗战期间,谭伟学夫人谭靳氏曾与宋子文夫人张乐怡、张竹君医生等9人在香港组成伤兵医院筹备委员会。⑥ 居于东平路10号的王禹卿与蒋介石也颇有渊源,10号就位于9号蒋介石"爱庐"的马

---

① 苏智良:《时代、城市、家庭:宋氏家族与上海》,《都市文化研究》2014年第1期。
② 据王禹卿的孙女王佩琰曾回忆:"我家的老房子在东平路十号,蒋介石的老房子是东平路九号,邻居有宋子文、孔祥熙等。"郑重:《海上收藏世家》,上海:上海书店出版社2003年版,第270页。
③ 上海市公安局徐汇分局天平路派出所户籍档案。
④ 宋路霞:《上海望族》,文汇出版社2014年版,第150页。
⑤ 胡光镳:《影响中国现代化的一百洋客》,传记文学出版社1983年版,第361页。
⑥ 陈昕、郭志坤主编:《香港全纪录》第1卷,上海人民出版社1997年版,第214页。

路对面。王禹卿的孙女王佩琰曾回忆道：

> 我家的老房子在东平路十号,蒋介石的老房子是东平路九号,邻居有宋子文、孔祥熙等,我小时候家里还挂有蒋介石的照片,是他送给我爷爷的。有时我们还到蒋介石家去作客,不过我没看到过蒋介石。①

抗争胜利后东平路街区居民结构发生了很大变化,成为以华人居民为主的街区。街区居民的受教育程度普遍较高,从事职业较多样化,住户中有国民政府政要、实业家、银行家、医师、牧师等,各家中也大多雇有仆役。从居住人群的职业也可反映出东平路街区仍是上海的一处高档住宅区。

1948—1949年上半年,东平路街区居民结构再次发生重大变动,国民政府的军政要员、公职人员及富商大贾或将房子顶给他人,或仅留佣人看守,纷纷离沪前往港台海外。如1949年5月上海解放前,东平路1号席德柄、东平路4号谭伟学均携带家眷移居美国;东平路10号王禹卿也前往香港,产业留给其子王亢元;东平路9号蒋介石离沪赴台湾;东平路21号庄道宏一家返回天津老家。②随着时局的变化,街区面貌也焕然一新。

结　语

东平路是上海法租界越界筑路的产物之一。清末时期,东平路一带仍是河浜纵横的郊野状态,一片江南水乡风光。随着城市化空间扩展,城市布局逐渐西移。1913年,适逢上海法租界第三次扩张前夕,法租界当局越界筑成东平路。法租界将这片区域纳入"版图"之后,近代化市政建设也在公董局的主持下次第展开。租界的市政建设向来走在上海的前列,法租界也不例外,路面建设、道路照明等基础设施在这片乡野之地从无到有、从有到优地发展起来。

作为近代上海著名的高档住宅区,东平路街区是近代名人高雅社会生活的场所,见证着历史变迁,承载着时代风云变幻的印记。东平路街区的居民与政治权力更迭的关系十分密切。在不同历史阶段,街区居民的构成因权力变更而不同,从而形成丰富多彩的街区生活。

1949年5月27日,上海宣告解放。上海的住房进入计划经济和福利房时

---

① 郑重:《海上收藏世家》,上海书店出版社2003年版,第270页。
② 解放前东平路户籍档案,上海市公安局徐汇分局天平路派出所户籍档案。

代，各级政府分配住房并决定房屋的功能。东平路街区的花园洋房由人民政府接管并予以分配安置。东平路9号及附近地区被用作教育用地，归上海音乐学院附属中学和上海京剧院使用。一些花园洋房仍作为居住用地，并出现了一幢洋房由多家居民分住的局面。虽远未达到七十二家房客同居一楼的窘状，但原有的独门独户的居住方式已被破坏，逐渐演变成多家合住的形式。

  城市随时代而变迁，街区因岁月而沧桑。幸运的是东平路街区仍然保持着20世纪30年代的基本格局，主体风貌尚存，保留着城市原有的肌理。东平路街区的保护不仅要从建筑本身出发，也要综合考虑历史文化、社会生活等方方面面。在保护的过程中，把发挥历史文化环境的积极意义与提高街区居民的生活质量结合起来，延续东平路街区原有的社区功能。往者不可谏，来者犹可追。如何做好历史街区和现代都市的衔接，如何将昔日的街区历史、名人轶事搜集并记录，尤其是如何传承城市的精气神和历史文脉，仍是需要不断探讨的话题。

（作者系上海市第四中学历史教师）

"花厅夫人"在上海[①]

裘争平

2014年,来自美国北达科他州大学艺术系的杨惠淑教授通过上海博物馆同行的介绍来到我馆,她说她在整理他们学校图书馆捐赠人茀丽茨(Chester Fritz)先生的材料,打算申报课题。杨教授陆续提供了一些茀丽茨先生的收藏品和老照片,这位茀丽茨先生20世纪20年代至40年代相当长一段时间以新丰洋行(Swan, Culbertson & Fritz)合伙人的身份工作、生活在上海,积累了大量财富。而我在协助杨教授调研的过程中发现,其实,在当时的上海,茀丽茨夫人Bernadine Szold的名气远远超过他。

一、花厅夫人何许人也

新月派诗人、散文家、出版家、翻译家邵洵美(1906—1968)1933年在《时代》杂志上发表了一篇名为《花厅夫人》的文章,专门介绍茀丽茨夫人,文中写道:"茀丽茨夫人Mrs. Chester Fritz是匈牙利人,留华有年,嗜文学,著作甚富,自小在美国,与各国大文学家多相往还,在上海为《中国评论周报》编文学栏两年,极受称许。每星期至少有两次由她邀客聚谈,最近大光明音乐会亦由她主办。欧美文艺家来华,多半由她招待。她对于中国的文艺提

图1 Bernardine Szold Fritz

[①] 本文曾发表于《都会遗踪》,现有部分修改。见裘争平:《"花厅夫人"在上海》,《都会遗踪》2016年第1期,第80—89页。

倡尤力,曾组织万国戏剧社,成绩亦佳。但愿我国诸交际领袖,把麻将扑克的约会,易为文学的谈话,起而与莆丽茨夫人分头合作,则真正的文艺复兴,不难实现也。"①

邵洵美认为:花厅夫人是 Salon 的领袖,是 18 世纪的英法社交界最风行的组织。Salon 的译义即会客室,他译作花厅不过是为了字面上的漂亮。大概是一位有文学素养,有政治常识而在社会上有相当声誉的夫人做主东……花厅夫人便是我们最需要的人物,而留沪多年的莆丽茨夫人应当在这里介绍与钦仰。②

郑胜天教授在他的博客中这样写道:20 世纪 30 年代上海滩有位美国名媛莆丽茨夫人(Bernadine Szold-Fritz),热爱文学和交际。她家的花厅(沙龙)名声遐迩,华洋精英和文人雅士都爱在此聚会。1933 年 10 月的一天花厅来了两对客人。一对是《纽约》的专栏作家项美丽(Emily Hahn)和她的男友诗人兼出版家邵洵美。另一对是刚到达上海的墨西哥画家珂佛罗皮斯(Miguel Covarrubias)和他的夫人舞蹈家露莎(Rosa)。③

而陈子善教授也曾提到:"有个英国的弗里茨夫人,为人热情,家里的沙龙贵客不绝,聚集了大量的洋人,包括很多记者、小作家、文学爱好者等,还有一些有留学背景、能说流利英语的中国人也常去做客。"他认为,事实上,在 20 世纪二三十年代,北平和上海都存在着不少文化沙龙,活跃着许多中上层的知识分子,自由交流,畅所欲言。④

显然,本文所要介绍的花厅夫人便是莆丽茨(也译作弗里茨)夫人 Mrs. Chester Fritz,她本名 Bernadine Szold,出生于美国的伊利诺伊州,但祖籍匈牙利。⑤ 根据切斯特·弗里茨的叙述:1929 年年初,切斯特认识了一位名叫伯娜丁的女士,她当时正与朋友哈里森巴巴拉(Barbara Harrison,仿佛是菲律宾高官的女儿)在作环球旅游,并在上海短居了两个星期。切斯特对伯娜丁女士一见钟情,当她旅途结束返回巴黎时,他发了份电报向她求婚,而伯娜丁居然同样回了封电报答应了他的求婚。同年 6 月 18 日,切斯特·弗里茨同伯娜丁索尔德在中国大连的美国领事馆结婚。这是切斯特的第一段婚姻,伯娜丁的第四段婚姻。这一年,切斯特 37 岁,伯娜丁 33 岁,有一个女儿。伯娜丁来上海前一直在巴黎和纽约最有趣的圈子里活动,她的朋友们主要是有文学倾向的人或者是那些对艺术感兴趣的人。在切斯特眼里,伯娜丁外表不漂亮但想法独特,打扮别具一格

---

① 邵洵美:《花厅夫人》,见邵洵美:《一个人的谈话》,上海书店出版社 2012 年版,第 72 页。
② 邵洵美:《花厅夫人》,第 71 页。
③ 郑胜天的博客,blog.sina.com.cn/zhengshengtian。
④ 屠晨昕:《文化沙龙是当时一大风景》,《钱江晚报》2012 年 2 月 19 日,C4 版。
⑤ Fritz, Chester, and Dan Rylance, *Ever Westward to the Far East: The Story of Chester Fritz*, Grand Forks, N.D.: University of North Dakota, 1982, p.141.

非常引人注目。婚后,伯娜丁随切斯特生活在上海,直到抗战爆发,日军进犯上海,外侨安全受到威胁,1936年8月伯娜丁去了美国,切斯特在好莱坞为她买了栋房子,而他自己仍继续留在上海。此后,两人聚少离多,终于在1946年离婚,切斯特一直为她支付赡养费,伯娜丁没有再嫁,直到1982年2月15日去世。①

二、花厅在何处

根据传记,切斯特夫妇的第一个家应当是在位于当时法租界的 No.9 Rue Kaufmann 国富门路九号(今安亭路)。但是,显然那个地方只是短暂居住。根据切斯特留存在北达科他州大学图书馆的实物中那张当年他们夫妇定制的贺卡(图2),我们发现那上面清晰地标明了花厅的地址是 62 Route de Boissenzon,即当时的白赛仲路62号(今复兴西路),同样位于原法租界。经查,复兴西路62号原名 The Cloister Apartment(俗称修道院公寓),据说其主人为英国人密丰绒线厂主,建于20世纪30年代。公寓属典型的西班牙风格建筑,坐北朝南,砖木结构,由南北两幢楼组成,即一幢二层和一幢三层的建筑,中间为内院,一条幽静的

图2 贺卡

---

① Fritz, Chester, and Dan Rylance, *Ever Westward to the Far East: The Story of Chester Fritz*, pp.139-144.

图3 复兴西路62号某办公楼内景

券廊链接着南北二幢建筑。每幢每层均由两个居住单元组成,有三室、四室、五室等多种户型。1989年9月25日它被公布为上海市文物保护单位,也是上海市第一批优秀历史建筑。该建筑现保存完好,南楼为徐汇区湖南街道办事处,北楼则为住宅和商业用房。2016年9月,笔者陪同北达科他州大学杨教授去实地踏勘,比对了贺卡中场景和现在的建筑格局,我们认为当年切斯特夫妇应该居住在北楼。

但是,为什么切斯特的传记中没有提到62 Route de Boissenzon呢?复兴西路的修道院公寓是否确属当年花厅所在?笔者再三考证,终于找到一条非常重要的证明材料。那便是著名画家、工艺美术教育家、江苏常熟人庞熏琹(1906—1985)在他1981年所撰写的回忆录《就是这样走过来的》这样写道:

"展览会后(指中国现代名画展览会,下文再具体介绍),弗莉士夫人特为我举行一次招待会。弗莉士夫人何许人也?我不了解,后来听说她的丈夫是个犹太巨商,她自己是当时上海英文报纸《密勒士报》文艺副刊的主编,在上海的外国人中,她是文艺界的代表人物……弗莉士夫人住在福开森路(今武康路,庞熏琹的回忆也不算错,The Cloister Aprtment 确实位于复兴西路与武康路交汇处)①,室内布置很有艺术趣味……弗莉士夫人梳着希腊

---

① 应为复兴西路、永福路交口。——编者注

人的发型,穿着拖地的黑色连衣长裙进来了。她径直向我走来,拥抱了我,然后向周围的客人点头招呼,介绍:'这位就是今天招待会所要邀请的主要客人,也是我要向大家介绍的一位中国青年画家。我在这所房子里,第一次招待了萧伯纳,第二次招待了卓别林,今天是第三次招待一位中国青年画家。'……

几天以后,黄宝熙陪我去弗莉士夫人家,向她道谢她的热情招待。这时我仔细欣赏了她的室内布置,在客厅的门上,有一把很大的黄铜钥匙,上面挂着宫灯上挂的红色须带,一进门是一只白色丝织的长沙发,沙发上有几个靠垫,大概是她自己设计的,上面用清代衣服上用的刺绣花边作装饰。沙发前铺一条长条形的白地五彩花卉的地毯。靠南窗和西壁是淡杏黄色丝绒做的坐垫和靠背的矮长榻,上面放着各色各样的靠垫。西墙上装饰着一长条一尺见方的黑色大理石,上面挂了十多个面具,大概是日本的。东面是餐室,餐室与客厅相通,在门洞上面是用毛玻璃制成的灯,中间用的是中国皮影。她家的室内装饰给我的印象是很深的。从此以后,没有再见过她,后来听说她去美国了。"①

作为画家,庞薰琹觉得弗莉士夫人家室内布置很有艺术趣味,所以他仔细欣赏了她的室内布置并作了详细的描述,而这恰恰与我们在贺卡中所见的场景非常吻合,证明花厅当年确实在今复兴西路 62 号的 The Cloister Apartment。

图 4　珂佛罗皮斯画他们夫妇与莩丽茨夫人吃中餐

切斯特在传记中非常自豪地提到,他们拥有许多很好的中国朋友,其中有著名作家林语堂夫妇等,其他到过花厅的名人有梅兰芳、黄柳霜、项美丽姐妹、维克多沙逊以及珂佛罗皮斯(Miguel Covarrubias)夫妇等。珂佛罗皮斯所画的他们夫妇与弗里茨夫人一起吃中餐的漫画非常传神地表现了弗里茨夫人的特征。(图 4)事实上,梅兰芳与弗莉士夫人的交情应该是相当不错的,早在 1930 年,梅兰芳访美前夕,他们就有交往,梅兰芳还签名送书给了弗莉士夫人,而到了 1935 年梅兰芳成功访苏回沪的欢迎宴会上,我们又看到了弗莉士夫人与梅兰芳等人的合影。

---

① 庞薰琹:《就是这样走过来的》,北京:生活·读书·新知三联书店 2005 年版,第 123—125 页。

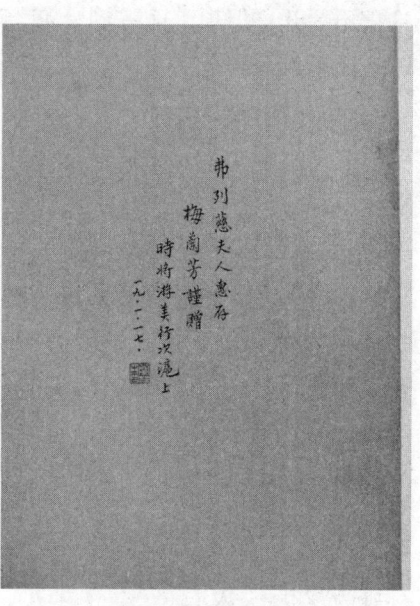

图5 《梅兰芳》　　　　　　　　　图6 梅兰芳签名

图7　19350821梅兰芳与弗里茨夫人等在欢迎午宴中

三、花厅夫人在上海

　　查找弗里茨夫人在上海的资料，被提及最多的便是她是邵洵美和美国女作家项美丽结识的介绍人。关于邵洵美和项美丽的故事可以是一篇长长的文章，这里不展开。但项美丽一到上海,到码头迎接她的确实是伯娜丁,"伯娜丁索尔德·弗里茨来自芝加哥,是她们的姐姐罗丝的老朋友,到码头迎接米奇和海伦(项美丽和她姐姐)……1935年,她(伯娜丁)是上海社交界的主要太太之一。手中没有给伯娜丁的介绍信或者不寻求她帮助的著名美国来访者寥寥无几。不仅她本人是一个有名望的女主人;在上海联系密切的外国人社区,她是接连不断的派对、舞会、俱乐部聚会和其他社交场合的常客"。①

弗里茨夫人在上海除了花厅夫人的名头外,其实还是有自己的事业的。盛宣怀孙女、邵洵美的妻子盛佩玉在回忆录《盛氏家族·邵洵美与我》一书中,曾提到弗里茨夫人:洵美又认识了一个徐娘半老的外国女人弗里茨。听洵美说,她原籍匈牙利,自幼在美国长大。她嗜好文学,著作颇丰,并与各国大文学家多相往还。她留华有年,为《中国评论周报》编文学栏。她曾在上海组织万国戏剧社,当时在跑马厅市政厅(后改为大光明剧场)的音乐会也由她催办。欧美文艺家来华,多半由她招待。她每星期有一两次举办中外文艺家沙龙,邀客聚谈。洵美戏称她为"花厅夫人"。②

项美丽在《中国与我》中,对弗里茨夫人的社交活动作了如下描述:伯娜丁考虑建立某种类型的俱乐部并且付诸行动。这个俱乐部被称为国际艺术剧院,或者根据政府的习惯,被称为IAT……她在家里无时无处都在打电话,我一辈子没见过那么长的电话分机拉线。她为这个俱乐部慷慨解囊,殚精竭虑,所耗费的体力财力,都够组织和指挥一场小型战役了。由于俱乐部理事会大多由美国人组成,美国女人对这个俱乐部比她们的欧洲姐妹更为踊跃。不过,她也获得了许多中国时髦女子的支持,参加俱乐部的还有法国女人、荷兰女人和俄罗斯女人。IAT组织音乐会、讲座和讨论会,还安排演出。她的音乐会是如此的成功,连俄国人和德国人都一起来参加。而辩论会的讲题则五花八门,无奇不有,诸如"中国的节育"(三名天主教神父出席这次辩论会,气氛极其热烈);戏剧演出极其精彩,尤其是完全由中国演员演出的《王宝钏》。③

显然,这个万国艺术剧院(也译作万国剧艺社)(International Arts Theatre, I. A. T.)是弗里茨夫人事业的立足点。1935年3月29日的《申报》上刊登了这么一则"万国艺术剧院成立"消息:"弗里茨夫人、潘地约翰生夫人、宋春芳、戴志骞诸教授等所发起之万国艺术剧院已告成功,并于昨日下午五时在该院(本埠南

---

① 肯·卡斯伯森:《没人说别去》,转引自夏伯铭:《上海旧事之跷脚沙逊》,上海远东出版社2008年版,第218页。
② 盛佩玉:《盛氏家族·邵洵美与我》,见夏伯铭:《上海旧事之跷脚沙逊》,第219页。
③ [美]项美丽:《中国与我》,见夏伯铭:《上海旧事之跷脚沙逊》,第220页。

京路50号)开成立大会。到院参观者皆系中外名流,如唐瑛女士、温夫人、教育局长潘公展、欧阳予倩等,络绎不绝,直至七时始散。该院组织,为世界的与失职业的,其宗旨则为推进与建设各种与舞台有关系之艺术,并设有小剧场以备将来之用。"①可见,万国艺术剧院正式成立于1935年3月28日,当时院址为南京路(今南京东路50号)。发起人之一宋春舫(1892—1938年),戏剧家,浙江吴江人,王国维的表弟。1912年毕业于上海圣约翰大学,后去法国、瑞士留学,在日内瓦获硕士学位,做过外交官、律师、大学教授等。1916年,他在北京大学开设"欧洲戏剧"课程,这是西洋戏剧作为一门学科正式进入中国高等学府的开始。中国最早介绍西方小剧场戏剧的文章,是他于1919年所写的《小戏院的意义、由来及现状》。将西方现代戏剧流派引入中国,宋春舫可谓第一人。他还是一位藏书家,其书房"褐木庐"主藏国外戏剧书刊,被誉为"世界三大戏剧藏书家"之一。另一位发起人戴志骞(1888—1963),生于江苏青浦(今上海市青浦区)朱家角镇,先后获上海圣约翰大学文学士、纽约州立图书馆专科学校图书馆学学士、爱荷华大学图书馆学与教育管理专业的哲学博士,历任圣约翰大学图书馆主任、清华学校(大学)图书馆主任、馆长、南京国立中央大学图书馆馆长、国立中央大学副校长、中国银行总管理处总秘书等职。在图书馆学研究方面,戴志骞成就显著,在各种报刊上发表文章多篇,还出版过英文专著 Professional Education for Librarianship(《论图书馆员的职业教育》)等。

　　万国艺术剧院成功策划了几个在上海史上留下痕迹的活动。第一个大概要属1935年秋,假座上海卡尔登戏院(今长江剧场),用英语演出京剧《王宝钏》。剧中的王宝钏由海上名媛唐瑛扮演,薛平贵由沪江大学的凌宪扬扮演,而扮演王丞相的则是《文汇报》的方伯奋。当年看过这出戏的老报人江上行后来撰文称:"这次因为是用英语演出京剧第一遭,所以引起观众的极大兴趣。薛平贵身穿箭衣,头戴软罗帽,王允也口带'髯口',王宝钏的扮相与京剧大致相似。唐瑛不但英语流利,而且也很会做戏,只是他们的台步都走不好,虽然也有管弦乐的配合,但是只有对白而无唱段……"②邵洵美1935年7月21日在蚁社演讲云:"诸位大概已听得过'万国艺术剧院'那个组织吧?这是中西人士合作的一个文化团体。最近公演熊式一先生英译的《红鬃烈马》。第一晚在卡尔登,门前的汽车据说有六七百挂。这戏本的对白是完全用英文的,可是观众这样多。原来这便是'文化的班底'的作用了。这一晚的观众,大半是上海新式交际社会的人物。原来这出

---

① 《万国艺术剧院成立》,《申报》1935年3月29日,第12版。
② 江上行:《六十年京剧见闻》,学林出版社1986年版,第219页。

戏,无疑地,是要当作下一次谈话的资料的。要是到那时答不上话来,就会丢脸。要顾全自己在交际场中的地位,这两三个钟头,和四块大洋,便非花不可。所以《王宝钏》在戏剧上的成功,我们不敢说;他在文化上的成功,我们是不得不承认的……"①邵洵美的评论,正可谓一针见血,这就是万国艺术剧院组织文化活动的成功。

紧接着,1935年11月26日,万国艺术剧院又在圆明园路55号的上海女青年会4楼举办了一场《老上海展览会》。②《上海研究资料续集》学艺篇非常详细地介绍了这个展览会:老上海展览会是法磊士夫人(Mrs. Frazer)主办的。她办老上海展览会的旨趣,是在把关于上海的旧记录、旧图片、旧对象,收集陈列出来,供大家阅览,使大家明了上海发展的经过,与知道文献保存之重要。这个展览会的许多展品都是从上海公共租界工部局、怡和洋行,还有两位外国收藏家白侠客和考辛尼亚(Messrs. S. B. Bosack and I. S. Coushnia)等处借来的。其中工部局所提供的展品有:

照片9幅:(一)五十年前的黄浦滩,(二)1912年的黄浦滩,(三)1923年的黄浦滩……(九)外白渡桥;地图三幅:(一)1855年上海地图,(二)1864—1866年英租界地图,(三)1864—1866年虹口租界或称美租界图;照片册子两本;还有1854—1863年董事会会议录、工部局书信馆邮票簿等共计20件。③而且工部局代理总办菲利普(G. Godfrey Phillips)还决定调拨"巡捕到会场在展览期间纯义务服务两周"。展览会分为七个部分,共计展出物品约150件,大致可分四类,即:书籍、照片、地图和实物,在《上海研究资料续集》中不但列举了每一部分的主要展品,还画了一幅会场平面图。④展览原定10天,结果到12月3日闭幕,共展了8天。开幕式当天入场费为国币一元,第二天起收参观费二角。开幕式那天还邀请了已来华42年的安妮·华尔德·费恩女医生(Dr. Anne Walter Fearn)作关于老上海故事的演讲。这个展览会在上海史上是很有历史意义的重要事件,或许是第一个上海档案史料展,所以夏东元先生主编的《二十世纪上海大博览》里也收录了这一条。⑤目前上海市历史博物馆的收藏品中,有几件似乎是相同的,笔者不禁猜测,是不是有那么一点关系呢?!

两个月后,1936年2月27日,万国艺术剧院又在圆明园路55号举办了《中

---

① 邵洵美:《文化的班底》,见邵洵美:《一个人的谈话》,第101页。
② 上海通社编:《上海研究资料续集》,上海:上海书店出版社1984年版,第448—451页。
③ 上海通社编:《上海研究资料续集》,第448—449页。
④ 上海通社编:《上海研究资料续集》,第450页。
⑤ 夏东元主编:《二十世纪上海大博览》,上海:文汇出版社1995年版,第460页。

国现代绘画展览会》,展出刘海粟、王一亭、王济远、潘玉良等30余人的油画、国画近作150件,蔡元培为画展作序,吴铁城市长为展览揭幕。该社总干事弗莉士夫人及刘海粟、王济远、倪贻德、庞熏琹等参加揭幕典礼。据《申报》消息,展览开幕后,观众甚多,"其作品价格最高者为庞熏琹之油画《地之子》标八百元,余如刘海粟之国画、潘玉良之油画均价在二百元左右"。① 此展参观时间为每日上午9时至下午5时止,展览至3月12日闭幕。也就是在这次展览会后,弗莉士夫人在自家的花厅专门为庞熏琹召开了招待会。

图8 《中国现代画展》出品人合影左起:庞薰琹、张弦、刘海粟、陈人浩、郁风女士、周多、潘玉良女士、倪贻德、成家和(刘海粟夫人)、刘抗、王济远

画展期间,1936年3月9日下午,万国艺术剧院为国际电影大师卓别林举行欢迎茶会,卓别林在这里和京剧艺术家梅兰芳、电影演员胡蝶等相聚,还参观了正在举办的中国现代名画展,留下了中外文化交流史上的一段佳话。为卓别林担任翻译的万国艺剧社理事翟关亮在《良友》画报上介绍了当时的情形:卓别林在上海的一个重要活动就是参加万国剧艺社为其举办的欢迎茶会。该社由沪上知名的"沙龙领袖"弗莱茨夫人一手创办……卓别林身为好莱坞著名喜剧演员,誉满全球,此次东来中国,虽时间短暂,艺剧社仍提前向他发出邀请,"一则借

---

① 《国际艺剧院主办,中国现代画展开幕》,《申报》1936年2月29日,第11版。

此表示艺术界对他的欢迎,再则因为其时艺社中有一个中国画展,顺便给他看一看中国艺术"。①

20世纪30年代,在国际大都市的上海,这位花厅夫人如鱼得水,生活非常精彩。假如战火没有烧到上海,弗里茨夫人和她的万国艺术剧院还会策划怎样的活动、留下怎样的痕迹呢?

(作者系上海历史博物馆研究馆员)

---

① 翟关亮:《与卓别林半日游》,载《良友》1936年4月第115期。

社会管理

上海法租界监狱研究

徐家俊

1840年鸦片战争的大炮,打开了中国的国门,上海被列为五个通商口岸之一。西方殖民者分别于1845年、1848年先后在上海设立了英租界和美租界(1863年英租界和美租界合并,成立公共租界),法国殖民者紧随其后,于1849年设立了法租界,北面与英租界毗邻,面积986亩。后来经过1861年、1900年、1914年三次扩展,面积扩大至5150亩,是最初面积的15倍。居住人口也从1865年的5.6万人分别在1936年和1942年达到47.8万人和85.4万人。[①] 其行政区域主要位于上海市的卢湾区(已并入黄浦区)和徐汇区两区内,东部狭长地带则伸入今黄浦区。上海法租界是近代中国4个法租界中开辟最早、面积最大也最繁荣的一个,另外三个分别是天津法租界、汉口法租界和广州法租界(沙面)。直到1943年7月,汪伪政权收回法租界改称第八区,上海法租界结束。

上海在近100年的时间内,呈现出"一市三治"的局面,即一个城区内,形成公共租界、法租界和华界三个管理机构、三套监狱系统。

一、法租界巡捕房押所和会审公廨监狱建立

1854年,英、美、法三租界成立了上海租界内的行政管理机构——工部局。1862年4月法租界宣布脱离工部局,另成立"法国筹防公局",后改名为"公董局"。公董局设有市政总理处、公共工程处、警务处等。公董局最初设在公馆马路(今金陵东路)4号的法领事署内。1865年1月迁入新址(今金陵东路174号),1928年前后,公董局迁往霞飞路(今淮海中路375号)。

1856年(清咸丰六年)5月,法租界在租界内开始雇佣巡捕设置巡捕房,1869年成立了"华洋合一"的审判机构——"会审公廨"。由法国领事与上海道台组成法庭共同审理法租界内华人与华人、华人与洋人之间的刑事、民事案件。在审理案件过程中,华籍人犯关押于法领事署,后来关押在各巡捕房拘押所。

[①] 邹依仁:《旧上海人口变迁等研究》,上海人民出版社1983年版,第90—91页。

1856年6月到1912年期间,法租界先后建有多座巡捕房(其间有的被撤销),它们分别是:小东门巡捕房,位于今中山东二路,后撤销。大自鸣钟巡捕房,位于今金陵东路;后来先后更名为北门巡捕房和麦兰巡捕房。八仙桥巡捕房,位于今金陵东路西端四明公所附近;后迁至今淮海中路淡水路口,1912年撤销。卢家湾巡捕房,位于今重庆南路徐家汇路一侧;1918年,随同法租界警务处迁入今建国中路22号,遂称中央巡捕房,又称卢家湾巡捕房。顾家宅巡捕房,位于今复兴公园附近顾家宅营房,1917年撤销。宝昌路巡捕房,后更名为霞飞路巡捕房,位于今淮海中路235号,扩建后改称嵩山路巡捕房。贝当路巡捕房,位于今建国西路。徐家汇巡捕房,又称善钟路巡捕房和福煦路巡捕房,位于今宝庆路1号。法租界各巡捕房都有一定规模的拘押所(牢房),初期关押未决犯和已决犯,行使着监狱的职能。1911年以后,主要关押未决犯和判刑1个月以下的犯人。其中中央巡捕房,又称卢家湾巡捕房的牢房规模最大,它设在办公楼底层,有30多间,分布在三条夹弄内,最多关押300—400人。[1]

以后,由于法租界内地域扩大、人口增多、案发数量增大,各巡捕房拘押所不够使用。为此,法租界警务处经过多次酝酿,决定另建立一座新监狱。董事会于1909年(清宣统元年)12月开会讨论,以4票对1票的多数通过,在薛华立路靶子场一带(即今建国中路思南路附近)用招标的方式建造监狱。这座监狱于1910年7月15日正式动工,1911年7月24日竣工,10月8日启用。[2] 监狱正规名称为"上海法租界会审公廨监狱",由于监狱位于马斯南路和薛华立路的交叉口上,所以,有的媒体和百姓也把这座监狱俗称马斯南路监狱或薛华立路监狱。

在监狱建造的过程中也发生过一点小插曲,当时土建工程和照明工程是分开承包的。监狱的照明工程由巴尔德公司承包,但是承包方不负责任,工作拖拉,质量不佳,先后验收了4次都不合格,拖延了将近4个月,直到第五次,工程才验收通过。依照招标规定,凡耽误工程120天者,必须处以1 200两白银的罚款。后来有人从中斡旋说情,法租界公务委员会同意工程师的意见,将罚款减为50两白银,但今后该公司不得再参加公董局的招标。[3]

1929年9月,监狱进行了扩建,扩建仍旧通过招标的方式。据1929年《上

---

[1] 史梅定:《上海租界志》,上海社会科学院出版社2001年版,第256—257页;易庆瑶:《上海公安志》,上海社会科学院出版社1999年版,第74页;麦林华:《上海监狱志》,上海社会科学院出版社2003年版,第103—104页。
[2] 董枢:《发公董局各机关的沿革》,载上海通志馆:《上海通志馆期刊》第二年第二期,第421—422页。
[3] 《上海法租界公董局年报》(1911年),第33—34页。

海法租界公董局年报》资料反映,当时上海共有7家营造厂(商)提出承包意向书,内有瑞昌、朱薛记、冯源记、新源记、新林记、包荣记和义泰公司,他们的建造费用分别为:白银33 090两、39 300两、25 900两、25 600两、23 700两、22 500两和22 179两;同样的工程,各家营造厂(商)开出的费用最高和最低的价格竟相差1/3左右。最后,法租界公董局总工程师建议,并经公董局总办同意,决定监狱扩建工程由义泰公司建造,费用为白银22 179两,双方签订了承包合同,并附上详细的操作细则,约定承包商应遵守细则内的各项条款。① 经过扩建,法租界会审公廨监狱形成一个四方形,占地面积4 800多平方米,拥有男监1幢,4层高的监楼;每间牢房三面是墙壁,一面是铁栅,面积仅2.8平方米;女监、外籍犯监和病监(均为2层高的监楼),总共有监房近400间,可容犯人1 000名左右。监狱四周有围墙,围墙内有巡逻道,围墙东西隅各有瞭望楼一所。

1931年7月,根据中国外交部与法国驻华公使在南京签订的《关于上海法租界内设置中国法院之协定》,7月31日,法租界当局将会审公廨交还中国,成立"上海第二特区法院",当日,江苏高等法院第三分院(简称江苏高三分院)院长梁仁杰、上海第二特区法院院长应时及原江苏第二分监分监长谢福慈率狱警60余人,从法方监狱长古奇(Gouget)手里接管了上海法租界会审公廨监狱②,改称为"上海第二特区监狱"。由谢福慈(号叔履,广西桂林人)任典狱长。

二、巡捕房拘押所和会审公廨监狱管理人员的任用

法租界巡捕房和会审公廨监狱的管理人员,其上层管理人员是以法国人为主的西籍人员组成,下层人员主要由安南(越南)人担任,初期只有1—2名中国人担任翻译,从1927年起,中国人略有增加,担任司机、看守、监丁(杂役)、厨工。他们的工作待遇同法租界巡捕基本相同。监狱上层与下层管理人员的待遇差别较大,如一等法籍巡官每个月工资收入是同等华籍官员的8倍,法租界公董局为了吸引法国人离开故土来到远东地区工作而采用了高薪制。安南巡捕(看守)与华人巡捕(看守)的工资几乎相当。但是前者有后者享受不到的福利,如已婚的安南巡捕(看守)可以带家属来到上海安家,他们的家属也享有法租界给员工提供的同等免费医疗。法租界公董局还专门给安南巡捕(看守)的孩子办了一所学校,为他们提供免费教育,高中毕业以后这些孩子可以考入法国本土的大学继续

---

① 《上海法租界公董局年报》(1929年),第61页。
② 《昨日接收法公廨》,《申报》1931年8月1日。

深造。对于未婚的安南巡捕(看守)每3年可提供路费,安排一次回安南的带薪探假。而家在外地或家在本地、已婚或未婚的华人巡捕(看守)就没有这样的福利待遇。

表1　1912—1930年法租界会审公廨监狱管理人员统计表

国籍	职别	1912	1913	1916	1917	1918	1919	1923	1924	1925	1926	1927	1928	1929	1930
西籍	典狱长	1	1	1	1	1	1	1	1	1	1	1	1	1	1
	副典狱长	0	0	0	0	0	0	0	0	0	0	0	0	1	1
	看守长	1	2	2	0	0	1	1	0	3	2	1	2	2	3
	看守	4	3	3	3	2	2	2	3	1	4	4	3	3	3
	书记官	0	0	0	0	0	0	0	0	0	4	4	4	4	4
越籍	看守长	3	4	0	6	4	4	5	7	7	7	8	8	8	8
	看守	34	33	58	50	47	34	44	50	49	66	69	49	39	57
华籍	译员	1	1	1	1	1	1	1	2	2	2	2	2	2	0
	司机	0	0	0	0	0	0	0	0	0	0	1	1	1	1
	看守、监丁、厨工	0	0	0	0	0	0	0	0	0	6	5	7	7	5
——	合计	44	44	64	61	56	43	54	62	63	86	96	73	68	83

说明:(1)西籍指以法国人为主的西欧各国人员,越籍指安南(越南)人,华籍指中国人。(2)1914—1915年、1920—1921年的资料有缺漏。①

三、犯人的收押和管理

法租界的司法机构中是先建立巡捕房,后建立监狱。初期,前者行使着看守所和监狱的功能,1911年会审公廨监狱启用以后,巡捕房拘押所主要行使看守所的职能,但同时也分流了一部分犯人,主要关押判刑1个月以下的短刑犯。

法租界各巡捕房拘押所不但关押华籍犯人,也关押外国籍犯人。如1893年(光绪十九年),法租界巡捕房关押5名外籍犯,其中法国籍1人,还有1名是奥地利籍的谋杀未遂的女犯,她关押期间的一切费用均由奥匈帝国总领事支付。②

---

① 该表格及本文中其他表格的数据,系笔者根据法文版的《上海法租界公董局年报》(1912—1930年)综合整理而成。
② 《上海法租界公董局年报》(1893年),第25页。

1894年法租界巡捕房拘押所关押15名外籍犯,其中2名法国人、3名英国人、2名俄国人,还有瑞典、意大利、西班牙和德国人各1人,以上他们都是酗酒闹事者。还有2名英国籍的脱逃犯,2名希腊籍对一艘靠岸商船结伙偷盗的盗窃犯。①

表2　1899—1900年法租界巡捕房逮捕华籍犯人统计表②

罪　名	1899年	1900年	罪　名	1899年	1900年
纵火	4	2	食后拒付账款	51	10
酗酒闹事	95	57	杀　人	1	1
伤　害	139	100	违反警务条例	437	94
吵　架	59	0	拒付捐税	2	7
损坏他人财物	30	82	侵犯住宅	0	0
一般偷窃	622	926	窝藏	13	26
情节严重的盗窃	9	0	债　务	0	8
争　论	265	8	强　奸	0	1
咒　骂	117	92	对抗捕房	81	1
喧哗肇事	472	541	通　奸	4	1
流氓行为	199	210	盗窃未遂	160	94
诈　骗	87	198	共　计	2 937	2 459

法租界会审公廨监狱启用后,对犯人的入监,出监也有相应的规定。犯人入监时要进行身体检查,并建有关簿册或表格作记载。犯人的档案材料均为法文。当时监狱使用的犯人"身份卡",其项目有:姓名、判决书号、番号、籍贯、住址,职业,个人身份,年龄;还有入监日期,罪行,刑期,刑期起算日期,刑满日期,服刑满一半的日期(含拘留在内的监禁天数),前科次数,前次监禁时的番号,释放日期及原因,财产。监狱对犯人的入监人数都记录在案,并建有较为完整的文档。在20世纪30年代,法租界会审公廨监狱凡是对新入监的犯人,都得挨一顿毒打,就像古典小说《水浒传》上写的"杀威棒"一样,新犯人入"牢营"必须要打一顿板子。③

---

① 《上海法租界公董局年报》(1894年),第20页。
② 《上海法租界公董局年报》(1899年),第12页;《上海法租界公董局年报》(1900年),第10页。
③ 仇学宝、于炳坤:《魂系上海,刘晓传》,上海文艺出版社1996年版,第52页。

当时法租界会审公廨判决犯人的罪名（案由）多种多样、五花八门，主要有：走私、绑架、携带鸦片、携带武器、敲诈勒索、咒骂、在路上喧哗寻衅、偷窃、撬窃、袭击盗窃、持械抢劫、拐骗儿童、拐卖妇女、诈骗、强盗、窝藏、侵入住宅、起火、纵火、杀人、不慎杀人、暗杀或谋杀、伤害、打架捣乱、流氓行为、可疑行为、犯禁、越狱逃跑、潜逃、妨害风化、强奸、通奸、诬告、弃家、酗酒闹事、债务、拒付债款、食后抗付账款、假冒伪造、伪造、使用伪币、赌博、对抗捕房、违反放逐令、违反交通管理章程、违反车辆章程、违反电车章程、违反汽车章程、违反警务路政章程、违反卫生处章程、违反客栈章程、违反警务条例、贪污、渎职、宣传共产主义、政治事件等。其刑种有：罚款、戴枷、坐牢（即判处有期徒刑，最低为14天以下）、戴枷坐牢、驱逐出法租界等。

当时，法租界的巡捕房拘押所和监狱主要关押5年以下的犯人，一般对判刑10年以上和判死刑的犯人都送往华界，由中国的司法机构判决和执行。对判刑一个月以下的犯人一般不穿囚服，只参加狱内劳动；判刑一个月以上的犯人要穿囚服，可参加狱外劳役。① 据法文版的1911—1919年《上海法租界公董局年报》记载，法租界会审公廨监狱累计关押华籍犯人，1911年2 928人，1912年3 750人，1913年3 734人，1914年3 861人，1915年3 561人，1916年3 131人，1917年2 657人，1918年2 349人，1919年2 305人。

表3　1907—1930年法租界会审公廨监狱日均在押犯人统计表②

年份	人数	年份	人数	年份	人数	年份	人数
1907	114	1913	396	1919	260	1925	464
1908	157	1914	442	1920	340	1926	428
1909	171	1915	443	1921	345	1927	398
1910	194	1916	439	1922	387	1928	491
1911	286	1917	335	1923	414	1929	576
1912	341	1918	287	1924	423	1930	726

---

① 《上海法租界公董局年报》(1909年)，第64页。
② 1907年至1911年的资料，见《上海法租界公董局年报》(1909年)，第53页；1912年至1913年的资料，见《上海法租界公董局年报》(1913年)，第52页；1914年至1917年的资料，见《上海法租界公董局年报》(1917年)，第73页；1918年至1922年的资料，见《上海法租界公董局年报》(1922年)，第76页；1923年至1925年，见《上海法租界公董局年报》(1925年)，第96页；1926年至1930年的资料，见《上海法租界公董局年报》(1930年)，第80页。综合整理《上海法租界公董局年报》(1911年至1930年)。

表4 1911—1930年年底上海法租界会审公廨监狱在押犯人统计表①

年份	人数	男犯	女犯	年份	总数	男犯	女犯
1911	292	280	12	1921	339	321	18
1912	383	363	20	1922	404	381	23
1913	386	352	34	1923	351	333	18
1914	465	441	24	1924	431	402	29
1915	430	406	24	1925	453	429	24
1916	401	384	17	1926	403	390	13
1917	276	259	17	1927	436	414	22
1918	255	247	8	1928	529	499	30
1919	267	254	13	1929	621	590	31
1920	354	331	23	1930	758	722	36

表5 1911—1930年上海法租界会审公廨监狱累计收押外籍犯人数统计表②

年份	人数	年份	人数	年份	人数	年份	人数
1911	42	1916	13	1921	14	1926	181
1912	71	1917	12	1922	14	1927	277
1913	37	1918	12	1923	86	1928	173
1914	32	1919	4	1924	182	1929	141
1915	13	1920	缺	1925	172	1930	205

表6 1911—1930年年底法租界会审公廨监狱在押犯人刑期统计表

刑期	1911	1912	1913	1914	1915	1921	1922	1923	1924	1925	1926	1927	1928	1929	1930
1个月以下	20	14	0	0	0	0	0	0	0	0	0	0	0	0	0
1—3个月	66	100	106	89	82	85	135	135	106	127	140	117	79	84	39
3—6个月	46	96	60	92	86	87	86	64	99	75	46	71	39	43	85
6—12个月	55	58	64	93	117	52	16	55	71	62	47	32	54	46	108

① 转引自麦林华:《上海监狱志》,上海社会科学院出版社2003年版,第473—474页。
② 综合整理《上海法租界公董局年报》(1911年至1915年、1921年至1930年)。

(续表)

刑 期	1911	1912	1913	1914	1915	1921	1922	1923	1924	1925	1926	1927	1928	1929	1930
1—2年	47	48	68	69	48	57	60	35	29	34	27	23	30	36	61
2—3年	20	21	30	35	28	17	40	33	39	34	29	43	52	0	47
3—4年	13	16	14	18	24	6	24	12	15	17	22	47	55	24	
4—5年	10	18	25	30	26	34	36	缺	44	48	52	55	226	341	384
5年以上	15	18	16	20	17	1	7	缺	19	39	37	64	12	9	6
未决犯	0	3	3	2	0	0	0	缺	0	0	0	0	0	0	0
移华界	0	0	0	17	2	0	0	缺	9	17	3	9	9	7	4
合 计	292	383	386	465	430	339	404	351	431	453	403	436	529	621	758

注：1916—1920年缺资料。1926—1930年，凡判刑一个月以下的犯人都关押在霞飞路巡捕房（即嵩山路巡捕房）拘押所。

表7　1911—1930年年底法租界会审公廨监狱在押女犯刑期统计表①

刑 期	1911	1912	1913	1914	1915	1921	1922	1923	1924	1925	1926	1927	1928	1929	1930
1个月以下	0	1	0	0	0	0	0	0	0	0	0	0	0	0	0
1—3个月	1	2	4	2	2	3	5	2	8	5	1	0	5	1	
3—6个月	0	3	2	1	0	1	2	4	5	2	0	10	2	5	6
6—12个月	6	5	7	4	9	4	2	3	4	5	1	1	7	2	6
1—2年	4	9	14	5	5	4	2	2	2	1	3	6	3	4	
2—3年	1	0	2	2	2	4	4	6	6	4	1	3	0	5	
3—4年	0	0	4	3	4	0	7	0	4	4	0	4	0	3	2
4—5年	0	1	2	3	2	2	1	1	1	1	4	10	13	12	
5年以上	0	0	0	0	0	0	0	0	0	3	1	0	0	0	0
移华界	0	0	0	1	0	0	0	0	2	2	0	0	0	0	
合 计	12	20	34	24	24	18	23	18	29	24	13	22	30	31	36

注：1916—1920年缺资料。

法租界会审公廨监狱对在押犯人也实行减刑、假释。一般在每年的年底或次年的年初进行。如1921年12月30日下午，法租界会审公廨会审官聂榕卿会

---

① 综合整理《上海法租界公董局年报》（1911年至1930年）。

同法国驻上海总领署副领事到会审公廨监狱,选择轻刑犯释放 50 余名,情节稍重者减刑 30 余名。① 1925 年 12 月,法租界会审官聂榕卿,会同法国驻上海总领馆副领事葛礼滨,到监狱内,对狱中工作勤慎者 10 余名,当庭提前释放,罪重者减轻数名。② 1926 年 1 月初,由会审官聂榕卿会同法国驻上海总领馆副领事德辣纳到监狱,对在牢守法勤慎工作者释放男女 28 名,改轻者男女 40 余名。③

每逢法国民主纪念节,法租界会审公廨对在押犯人都有减刑、假释等赦免的措施。如 1929 年 7 月 15 日,由会审官聂榕卿与法领事杜戈,到会审公廨监狱,对牢内认罪服判、遵守监规纪律、勤奋劳作的犯人提前释放 45 名,情节较重的 11 名犯人,酌情予以减刑。④

四、犯人的狱中生活卫生

1883—1887 年期间,法租界巡捕房拘押所犯人伙食由杨炳生商号承办。后来法租界公董局在上海的华文报纸上刊登广告,招标巡捕房拘押所的犯人伙食。据法租界公董局董事会 1888 年 12 月 19 日的法文版会议记录记载,该招标广告刊登以后,也许知晓度不高,也许受社会习俗的影响,只有两家商号投标,一家为"苏记商号",另一家为"杨炳生商号";最后确定由"杨炳生商号"为承包人,犯人每天两餐,伙食费为 52 个铜板。

后来随着时间的推移,准备承包法租界巡捕房拘押所犯人的伙食商号(人)也逐渐增多。到 1895 年(光绪二十一年)的时候,由章泳充、张阿毛、97 号炊房、毕松柏、林楚基、宋阿伍等 6 家商号(商人)投标犯人伙食,其报价每天伙食标准分别为 44、48、50、50、52、57 枚铜板,最后法租界巡捕房选了报价最低的章泳充中标,犯人每天两餐,标准为 44 枚铜板。⑤

1913 年,经招投标的程序后,法租界董事会决定"同兴号"供应商为巡捕房犯人伙食的中标商。其供应的物品有:2 号米,每担 4.70 元⑥;蚕豆,每担 3.40 元;赤豆,每担 5.00 元(以上每担为 133 磅),适用全年的价格。"公和号"供应商也为巡捕房犯人伙食的中标商;其供应的物品有:小麦,每担 3.95 元(每担为 133 磅);猪肉,每斤 0.15 元;咸鱼,每斤 0.078 元;青菜,每斤 0.02 元;食盐,每斤

---

① 《法廨中西官年终之恤囚》,《申报》1921 年 12 月 31 日。
② 《法谳员年终恤囚》,《申报》1926 年 1 月 1 日。
③ 《法谳员年终恤囚》,《申报》1926 年 1 月 3 日。
④ 《法公廨循例恤囚》,《申报》1929 年 7 月 15 日。
⑤ 《上海租界公董局年报》(1895 年),第 16 页。
⑥ 此处的"元"即为"银元"。

0.028元;食油,每斤0.13元;茶叶,每斤0.11元。以上适用全年的价格。①

法租界会审公廨监狱犯人的生活条件比较差,伙食标准也很低。1917年监狱犯人中脚气病流行,患病人数不断增加,连续多年无法医治,后来派医生调查,主要是犯人营养不良,缺少维生素,后来犯人在一段时间内,主食改吃糙米,供应新鲜蔬菜,打预防针,脚气病有显著好转。

1924年,据中国北洋政府司法部的调查,法租界西牢的犯人的伙食,"每人饭食品有一定分量,工作者较多,每日给食二次,每日食费约须洋一角二分。其饭以洋铁腰圆形盒盛之放。每星期食肉一次,食鱼二次"。② 犯人伙食有一定区别,参加生产劳动者较多,不参加生产劳动者较少。

犯人的囚服、卧具均由监狱提供。"犯人的卧具,系用粗毛毯,昼收夜给。并无床铺,卧于地板之上。惟西人监房,则设有铁床桌椅,饭食及衣服之待遇,亦极优厚。视华人判若霄壤。赏罚,该牢监房门首,揭示处罚规则数条,如减食、暗室、上镣、打板子之类"。③ 法租界会审公廨监狱最初启用时,管理比较粗放,监狱没有医务所,从1913年,聘用一名法籍医生兼任监狱的狱医,每星期到监狱一次。如果有急病、重病,经监狱的要求,该医生也可随时来临。1915年,监狱又聘用了一名华籍女护士,专门负责对女犯的入监检查、健康检查等。为了解决病犯的医治问题,监狱在马路斜对面的广慈医院(由法国人、天主教江南教区主教姚宗李创办于1907年,今称瑞金医院)内建造了一所小型病犯医院,专门收治法租界巡捕房和会审公廨监狱内的少数重病和急病的人犯。该病犯医院初为平房,大门和窗户均装有铁栅,外面还有巡捕(看守)巡逻站岗(20世纪30年代该医院拆除了旧建筑,重建了二层高的新楼,该楼目前还存在。20世纪80年代,曾是电影故事片《特高课在行动》的外景场地之一)。当时的媒体对其情况也有披露,如1930年3月26日的《申报》,曾报道"法租界监狱犯人钱再进重病送广慈医院医治无效死亡"。

表8　1913—1930年法租界会审公廨监狱犯人住院情况统计表④

年　份	全年累计住院人次	日均住院人次	年　份	全年累计住院人次	日均住院人次
1913	130	10	1915	138	12
1914	22	15	1916	136	12

---

① 《上海法租界公董局年报》(1913年),第29—30页。
② 北洋政府法权讨论委员会秘书处:《考查司法记》,转引自麦林华主编:《上海监狱志》,第900页。
③ 北洋政府法权讨论委员会秘书处:《考查司法记》,转引自麦林华主编:《上海监狱志》,第900页。
④ 转引自《上海监狱志》,第309页。

(续表)

年 份	全年累计住院人次	日均住院人次	年 份	全年累计住院人次	日均住院人次
1917	176	13	1924	149	10
1918	112	11	1925	253	15
1919	164	14	1926	240	18
1920	缺	缺	1927	175	13
1921	缺	17	1928	139	缺
1922	105	13	1929	171	缺
1923	201	缺	1930	255	缺

表9 1926—1930年法租界巡捕房拘押所和会审公廨监狱犯人住院病因统计表①

年份	住院人数	犯人累计住院天数	发烧	脚气病	烂脚	痢疾	眼病	性病	其他	合计	死于巡捕房	死于医院	总计	死亡率%
1926	240	7 858	12	1	29	9	13	73	103	240	14	16	30	7.0
1927	175	7 124	6	0	1	6	15	42	105	175	7	35	42	10.55
1928	139	6 227	3	0	5	30	10	35	83	139	6	15	21	4.27
1929	171	6 763	9	1	9	5	6	30	112	171	3	32	35	6.07
1930	255	9 055	10	2	16	10	1	38	178	255	15	85	100	13.77

表10 1914—1930年法租界会审公廨监狱犯人死亡统计表②

年 份	死亡数	年 份	死亡数	年 份	死亡数
1914	23	1920	缺	1926	30
1915	25	1921	缺	1927	42
1916	23	1922	17	1928	21
1917	24	1923	22	1929	35
1918	14	1924	14	1930	100
1919	23	1925	18		

① 《上海法租界公董局年报》(1926年),第64—65页;《上海法租界公董局年报》(1927年),第63页;《上海法租界公董局年报》(1928年),第65—66页;《上海法租界公董局年报》(1929年),第105—106页;《上海法租界公董局年报》(1930年),第83—84页。
② 转引自《上海监狱志》,第268页。

五、监狱犯人的生产劳动

法租界巡捕房拘押所和会审公廨监狱的犯人的生产作业主要分狱内劳动和狱外劳动两大类:

一类是狱内劳动。1911年开始,会审公廨监狱组织犯人缝制帽子、衣服、被子等供巡捕房人员使用或供监狱自用。监狱设有小型锻造工场和制罐工场,组织犯人为法租界公董局工务处锻造钢筋混凝土管道的金属骨架。让犯人编织网线袋、藤制器具,制作皮鞋。据统计,1911年犯人累计参加劳动的天数为:缝纫4 470天,制作凉鞋379天,锻造850天,各种小工1 460天。① 1912年犯人累计参加劳动的天数为:制作水泥制品1 547天,编织帘子421天,缝纫9 815天,制作凉鞋2 127天,木工1 608天,锻造1 125天,厨工、洗衣、补鞋11 604天。② 20世纪20年代前后,监狱作业有工场多处,分为水泥、缝纫、洗涤、藤竹等数种。其中以水泥为主,专门制造多种规格、口径大小不一的水泥管,供修筑马路排水管使用。其次还有缝纫、洗涤、藤竹和木器等项目。让犯人缝制巡捕的衣帽;洗涤监狱看守的制服、犯人的囚服以及公共物品,并承揽洗涤外界委托的各类物件。

另一类是狱外劳动。主要组织犯人外出去铺作马路,如敲三合土、当小工,搬运建筑材料、翻修路面等。1909年,法租界巡捕房拘押所的犯人去华龙路(今雁荡路)、圣母院路(今瑞金一路)、金神父路(今瑞金二路)、敏体尼荫路(今西藏南路)、宝隆路(今陕西南路)铺设马路,敲三合土等。据统计,1910年,法租界巡捕房拘押所提供的犯人劳动力达23 500个工作日。会审公廨监狱组织犯人修路、铺路,1912年总计为9 908.5个工作日,③1913年为16 023个工作日。④ 在工地上,犯人人数一般控制在100人以内。1911—1924年间,法租界会审公廨监狱犯人曾经铺筑的路面有:敏体尼荫路、陶尔斐斯路(今南昌路)、蒲柏路(今太仓路)、圣母院路和巨籁达路(今巨鹿路)等。另外,还押解犯人翻修原有的旧马路,承接马路下水道的挖掘、排放、运输等。在工地上制作水泥管和其他水泥制件。

犯人外出劳动有少量的报酬,1913年时他们去公董局工务处和印刷所做工的犯人以每天二钱银两计算。1924年年初,每人每天的劳动报酬为20个铜板,

---

① 《上海法租界公董局年报》(1911年),第53—55页。
② 《上海法租界公董局年报》(1912年),第76页。
③ 《上海法租界公董局年报》(1912年),第76页。
④ 《上海法租界公董局年报》(1913年),第81页。

每元可兑换 180 个铜板。①

六、监狱脱逃案例举要

法租界会审公廨监狱组织犯人劳动作业,多年来在作业场所发生过多起犯人脱逃事件(包括已遂和未遂的)。发生地点主要有:

一,狱外劳动工地。监狱狱外劳动场所,点多面广,犯人外出作业,监狱需要派出相当多的警卫人员担任看管,管理人员防逃的责任很大。虽然当时每两名犯人为一组,犯人的腰部戴有锁链,相互牵连,但是逃跑的事情时有发生。如1914 年 12 月 1 日,一个犯人在金利源码头搬运水泥管时,利用一根拾来的铁梗把铐在身上的一节锁链撬断,乘机脱逃,几天后被缉拿归案。② 1921 年 8 月 3 日下午 5 时,外出去水泥工地劳役的犯人,看守在点名收工时发现少了 1 名犯人,经巡查发现该犯人躲在一推材料下面,企图等到天黑时再脱逃。③ 1922 年 7 月 8 日下午,监狱带领一批犯人在"法越小学"建筑工地搬运建筑材料的时候,两名戴锁链的犯人,躲过看守人员的监视,乘机脱逃,几天后被缉拿归案。④ 1924 年 1 月 18 日,两名犯人利用在外修建马路操作碎石机的时候,挣脱了身上的锁链而逃跑。他们越过附近的徐家汇浜,来到华界而逃之夭夭。同年 6 月 26 日下午 6 时,一个在水泥工场做工的犯人脱逃,追捕没有结果。⑤ 1925 年 8 月 4 日,4 个正在碎铁机上干活的犯人,敲掉戴在身上的锁链,脱去链子后从工场脱逃,他们从经常停泊在徐家汇浜中的许多舢板船上,穿过河浜逃到华界。监狱一名越南籍的看守立即追赶,重伤了一名已经逃到对岸的犯人,后将受伤者送往广慈医院救治,但因受伤较重不久死去。⑥ 1926 年 7 月 16 日凌晨 1 时,在公董局印刷所劳动的 28 138 号犯人,穿了一套印刷所职工的衣服,逃过了看守和员工的视线,混出印刷所的大门而逃跑。⑦

二,监舍。如 1916 年 9 月 13 日晚上 7 点,以盗匪犯薛庆华、黎浦春为首,还有 16 人强夺监狱安南看守的手枪,组织越狱逃脱。恰好当时手枪子弹没有上膛,还上了保险,由于薛犯不熟悉手枪的结构,开枪射击未遂,看守逃过一劫。当

---

① 《上海法租界公董局年报》(1924 年),第 75 页。
② 《上海法租界公董局年报》(1914 年),第 45 页。
③ 《上海法租界公董局年报》(1921 年),第 83—84 页。
④ 《上海法租界公董局年报》(1922 年),第 79 页。
⑤ 《上海法租界公董局年报》(1924 年),第 74—75 页。
⑥ 《上海法租界公董局年报》(1925 年),第 99—100 页。
⑦ 《上海法租界公董局年报》(1926 年),第 66 页。

时正好被两名法籍看守发现,他们立即开枪,将为首的薛犯击毙,又将另一名首犯黎浦春击伤,其余的犯人见此情况不敢冲出。当即由看守长打电话通知各巡捕房及营房内各安南军士荷抢实弹到来,总巡率同嵩山路、卢家湾捕房的中西探捕来到监狱,并留下一拨人员驻扎防卫。另一批看守把已经击毙犯人薛庆华的尸体,用车送往慈善机构同仁辅元堂验尸所。受伤的黎犯送往广慈医院医治,将各犯继续审讯。所以,当天监狱并没有一名犯人脱逃。事后,监狱338号犯人,畏罪自缢死亡。① 不久,看守还查出胡正扬等17名犯人事先串通一气、系共同作案,所以又将他们解送法租界公廨审判。同年11月,经刑庭判决胡正扬等3人各加刑4年,赖新民等5人各加刑3年,王福生加刑2年,以上各犯加刑期间的一半时间罚做苦工;方纪加刑一年,贾凤全等2人加刑半年;梅犯罚做苦工一年;傅犯等3人免予追诉。② 1923年1月29日,一名犯人在监狱洗衣房中逃跑,他爬上堆放工具的洗衣桶,抓住屋檐后,顺着水落管下滑,出了大门而逃跑。③

1926年2月18日凌晨2点,一批犯人经预谋,把脚镣手铐凿断,扭开监室门锁,并携带铁棍等凶器,用事先准备好的石灰包作为武器投向看守人员。西籍看守和越籍看守面临险情急鸣警笛,并开枪射击,当场击毙犯人3人,打伤10多人,其他犯人看到情况突变,又返回监室。看守打电话通知法租界总巡捕房,巡捕房派出大批巡捕来到监狱,把监狱团团包围,经查点人数,幸无犯人脱逃。看守再用脚镣、手铐,将各犯人逐一钉铐,并把受伤的犯人送至广慈医院,其中8人因伤过重,医治无效,相继死亡,尸体送同仁辅元堂验尸所棺殓。④ 2月23日法租界巡捕房将该案涉及谋图脱逃的胡锦昌、王柱玉、王金龙、刘佳才、封华亭、裘修文等13名华籍犯人以及朝鲜籍韩泰柱等解送会审公廨。经审讯,对胡锦昌、王桂玉等13人各加刑5年;赵安顺加刑3年。⑤

1926年2月一天的晚上,盗匪犯陆渭兴,伙同他犯企图越狱,用事先准备好的石灰包抛掷看守。强行抢夺379号安南看守的武器,正当奔逃之时,被西捕开枪击伤右臂、后腿,当即被捕获,送医院医治。3月3日,陆痊愈出院,经审讯,以越狱罪加刑5年。⑥

---

① 《薛华立路西牢之凶剧》,《申报》1916年9月15日;《再志薛华立路西牢之凶剧》,《申报》1916年9月16日。
② 《薛华立路西牢押犯图逃之加罪》,《申报》1916年11月12日。
③ 《上海法租界公董局年报》(1923年),第86页。
④ 《法租界西牢昨早发生越狱案》,《申报》1926年2月19日;《法租界西牢昨早发生越狱案》,《申报》1926年2月20日。
⑤ 《法公廨讯判越狱案》,《申报》1926年2月23日。
⑥ 《盗匪陆渭兴越狱判加刑》,《申报》1926年3月4日。

三,医院。法租界会审公廨监狱在马路斜对面的广慈医院建有一座小型病房,生了重病的犯人经批准可以住院治疗,尽管那里有铁栅,也有一定的防卫设施,但是相比监狱总是差了一截。有的犯人就利用医院的特殊环境脱逃出狱。如1913年7月25日深夜,两名犯人在一间浴室中掘挖洞穴潜逃。① 1923年1月23日早晨7时许,一名洗衣服的犯人在洗衣房中,他爬上置放工具的洗衣桶,抓住屋檐后,顺着一根水落管滑下去,出了大门后脱逃。捕房派员展开侦查后,没有缉获该案。②

七、陈独秀、李启汉、刘晓在狱中

在大革命时期,中共中央局书记陈独秀(安徽怀宁人)曾先后被逮捕过5次,第一次在安徽芜湖,第二次在北京,最后三次都在上海。1921年10月4日下午,陈独秀、柯庆施、包惠僧、杨明斋、高君曼(陈独秀之妻)等5人在上海淮海中路渔阳里被法租界巡捕房逮捕,高君曼当天释放,陈独秀化名"王坦甫",后来暴露真实身份。半个月后,柯庆施等3人先后释放,独留下陈独秀。后经各方营救,当月26日,法庭以"宣传过激主义",判陈独秀罚白银500两(同时交审判费100元)保外释放。③ 1922年8月9日,陈独秀在上海环龙路铭德里被法租界巡捕房逮捕。后在多人营救下,8月18日中法会审官以"宣传布尔什维克主义",判陈独秀罚银洋400元,当天下午5时许出狱。④ 1932年10月15日晚上7时,陈独秀在上海公共租界的岳州路永兴里被捕;这是陈独秀一生中第五次被捕。后来被移送南京,被判刑7年,关押在老虎桥监狱,后因日军入侵,政府西迁,陈独秀被提前释放,共计关押4年另10个月。目前,不少书籍对陈独秀在北京监狱和南京监狱的囚禁情况记叙较完整、翔实。但是,对陈独秀于1922年两次在上海法租界被捕,具体关押在哪个巡捕房?他在狱中是如何生活的?各种研究资料,多种版本的《陈独秀》《陈独秀传》《陈独秀大传》中都没有具体记载。由强重华等编写、河南人民出版社1982出版的《陈独秀被捕资料汇编》,虽然该书收集汇编自1913—1937年间陈独秀5次被捕期间,各种报纸杂志对陈独秀被捕的

---

① 《上海法租界公董局年报》(1913年),第72页。
② 《上海法租界公董局年报》(1922年),第86页。
③ 《陈独秀在沪被捕》,《益世报》1921年10月7日;《陈独秀被捕案之了结》,《时报》1921年10月27日;《陈独秀被释》,《益世报》1921年10月28日。
④ 《陈独秀被捕》,《时事新报》1922年8月10日;《陈独秀被拘时之所闻》,《时报》1922年8月11日;《陈独秀罚洋四百元释放》,《时事新报》1922年8月19日;《陈独秀又被法国警察拘留》,《晨报》1922年2月21日。

报道、评论、营救函电、当局的审讯、判决,以及陈独秀本人的答辩和知情人的回忆等107篇,资料翔实。但是对陈独秀在1922年上海法租界两次被关押的情况也同样缺乏任何记载,也没有点滴资料可查考。这些情况也有待于我们挖掘资料,填补空白,作进一步查考,这也是上海监狱史、上海租界史和中共党史值得研究的重要课题之一。

1922年6月1日,中国劳动组合书记李启汉(湖南江华人,上海早期工人运动的开拓者和重要领导人)被法租界被捕,次日,会审公廨以"煽动罢工、扰乱次序罪"判刑3个月,押入法租界会审公廨监狱囚禁。期满后他又被引渡到上海龙华军法课拘留所,直到1924年10月才获释。成为共产党"坐牢最早最苦的同志"(邓中夏语)。出狱后,李启汉参与领导省港大罢工。1927年4月被国民党反动派杀害于广州。①

1931年年初,上海反帝大同盟干部刘晓(湖南辰溪人,1926年加入中国共产党,解放后曾任中共上海市委第二书记兼组织部部长、外交部副部长等)因住处被法租界巡捕搜出宣传品而逮捕,被法国巡捕用尽酷刑(老虎凳、电刑等)。刘晓化名王民权,没有暴露共产党员身份,以"危害治安罪",被判刑1年,囚禁于法租界会审公廨监狱的牢房内,番号256。② 由于刘晓在巡捕房受到严刑拷打,入监后又被毒打,老伤未愈,又添新伤。日子一长,刘晓浑身上下青一块紫一块的,到处都是创伤,渐渐地他连走路也不行了,可是不走就再打。一位对犯人态度较好的131号法籍看守知道后,刘晓用英语和他交谈了几句。不久他汇报典狱长,经批准刘晓被送往广慈医院的犯人病房治疗,那里伙食得到改善,住院3个月后回到监狱③,出狱后他又投入新的战斗。

八、法租界西牢与公共租界西牢管理上的主要区别

法租界与公共租界都是在近代上海建立起来的"国中之国",尽管前者的地域范围和人口要小于后者(法租界最大面积为15 150亩,公共租界达4.7万亩;1936年法租界人口47.8万,公共租界超过118万)。他们侵犯了中国行政管理权和司法权,在中国的土地上建起了审判机关和监狱,法租界西牢(这里指1911—1930年期间的法租界会审公廨监狱,即薛华立路监狱)与公共租界西牢(这里指1903—1943年间的提篮桥监狱,又名华德路监狱)在监狱管理制度等方

---

① 《李启汉》,广东人民出版社1984年版,第140页。
② 《刘晓同志传略》,《上海党史资料通讯》1988年第6期,第4页。
③ 裘学宝、于炳坤:《魂系上海,刘晓传》,上海文艺出版社1996年版,第52—54页。

面相比较,主要有以下七点区别:

一,监狱规模的大小不同。法租界监狱占地面积仅 8 亩,主要有 4 层高的监楼 1 幢,2 层监楼 3 幢,拥有牢房近 400 间;公共租界的华德路监狱,即提篮桥监狱占地面积 60.4 亩,拥有 5 层高的监楼 9 幢,4 层高和 6 层高的监楼各 1 幢,拥有牢房近 4 000 间,还有绞刑房(室内刑场)和防暴监(橡皮牢)等特种设施。

二,监狱管理人员的不同。法租界监狱的上层管理人员主要以法国籍的西欧人员为主,看守人员主要以其统治下的殖民地国家安南(越南)人为主,管理人员最多的时候总人数在 100 人以内;公共租界监狱(提篮桥监狱)的上层管理人员主要以英国籍的西欧人员为主,看守人员主要以其统治下的殖民地国家印度人为主。1930 年由于一起 60 多名印度看守的罢工,参加罢工者均被开除,看守人员发生缺额,就从巡捕房调入华籍看守救急,以后逐渐淘汰印籍看守,招收华籍看守。监狱管理人员最多的时候总人数有 500 多人。

三,监狱存在时间上的不同。法租界监狱自 1911 年启用,到 1930 年被中国政府接管,前后共存在 20 年。公共租界的监狱自 1903 年启用,到 1943 年被汪伪政府名义上接收(其背后为日本人),到 1945 年抗战胜利后,才真正被中国政府接管。其存在的时期是 1940 年或者是 1942 年(而后中国人管理的情况暂且不论)。

四,监狱关押犯人数量上的不同。法租界监狱最高关押数为 700 多人,而公共租界监狱从 1909 年起押犯就突破 1 000 人。在 20 世纪 30 年代曾是世界上关押人数最大的监狱。1930 年达到 5 067 人,1932 年的最高关押数为 7 251 人(后者是前者的 10 倍以上)。"华德路监狱享有令人质疑的世界上最大监狱的名声。1934 年华德路监狱容纳犯人的数量相当于整个英国犯人人数的一半以上"。①

五,监狱关押对象的不同。法租界监狱自启用以来,先后关押过成年犯、男犯、女犯和外籍犯,各类犯人没有中断过。公共租界监狱虽然先后也关押过女犯和外籍犯,但是由于种种原因而中断过,其间有过几次变化,如从 1905 年 1 月起开始关押华籍女犯,次年 11 月结束,以后长期停止收押华籍女犯,直到 1943 年 8 月又恢复。公共租界监狱自 1905 年开始关押外籍人犯,1925 年 8 月停止;1935 年 9 月恢复,1937 年 8 月由于淞沪抗战的爆发,又一次停止外籍人犯的关押;同年 11 月又再一次恢复。另外,公共租界监狱曾经建有少年犯监,关押过少

---

① [荷]冯客著,徐有威等译:《近代中国的犯罪、惩罚与监狱》,江苏人民出版社 2008 年版,第 290—291 页。

年犯,而法租界监狱却没有该情况。

六,监狱关押犯人的刑期不同。法租界监狱关押的犯人大多在5年以下,10年以上以及死刑犯大多移送给华界,由中国政府的司法机关的监狱执行。提篮桥监狱关押的犯人短刑期、长刑期、无期徒刑的,直到死刑犯都有;而且在狱中建有室内刑场(绞刑房)。

七,监狱医院的所在地点不同。法租界监狱与公共租界监狱虽然都建有犯人医院,但是两者所在的地点不同,法租界监狱在监狱斜对面的广慈医院内建有医院,规模较小;提篮桥监狱在狱内建有医院,初期为3层的小楼,有病床36张,从1933年11月启用的8层高、带有电梯的建筑面积有4 840平方米的大楼,有病床360张。

余 论

在外国势力的入侵下,近代中国先后有过26个租界,如广州、天津、青岛、威海、汉口、沙市、九江、镇江、芜湖、厦门、福州、杭州、苏州等地,其中上海租界最有典型意义。一是时间长,从1845年建立,1943年收回,长达98年;二是面积大,上海公共租界和法租界的总面积相当于其他所有租界总和的1.5倍;三是人口多,上海两租界1936年和1942年的人口总数分别达到165.8万人和244万人,其中外国人最多时超过15万人;四是制度较完备,设施较齐全。当时,上海租界与华界分而治之,公共租界、法租界、华界三方各自独立,上海城区内建有三套行政管理机构、三套司法机构。法租界在当时的上海具有重要地位,成为现代革命的孕育地,从同盟会、光复会到国民党,都将重要机构设在法租界内;中共一大会址、中共一大代表宿舍、《新青年》编辑部、共青团的中央机构、"大韩民国临时政府"也设在法租界,许多老一辈革命家工作、生活在法租界,也有的曾囚禁在法租界的牢房里。中共特科处决出卖了彭湃等5人的叛徒白鑫所在地也在法租界,甚至黄金荣、杜月笙、张啸林上海帮派三大亨都在法租界发迹;商业大街霞飞路(今淮海中路)、游乐中心"大世界"、上海许多花园洋房、新式公寓、高档住宅区、街道绿树都在法租界。正如一些专家所说,上海法租界是"红(革命)、黄(娼妓)、黑(帮会)、白(白俄)①、绿(绿化)"五色俱全。

目前,对上海法租界进行了多方面、全方位的研究,并取得较为丰富的成果,

---

① "白俄"是个历史名词,出现于十月革命后。当时"红色"为布尔什维克的颜色,俄罗斯及后来苏联共产党的部队称红军;"白色"则与沙皇俄国相关;革命者开始在全国夺取政权,部分俄国的贵族纷纷移民到世界各地,包括欧洲、美洲、中国等,这些人称为白俄。

但是，由于各种原因，对法租界监狱管理制度的研究显得十分薄弱，还有许多空白领域。由于受到法文版文字阅读上的困难，一般读者不可能看到大量的资料，本文仅仅涉及其中的相关内容，起一个抛砖引玉的作用。

（作者为上海监狱管理局原史志办主任）

上海法租界媒介管理的司法实践
——以法租界领事法庭为例

郑 潇

五四运动以来,"租界当局认为,诸多的报纸杂志不负责任,经常发表没有事实根据的流言蜚语,鼓动学生上街反对日本,造成城市治理的压力空前巨大,于是决定采取强硬的手段对媒体进行管制"。① 当环境变化(包括政治环境变化)对社会形成重大威胁时,人们便会围绕着种种"根本性议程"而开始形成共识。② 1919 年 6 月 22 日法总领事魏尔登发布了《上海法租界发行印刷出版品定章》,③《定章》的出现,不仅标志着法租界新闻法规的诞生,而且明确界定了新闻审查④的内容、机构等,这就把法租界的媒介创办、新闻审查和司法管理都纳入了法制化的轨道。

目前,针对法租界媒介管理的研究都集中在制度层面的宏观描述,⑤由于法文档案不便使用,学界对上海法租界媒介管理所知甚少,在非常有限的法租界司法判决档案中,研究者多集中对法租界会审公廨判决的事件及其关键人物的研究,⑥但是也难以呈现司法实践中的诸多细节;此外,法租界领事法庭也是法租界媒介法制化管理的重要组成部分,过往对其的研究比较集中于一些离婚和经济纠纷案件的研究,⑦几乎没有涉及媒介管理;但是,在媒介法制化的管理中,特别是在诸多报刊、广播通过"挂洋旗"的形式在上海出版播音,⑧躲避中国政府较

---

① A. M. Kotenev, *Shanghai: its municipality and the Chinese*, Shanghai north-china daily news & herald, limited, 1927, p.83.
② 孔飞力著,陈兼、陈之宏译,《中国现代国家的起源》,生活·读书·新知三联书店 2013 年版,第 6 页。
③ 以下简称《定章》。
④ 审查和检查都是 censorship 在中国的翻译方法,意思没有任何区别。但是租界当局较多翻译为审查,而中国的历届政府较多翻译为检查,在此,笔者认为两者可以互换。
⑤ 郑潇:《上海法租界传媒审查制度(1919—1943)》,博士学位论文,上海大学,2015 年。
⑥ 张铨:《上海法租界会审公廨》,《史林》1994 年第 2 期;侯庆斌:《晚晴上海法租界会审公廨探究(1869—1911)》,博士学位论文,华东师范大学,2017 年;《上海外事志》编辑室编:《上海外事志》,上海社会科学院出版社 1999 年版。
⑦ Oura, Hajime, "Consular Courts" (1893), Historical Theses and Dissertations Collection. p.302.
⑧ 黄瑚:《上海"孤岛"时期抗日报刊述评》,《新闻研究资料》1987 年第 3 期;梅丽红:《"孤岛"时期上海的"洋旗报"》,《档案与史学》1996 年第 5 期。

为严苛的媒介法律的背景下,领事法庭对媒介事件的判决就更具当时的现实意义。

借助上海档案馆馆藏的上海法租界司法机构,特别是领事法庭的判决书,本文试图理清领事法庭涉及新闻案件的诉讼程序、议事规则、适用法律条款等,进而讨论领事法庭的制度性特征和其在上海法租界媒介法制化管理的地位和重要性。本文首先探讨上海法租界媒介法制化管理的基本制度体系。其次,通过梳理领事法庭对法租界媒介事件的判决书,理清领事法庭诉讼程序、议事规则、适用法律条款等;最后,探讨法租界媒介管理中司法实践的特征、地位和重要性。

一、上海法租界媒介法制化管理的基本制度体系

五四运动的中心转向上海后,法总领事魏尔登在1919年6月22日发布了《上海法租界发行印刷出版品定章》,①1926年5月17日,法总领事纳齐公布了《定章》的修正版。1931年11月23日,②法总领事甘格林又发布了新的《定章》修订版,作为法租界对报纸杂志等纸质媒体进行管理的法律基础。③

租界对无线电广播的管理更加法制化,凸显制度性特征。早期法租界对广播的管理注重技术方面,主要是防止电台之间相互干扰。1933年6月10日,法总领事发布《上海法租界公董局管理界内私立无线台播音台章程》,和报刊一样,私人电台的设立需要总领事批准,并且颁发执照,采取事后审查的方法对电台涉及政治和道德的内容进行审查。抗日战争爆发后,公共租界配合日本侵略军实行严格的内容审查,但是法租界一方面抵制日本接管租界内电台的做法,另一方面实行了严格的事前内容审查维护租界的良好秩序。警务处专门设置机构对广播内容进行监管。1938年发布了《管理无线电话及无线电报章程》,还规定了公董局及警务处可以自由进入电台及其附属房屋进行检查,对违反章程的电台撤销准许,吊销照会,不予赔偿,乃至进行巨额罚款的惩处。④

法租界1927年出台了《法租界电影院章程》和《法租界电影审查章程》,电影审查的基本法制化程序是,在两租界实行联合审查之前,由法租界警务处两位资

---

① 陈正书:《上海租界史上最早的新闻出版法》,《史林》1987年第1期。
② 《上海法租界公董局警务处关于法租界捕房禁止"张开着的眼"发行及将主编法国人狄浪遣送回国事》,1931年,档号 U38—2—748,上海市档案馆藏。
③ 郑潇:《上海法租界传媒审查制度(1919—1943)》,第42页。
④ 郑潇:《上海法租界传媒审查制度(1919—1943)》,第177页。

深警员进行审查,如果没有问题,直接发放许可证。如果有问题,则邀请法租界电影审查委员会进行审查,由委员会投票决定,少数服从多数。如果电影放映商不服从该委员会拒绝发放许可证的决定,则向上述委员会提起申诉,上诉委员会做出的决定是终审决定。在两租界实行联合审查之后,由两租界警务处各派一名资深警员,往往是副巡官,两人组成预审小组,如果没有问题,直接发放许可证。如果有问题,则邀请两租界的电影审查委员一起进行审查,由委员会投票决定,少数服从多数。此外,因为电影经常来自不同的国家,出于语言的问题,各警务处也都有熟悉各国语言的警员辅助副巡官进行审查。[①]

法租界对包括报刊、广播和电影在内的不同媒介都制定了以法制化为基础的管理体系,这些体系包括媒介创办管理办法,媒介内容审查管理办法,媒介司法惩处管理办法等,这些管理办法都以成文法的形式由法总领事颁布实施,主要由警务处进行监管,特别是警务处政治科具体执行,最后由会审公廨(后期是特区法院)和领事法庭进行惩处。由于法租界是以总领事为核心的中央集权制度体系,所以无论从制度设计上还是真正实践上,法总领事的身影总是无处不在,在利用法规进行媒介管理的每个环节,总领事可以决定一切。

除了利用法规对媒介管理之外,法租界当局,特别是总领事,也把诸多基本的理念和思想注入管理的各个方面,处于首要地位的是租界的非政治化原则,即"为难民设置的难民营和租界居民的言论和出版自由不能被用来推翻中国的合法政府"。[②] 非政治化的原则在媒介创办、内容审查等方面都有具体的体现,报刊和电台在申请创办的时候,总领事命令警务处秘密对申请人的背景,特别是政治背景进行详细的调查,因为政治问题不允许创办的不在少数;在内容审查方面,危害公共秩序的内容,特别是政治新闻都处于非常敏感的审查范围之内,后来甚至出台了最严厉的针对电台政治新闻的事前内容审查措施。1939年1月4日,租界电影审查委员会中法租界代表阿普雷勒夫(Apreleff)在面对一个俄国年轻人质疑时,年轻人带着傲慢的口气问他:"你通常是怎么样把影片剪得只剩一半的?"阿普雷勒夫用俄语回答说:"我有义务把电影中任何有政治观点的片段全部剪掉,包括君主主义、共产主义、法西斯或者纳粹,因为人们在法租界有居住和经商的权利,但是任何政治活动都是不能准许的。"[③] 其次,由于法总领事是法国政府在上海的最高领导人,与非法国人交涉的时候,必然要维护法国的国家利

---

① 郑潇:《上海法租界传媒审查制度(1919—1943)》,第147页。
② A. M. Kotenev, *Shanghai: its municipality and the Chinese*, p.189.
③ 《上海法租界公董局警务处关于法租界捕房对电影戏剧检查情况》,档号:U38—2—802,上海市档案馆藏。

益。一些在法国本土不能放映的影片,通过外交部系统传遍世界各地的法国殖民地和海外领地,这些法国本土的电影都试图删剪破坏法国形象的画面,保留没有去过法国的人们对法国的美好印象,删除电影出现的巴黎贫民窟的画面;删除电影中失业者的画面。① 最后,也是经常被忽视的,法租界当局和总领事在处理与法国人有关的问题和案件中,保持法国人热爱公平的文化特质和理性的民族性格。"巴黎还向外输出她的公共利益原则,人人有权享受科技进步所带来的舒适生活和社会各阶层权利平等的原则"。②《张开的眼》一案中得到了充分的体现。

二、法文报纸《张开的眼》案及领事法庭的判罚

1. 约瑟夫狄浪(Joseph Durand)和《张开的眼》(L'Oeil Ouvert)

约瑟夫狄浪是法国商人,亚洲商业和工业拓展公司(Compagnied'Expansion Commerciale et Industrielled'Asie)代表,时年 39 岁,1931 年 11 月 23 日,他向法总领事申请执照,希望在一家俱乐部里进行轮盘赌等赌博活动,没有得到总领事的回信。27 日,他又申请创办《张开的眼》。30 日,他收到了警务处总监的回信,并转给他最新的《定章》请他按照法律规定重新提出申请,12 月 2 日,他又致信警务总监,谴责法租界当局又让他申请,因为他的报纸都已经印好了,准备在 5 日出版了,希望审批流程能够加快。最后,3 日,法总领事拒绝了他的申请。

但是,狄浪 12 月 5 日还是出版了《张开的眼》,该报共 4 版,在第一期头版中,指明该报是讽刺类的周报,售价 20 分,通过查看该报的内容得知,在头版头条中,狄浪把向法总领事申请赌场许可证的信登载在报纸上,并且言辞激烈地讽刺法总领事没有任何的回复,向总领事施压。除此之外,报纸的内容还包括狄浪自己公司的产品广告,讽刺笑话等。③

12 月 6 日,警务处政治科因为狄浪违反《定章》未经过批准就出版报刊,向领事法庭提起诉讼。

---

① 《上海法租界公董局警务处关于法租界捕房对电影戏剧检查情况》,档号:U38—2—802,上海市档案馆藏。
② 白吉尔著,王菊、赵念国译:《上海史——走向现代之路》,上海社会科学出版社 2005 年版,第 104 页。
③ 《上海法租界公董局警务处关于法租界捕房禁止"张开着的眼"发行及将主编法国人狄浪遭送回国事》,1931 年,档号:U—38—2—748,上海市档案馆藏。

2.《张开的眼》的庭审过程①

1931年12月15日,法领事法庭开庭审理了此案。② 由于狄浪违反的是法租界当局制定的法规,所以由法租界当局担任原告,本案中,由于警务处是报刊管理的直接监管机构,所以由警务处总监担任原告,总监费沃利代表监督执行1931年《定章》的警务处作为原告,并且指明被告违反的是轻罪,具体的条款是1931年《定章》第二条的规定:"没有法总领事的批准,任何人不得在法租界出版发行报纸。"

领事法庭庭长或审判官一般多由领事或副领事担任,并设有政府任命的或民选的审判员。③ 本次案件的主审是爱德华都赫(Edouard d'Hooghe),④陪同审讯的还有绮威(H. Civet)(领事法庭的陪审员)、绍伟赫(J. Sauvayre)(1931年轻罪法庭的代理陪审员)和乔治(H. George)(法领事馆官员,担任书记员)。

首先,进入当事人及其律师到庭状况确认阶段,被告狄浪请求法庭延期至1932年1月10日开庭,等待他的辩护律师加莱(Gallet)从西贡回来,但是法庭拒绝了他的请求。"大陆法和普通法传统形成不同的诉讼程序,即纠问式审判和抗辩式审判。纠问式审判中没有交叉质询的概念。法官对法庭程序有绝对的权威,在搜集证据和传唤证人方面发挥了更大的主动性。法租界会审公廨判决书的部分资料表明,法官主导庭审的全过程,不存在律师提问证人或是对方当事人的情况。法国陪审将大陆法系审判模式带入法租界会审公廨之中,如限制律师的作用与拒绝援引中西判例的法律推理方式"。⑤ 这也就不难理解为什么主审法官拒绝了他请律师和延期审判的诉求。

然后,被告在说明了自己的身份,年龄和住址之后,法官当庭宣读了对被告的指控,还提到了警务处做的调查,法庭出示了警务处政治科中士马默拉(Marmorat)的陈述材料和收缴的10份报纸,还出示了被告写给巡捕房的申请报纸出版的信函,还有巡捕房转给被告的1931年的新《定章》,以及法总领事拒

---

① 《上海法租界公董局警务处关于法租界捕房禁止"张开的眼"发行及将主编法国人狄浪遣送回国事》。
② 根据法租界领事法庭的规定,法租界根据诉讼案件被告的国籍不同,由不同的审判机关裁决,被告为法国人的,根据法国在中国取得的领事裁判权,应该交给该国领事按其本国法律处理,法国在领事馆设立领事法庭,审理以法国侨民为被告的各类民刑案件。
③ 上海市档案馆编:《上海租界志》,上海社会科学院出版社2001年版,第294页。
④ 他是西贡上诉法院的检察长,被派到上海法总领事馆,按法总领事甘格林 Koechlin 签署的法租界法令进行起诉工作,并临时担任上海法租界领事法庭的主事,《上海法租界公董局警务处关于法租界捕房禁止"张开的眼"发行及将主编法国人狄浪遣送回国事》。
⑤ 侯庆斌:《晚清中外会审制度中华洋法官的法律素养与审判风格——以上海法租界会审公廨为例》,《学术月刊》2017年第1期,第175页。

绝其申请的信函。调查显示,12月6日周日下午3点45分,马默拉在位于亚尔培路(现陕西南路)280号的"和记"商店的店铺和霞飞路(现淮海中路)808号"艾祥生"发现了10份《张开的眼》正在售卖,他马上采取予以扣留的处罚。两位店铺的拥有者都声称是一个叫李阿荣的专门送外国报纸到每个报摊的人5号晚上给他们的,李阿荣声称这些报纸是由位于博物馆路(现虎丘路)14号的"世纪出版社"拿到的。

接着法庭出示了"和记"商店老板虞和迪的陈述材料,虞老板首先确认自己的身份,是37岁的宁波人。然后,确认了12月6日警察扣押了5份《张开的眼》,并且确认了是专门送欧洲报纸的李阿荣12月5日带过来交给他售卖的。最后,他声称,他不知道该报没有被法租界批准发行。

然后被告自己进行了辩护和发言。整个庭审过程都是公开的。

最后,法庭进入宣判阶段。宣判包括了两个阶段,首先,引用法条证实被告有罪;按照1931年《定章》第二条认定被告违反了不经法总领事批准不得在法租界出版、发行和印刷报纸的规定;按照1929年9月30日法租界法令第137号第一条的规定:"任何违反法总领事颁布的关于命令和禁止条款的法令时,如果事先没有得到特别批准,都将被判处从1元到100元的罚款和最多5天的拘留或者两项惩处的一项。"其次,引用上述法条对被告进行判决。被告被罚款20元,被告负责54法郎金币的诉讼费用,约合47.10元。

1931年12月21日狄浪继续致信法总领事:"由于你的不公平对待,让我蒙受了巨大的经济损失,你应该为此负责,如果我的报纸《张开的眼》获得出版的话,人们会喜欢这份以讽刺和幽默为特色的报纸,我可能会得到很多的广告,还有很多投资人为我的报纸投资,就很有可能获得巨大的成功。"① 31日,总领事甘格林发布领事命令,根据1778年6月法令中的82条和83条和1852年7月8日的法令的第16—18条,由于狄浪有不端行为,而且这些阴谋威胁了租界内商业、秩序与和平,现决定逮捕他并且把他遣送回法国,警务处总监和安全科科长负责监督执行。

3.《张开的眼》案中"违警罪和轻罪"的结合

首先需要指出的是,法租界的领事法庭(Tribunnal Consulaire)的性质,根据法国1810年刑法典的规定,法国的刑事犯罪分成三级,分别是违警罪(contravention)、

---

① 《上海法租界公董局警务处关于法租界捕房禁止"张开着的眼"发行及将主编法国人狄浪遣送回国事》。

轻罪(délit)和重罪(crime)。① 这三个不同等级的司法程序在不同的审判场所进行,根据法国在亚洲的势力分布,其审判重罪的法庭位于越南的西贡。所以,事实上法租界的领事法庭是审理轻罪(Matière correctionnelle)的轻罪法庭。

其次,根据1810年法国刑法典的惩处条款,违警罪的惩处形式包括:监禁、罚款和罚没,其中监禁的时间一般为1—5天,罚款的金额在1—15法郎;轻罪的惩处形式包括:监禁、罚款和剥夺一些家庭或个人权利。② 其中监禁的时间为6天到5年,罚款数额为高于15法郎。但是根据《张开的眼》一案的判决引用的法律(1929年9月30日法租界法令第137号),"任何违反法总领事颁布的关于命令和禁止条款的法令时,如果事先没有得到特别批准,都将被判处从1元到100元的罚款和最多5天的拘留或者两项惩处的一项"。则是混合了违警罪的监禁时间和轻罪的罚款金额范围,这也说明法租界总领事在立法过程中有一定的创新,适应了上海的商业社区环境。

4. 涉及新闻法规的法租界领事法庭的司法程序

该案是目前有据可查的少数由法租界领事法庭审理的新闻法规案件,而且该案件不同于领事法庭经常审理的离婚、经济纠纷等案件,该案件的原告是法租界当局,而不是一般的自然人或法人,该案件的特征是紧紧围绕着法租界总领事本人和其所代表的法租界当局进行,无论是立法、执法和司法都有法总领事的影子,可能也正是如此,该案的审理和判决才如此高效。该案件进入司法程序后的一般流程:

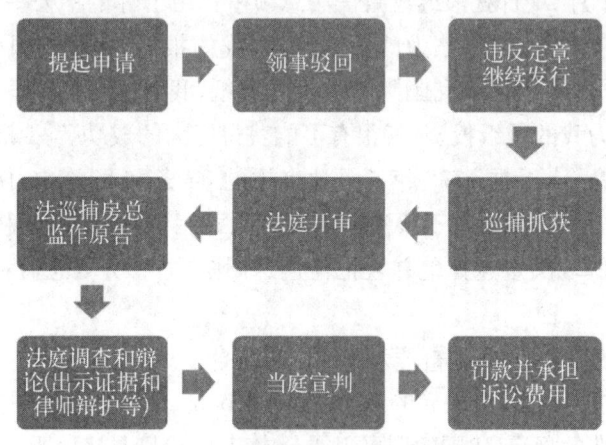

图1　法租界新闻案件审理程序

---

① 侯庆斌:《晚清上海法租界城市治理中的法律移植与司法实践———以违警罪为例》,《复旦学报(社会科学版)》2018年第3期。
② Code pénal de l'empire français (Paris: L'Imprimerie Impériale, 1810), 1.3.

5. 法租界领事法庭是法国人犯罪的避风港吗？

关于领事裁判权的争议，自出现之日起就一直存在，大多数人把其称为"丧权辱国"的事实，但是从中国现代化发展的角度来看，给中国法律现代化带来的富有借鉴意义的影响是毋庸置疑的。而且，法国人审判本国人必然带着当时法国的文化特色，公正处理。事实上，"他（法租界）的组织架构源自雅各宾传统，相信国家才能实现各种普世的价值。在实行中央集权制的同时，巴黎还向外输出她的公共利益原则，人人有权享受科技进步所带来的舒适生活和社会各阶层权利平等的原则"。① 法国人的国民性是崇尚公平和平等，并且乐于在理性辩论中追求这些价值观。

《张开的眼》一案几个重要的时间节点如下：12月2日再次提起申请，3日被总领事拒绝，5日狄浪违法发行报纸，6日巡捕扣押报纸，并在当天完成对该起案件的文案准备，包括对卖报商店老板的调查，起诉书的撰写等，15日就完成了法庭审判，宣布被告有罪。如此"高效"的司法程序让人开始怀疑法领事法庭是法国人犯罪后逃避惩处的避风港的说法。该案的出现，还可以说明法租界的总领事有绝对的权力，可以绕过基本的媒介法制化管理程序，直接对案件施加影响。

三、司法机构在法租界媒介法制化管理中的重要作用

上文提到"挂洋旗"（"洋旗报"），在中国新闻史中是一个非常重要的概念，1903年"苏报案"后，了解到租界对报刊的法制化管理和清政府相比较为宽松，诸多中文报刊纷纷迁移到租界出版发行，并且结合外国人拥有的领事裁判权的实际，请外国人充当发行人或者出版人（实际是"洋保镖"），从而避免执行中国历届政府严苛的出版法律法规，极大地促进了上海新闻业的发展，影响了国内外诸多重要事件的舆论走向，此项做法一直延续到太平洋战争爆发公共租界被占领。

1931年8月法租界会审公廨改组为江苏上海第二特区地方法院前，会审公廨法国陪审的地位高于中方谳员，在司法审判中占据主导地位。法国领事的专权保障了司法体制的高效运转。② 改组后，民国政府控制的第二特区法院和法租界警务处的合作效率很高，很多出版物如果被华界认为有问题，总是通过特区法院系统第一时间与法租界警务处建立沟通机制，警务处往往是第一时间就会派出警力进行协查。主要执法手段是，首先对可疑地点进行调查，发现可疑出版

---

① 白吉尔著，王菊、赵念国译：《上海史——走向现代之路》，第104页。
② 侯庆斌：《晚清上海法租界城市治理中的法律移植与司法实践——以违警罪为例》，《复旦学报（社会科学版）》2018年第3期。

物后进行扣留,并对相关人员进行逮捕;如果没有搜到出版物,就会派出暗哨对其进行监视;与此同时,还禁止报刊在法租界的出版和发行。

1931年后,特别是一·二八事变点燃了上海人民的反日爱国热情,整个上海一直动荡不安,1932年的前10个月,法租界警务处政治科完成任务的工作报告和简报为532件,比起1931年整年的242件多出一倍;①此外,在政治科的报告中提出,"无论是每日简报,还是周报、月报的数量都比1931年有很大的提高,这主要是因为中日战争和蔓延在上海的骚乱"。② 1932年因为涉及共产主义行为,在法租界被逮捕的犯罪或者犯有轻罪的人共有221人,而1931年只有111人。③ 1933年法租界的所有报刊重新开始登记注册,然后一直持续进行,任何报刊如果违反了法租界的报刊管理规定都不能继续办报。

陈冠球曾经被政治科逮捕过,他之前在位于福州路的生活书店工作,在他位于环龙路(现南昌路)福寿坊的房间搜出了很多宣传共产主义的小册子,在1937年1月19日,因违反了不得宣传共产主义革命的法律,被江苏高等法院第三分院判处了3年监禁。④ 1938年,法租界有125家报纸杂志提出了申请登记,但警务处仅批准了其中的49家,警务处对书店和印刷所进行了342次检查,有5人因涉及猥亵文字、危害公共治安及未进行出版登记而被捕,被处以15—30天监禁的处罚。⑤

法租界媒介管理的司法体系中,最重要的是警务处和其下属的政治科,因为关于新闻的案件惩处力度比较低,大多数情况以罚款为主,从程序上来说,警务处直接进行罚款也比较有效,个别的在会审公廨或者领事法庭进行审判,所以警务处及其政治科媒介管理的核心地位和作用就被凸显出来;其次,根据法租界审判的新闻事件案例总结,三大司法机构(会审公廨、领事法庭和特区法院)都在不同的历史时期发挥了重要作用,但是主要起到了威慑的作用,其中特区法院成立前,较多的案件在会审公廨进行审理,尽管如此,审理的案例还是相对较少,由于法国人相对日本、英国和美国的人数较少,所以被找来当"洋保镖"的法国人相对较少,在领事法庭上的新闻案件就更少,会审公廨被收回,特区法院成立后,民国政府

---

① 1932年1月从第一大队中抽出人员新成立了搜捕队,1932年的前10个月,第一大队和搜捕队共完成了任务报告和简报398件,而1931年第一大队一年才完成了114件。《上海法租界公董局警务处关于法租界捕房政治部年终工作总结》,档号:U—38—2—90,上海市档案馆藏。

② 《上海法租界公董局警务处关于法租界捕房政治部年终工作总结》。

③ 而与此同时,公共租界和华界逮捕的人员共有977人,1931年整年只有396件。《上海法租界公董局警务处关于法租界捕房政治部年终工作总结》。

④ 《上海法租界公董局警务处关于法租界捕房协助公共租界捕房取缔反日的续西行漫记,搜查晋益书局及工商汇刊告知停刊事》,1939年,档号:U38—2—702,上海市档案馆藏。

⑤ 上海市档案馆编:《上海租界志》,第540页。

一直通过特区法院与法租界当局,特别是警务处进行合作,取得了很好的效果。

不可否认的是,法租界的寡头体制,使得总领事的权威在整个媒介管理的司法体系中扮演着巨大的作用,其话语权和力量控制出现在整个司法体系的全过程,从创办、审查到惩处各个环节都有他的身影。

四、结　语

与公共租界媒介管理的司法体系相比,法租界最早建立起法制化的媒介管理体系,整个体系包括媒介创办制度、媒介审查管理制度和媒介司法惩处制度。从负责机构来说,法租界形成了以法总领事及其颁布的法律法规、警务处(政治科)、会审公廨(特区法院)和领事法庭为核心的媒介管理司法体系。

这个体系对不同的媒介形式都进行了规制,包括报刊、广播和电影等,法租界不仅把这些媒介纳入法制化环节,而且积极地保护相对独立的司法体系,无形中和公共租界和华界的媒介管理制度进行碰撞和融合。法租界以媒介管理为抓手,积极推动其社会化管理法制体系,一边坚持租界的所谓非政治化原则,一边又要保持法租界是法国人的租界的面貌,从政治上和精神上维护法国人的根本利益。

法租界的领事法庭是司法体系的重要组成部分。上海法租界领事法庭是轻罪法庭,法庭的法官基本都是法律专业人士,重视证据链的准确性和合法性以及法庭辩论。从法庭引用的法律条文可以看出,法租界总领事在立法中明显借鉴了法国1810年的刑法典,混合了"违警罪和轻罪"的条款,把刑期较短的违警罪拘留时间和金额较多的轻罪罚款结合在一起,但是在判决中又不经常使用拘留的判罚,而多以罚款为主。这基本符合了租界当局对新闻业管理的态度,违反新闻法律法规的罪行都是轻罪或者违警罪,体现了近代西方司法和新闻业管理的关系。

法租界媒介管理的司法体系中,处于核心地位的是警务处和其下属的政治科,因为关于新闻的案件惩处力度比较弱,大多数情况以警察直接罚款为主。三大司法机构(会审公廨、领事法庭和特区法院)都在不同的历史时期发挥重要的作用,但是主要起威慑作用。从宏观来看,虽然法租界制度体系较为完备,但是涉及新闻的案件相对较少,主要是由于上海新闻业基本集中在公共租界。此外,对于涉及新闻的案件,惩罚力度也受时局的影响,表现出战时惩处力度较强,和平时期较弱的特征。

(作者系上海建桥学院新闻传播学院教师)

口述历史

보건학

萨坡赛和喇格纳
——说说上海法租界的两所小学

董鸿毅

题目里的两个专名首先是两个法国人的名字,全称怎么叫,因没有去做过进一步的考证,不知道;其次则是从前上海法租界里的两条马路的名称。20世纪40年代中叶,上海法租界被收回、撤销。这两条马路的名称也就依次改为淡水路和崇德路。法国人原也有这样的习惯:常把一个人的姓名拿来做路名用,目的当然是为了表彰那个人曾经为国家为社会所做出过的功绩,让公众都能长久地纪念那个人,那么,那两个法国人又有过一点什么"功绩"呢?其实,也没有什么大不了的功绩可言:萨坡赛原是法租界领导机构公董局的总董,那就给一条马路命名为萨坡赛来记住他就是了。喇格纳原是军人出身,在上海曾经担任过法国公使,也算是有过一点权力的头面人物,所以也要给他一点表彰。

然后,在萨坡赛路上建造起一座学校,起初定名为华童公学,后来才改称萨坡赛小学(École primaire de Chapsal)。另外,在喇格纳路上也建造起一所学校就定名为喇格纳小学(École primaire de Lagrenee)。那两所小学的定名动机是出于学校所在地的路名,还是为了再度表彰那两位头面人物,那就非笔者所能知晓得了。

这两所小学校本是法租界公董局策划、建造起来的。学校的行政领导虽然有校长等在做日常的管理工作,但他们都是要听命于公董局的。学校是公家出资建造的,当然不会像那时候的上海居民寻常能看到的所谓弄堂小学的那种简陋的样子,两所学校造得颇有气魄:都是二层楼的建筑,中间是个大操场,教室、办公室都安排在操场边上。当然,教室、办公室都是亮堂堂的,走廊也都是宽敞的。这两所小学都是完全小学,那是没有问题的。这话不说,实际上也无关紧要,我之所以提出来说了,那是因为我知道从前社会上把小学里的六个年级是被分成两个等级的:一年级到四年级称作初小(初级小学),五、六年级就叫作高小(高级小学)。那时候,那年代,我知道有些地方,比如农村、山区,即使有学校,但受到客观条件的限制,也只有办到初小为止的,高小就没有了,1938年我在上海考入法租界中法学堂读中学之前,在宁波的一个小山村里,还见到过一所个人创办的私塾,里面有七八个孩子在书声琅琅地念诵着课本里的文句。其中两个蒙童估计是刚上学不久的,他们正在读《百家姓》,再有两三个孩子在读《三字经》,还有两三个小朋友,估计应该是二年级的学生了,他们已在诵读《幼学琼林》那本像自然常识一类的书籍了。拿这类模式的学习处所去跟萨坡赛、喇格纳小学做比较,那时代差距实在太大了。上文说的为中国少年儿童所设置的文化教育机构,比如小学还要分析段落等,各种旧模式,以及在教学工作方面的各种旧手段,在大力推广和普及九年一贯制的过程中不就都可以得到改革了吗!这可能是一些题外的话,就此打住。

我有一位邻居,姓徐,原在一所小学里当老师,现已退休,所以人家都称呼她徐老师。徐老师和我家邻居多年,互相非常熟悉。经常闲聊,海阔天空有时竟然可以谈上几个小时,她说她少年时期曾在法租界里的萨坡赛小学读过书,那真的是太好了。于是我有所问,她就有所答:所以有好多教学方面的情况,就是徐老师根据她的回忆提供给我的。不过她又告诉我:她不是一直在萨坡赛小学上的学,她没有在那所小学里读过一、二年级,她是在三年级上学期时插班进入萨坡赛小学来读书的。徐老师说她那时候不过是一个10来岁左右的孩子,每天早晨背着书包步行到校,总是先到教室里,把书包塞进课桌放好,才可坐下来,稍稍休息一下,这休息可不是在等待上课铃响老师来上课,而只是片刻时间过后就该下楼到操场上去排队准备早操。学校规定:二楼教室是给三年级以上的学生使用的。一、二年级学生的教室和老师们的办公室都在底层。这样安排是颇为合理:一、二年级学生年龄总是比较小一点的,考虑到安全问题,就不要让他们上课落课上下楼梯挤在人群当中去走动了。

一、萨坡赛小学生的早操课、体操课音乐课和劳作课

早操还未开始,学生们早已在操场指定的地块上找到自己班级的同学聚合在一起了。然后,级任老师来了。等到早操课铃声一响,级任老师就为自己班级的学生整理队伍:一般就把一个班级整理成两路纵队就行。日子一久,学生们都知道自己的前后是谁和谁,站队的事就自动化了,时间一到级任老师只需招呼一声,不必多费口舌,学生就自动前后对齐站好了队伍。早操开始了,全校学生都集合在操场里了,各班的级任老师以及部分任课老师都会参加早操活动以锻炼身体,一位体操老师站在一个不甚高大的木板制成的讲台上,喊口令:再次整理学生队伍。把队伍拉开,让每个人的前后左右,都保持一定距离,免得挥动手臂时触及旁人。指挥早操的那位体操老师,依我看来,是很劳累的:他不但要大

声宣布每节体操动作的名称,而且还要一边做示范动作一边高声呼示体操动作的节拍,如一、二、三、四,二、二、三、四……那是很费力气的。早操课的时间不过就是15分钟,操完,体操老师发出口令:"踏步,踏!"全体学生在原地踏起步来,就在那个时候,排在前面的队伍却已经由他们的级任老师引导着带去他们的教室里去了,当然用不着奔跑,各班依次有秩序地退出操场就回到教室去等待上课就是了。这里请容我再说一句话来为这早操课做个小结:我觉得小学生们一早进入学校,从投入早操课的活动开始,他们就已经进入级任老师的监护之中了。

徐老师顺着那早操课的话题,接着就跟我说了些关于体操课的情况。徐老师说她在萨坡赛小学里读了几年书,但是几十年时光过去之后,如今却一个老师的姓名全称也想不起来了,可独独还能想起一位姓顾的体操老师。什么缘故?原来,上体操课,一般就是让学生走走队形操练,然后就是齐步走或练习跑步,这样已经消耗了好大一部分课时,余下来还有一点时间,就让学生在风雨操场里分散去找各种运动器材自由锻炼,萨坡赛小学在建造之始,早就策划好留出一个适当的空间以作风雨操场之用,而且在里面设置了一些运动器材,如双杠、吊环、哑铃、篮球架、乒乓球台等。不过玩乒乓球只限在课外时间,而所用的乒乓球和乒乓板都得由学生自备,学校不予提供。啊呀,且住!我本想回答上文所说的"什么缘故"那个问题,却又把话扯到风雨操场和运动器材上去了,得赶快把话拉回来!

徐老师之所以在几十年之后,还能记起那位给他们上过体操课的顾老师,那是因为,顾老师的体操课并不像其他老师的体操课那样的一般化:顾老师曾经独创一格在体操课里教学生练一点中国传统的武术动作,其整套的名称就叫"谭(?)腿"其中所学的动作全是中国武术中的最基本动作,小学生学着练着,倒颇有兴趣,所以,你看徐老师到了晚年还能说出"马步、弓步"等那些武术中的术语。

徐老师谈得兴起时,就会谈到音乐课和劳作课。上音乐课,学生们是要到离普通教室较远的一个音乐教室去上课的。那里就置有一架风琴,以备教师为学生唱歌伴奏用。音乐教室离开普通教室较远,那是为了不让琴声、唱歌声干扰其他教室的上课。由此,徐老师又说到劳作课的教室。为了同一理由,劳作教室也要远离普通教室,那是因为五、六年级学生的劳作内容有时可能会有一点木工或金工,教室里备有榔头、钳子等一类工具,上课时难免会有一些敲击的声音要发出来,那时候,萨坡赛小学的劳作课,就有这有一个特点:上劳作课了,五、六年级的男生就要到劳作课的专用教室里去上课,而女学生就留在教室里学习刺绣等女红(gong)。徐老师说她当时就征得劳作课老师的同意,事先已经让母亲买好可以做两只枕头面子的白色布料,拿到学校里来,在劳作课上请老师画一点花鸟之类的图案,以让她学习刺绣。劳作老师毫不犹豫,接去布料反复看了一看,然后把它叠成两层,中间衬上一张复写纸,拿起一支画笔。就在布料上画了几朵开得很大的花,还带有树叶、树枝。画毕,老师翻看资料,抽出复写纸,看了一下,第二层布料上复印出来的图案,线条倒也清爽。老师又告诉她应该有一个刺绣用的绷架,要用哪种丝线,如何配颜色,等等。这些材料和工具需要自备,学校是不提供的。

徐老师说,绷架、绣花针等一应工具,她家里早有准备,只要临时去商店里买一点配得上颜色的彩色丝线就是了。万事俱备,徐老师少年时就兴致勃勃地在她母亲的指导下,先在家里学习起刺绣来了。然后,每逢要上劳作课的那一天,就把那些刺绣作业带去学校,到上劳作课再拿出她的那份未完成的"作业"来,在教室里继续做下去,这样,另一方面也可以得到劳作老师的指导和帮助。要绣完一对枕头的花,那是需要相当多时日的,光靠学校里的若干节劳作时间,当然不行。所以徐老师少年时要完成她的一对枕头的绣花作业,必定是耗用了大量的课外时间。劳作课老师要评定学生的课业成绩了,怎么办?那也不成问题:老师看学生亲手制作,但尚未完成的半成品"作业",也可以评定出一个成绩来的。

徐老师和我闲聊时说道:当时萨坡赛小学的那种对于学生劳作课的安排措施,在那个时候看来,确是那所小学在办学理念方面的一点闪光的特色。我对此话,深表同意。

萨坡赛小学的教育对象全是居住在上海的中国儿童,办学的所在地毕竟是在中国的领土上。所以学校的主要课程的设置,是不会违背当时中国政府的规定的,不过,话分两边:这所小学是法租界公董局创办和直接控制的,所以倘若有人觉得这所小学办得有点法国色彩,那也就不必介意就是了。

二、萨坡赛小学的国语课、书法课和国画课

在主课里,中国语文当然是居首位的。不过那时候,人们对于中国语文在名称上的叫法却跟现在不一样:从一年级到三年级,学生读的是国语课本,教师上课要说国语(普通话)。在国语课里,学生还要学写毛笔字或叫书法课。每周要在国语课里划出一节课时出来给学生练习书法:这一周写大楷,下一周就写小楷。每次写满规定的数量就交给老师批阅。比如说写大楷就规定要写几页米字格的大楷练习簿。写小楷也规定要写几页小楷练习簿。那么,写些什么内容呢?练习小楷,没问题,就端端正正抄写国语课本里已经学过的课文。练习大楷,国语老师就提出要求,让学生自备一本字帖来临摹。那时候,社会上的书法界大多

数人所推崇的就是中国唐代两位书法大家所写的字体：颜体和柳体。前者指唐代颜真卿所写的字体。颜体字参用篆书笔意写楷书，浑厚挺拔，开阔雄伟。后者指唐代柳公权所写的字体，笔画遒劲，较颜体为瘦。上述两种大楷字帖，当时在社会上是可以买到的，学生们都可以根据各自的爱好或者在家长的指导下，随意购买一种来临摹学习。徐老师告诉我：她是临摹过柳公权字帖的。

　　徐老师说70多年前的事情了，她也记不确切了：不知是四年级还是五年级开始，学生们不读国语了，而改读国文了。书法课也没有了，而改为作文课了，而且是两节课连在一起上。那是因为写作文要思索、打草稿，然后在作文簿上誊清好，才交给国文老师。不过，写作文不是每周都写。而是每两周写一次。徐老师说他们读的国文原来就是人们一般说的文言文。此前读的国语，一般就叫作白话文。国文教学的进度是很慢的：每教一篇文章，老师必须逐字逐句讲解，而学生也要做些笔记。一节课时也只能讲解一篇文章的几行文字，读国文，还要求学生读得流畅：读得滚瓜烂熟，方能背得滚瓜烂熟。提起背诵，徐老师说，背书是国文老师要在课内检查的一项作业，背得不好或者背不出，都要遭到老师的训斥，所以学生们一般都会很认真对待，不敢怠慢。说到背书，徐老师张口就来："晋太元中，武陵人以捕鱼为业……"再来几句："归去来兮，田园将芜胡不归……"她接着说：谁人所作，什么篇目，她说不清楚了。我提示她：这两篇文章都是陶渊明写的，前者就是《桃花源记》，后者则是题作《归去来兮辞》。一位80多岁的老太太还能背诵少年时期学过的文言文，尽管只能背出几句，但在我看来，亦难能可贵了。徐老师又补充说：小学生年级逐渐升高，需要学习的课程也越来越多：自然、地理、历史、外语等各门知识都得学一点，所以，它们都会在课程表里一门一门地列进去了。虽然，算术、国文是不可能被"挤掉"的，但总也不可能增加国文的课时，再加上国文课自身教学进度之慢，小学生在学校里学到的文言文毕竟是不多的，小学生毕业以后，要用到文言文来写作，那种可能性实在是微乎其微的。

三、萨坡赛小学的外语课：第一外语和第二外语

　　说起外语，萨坡赛小学三年级开始就要读法文。一本暗红色封面，由上海徐家汇土山湾印刷的第一册法文课本。学生从三年级读起，读到小学毕业还没有读完。其教学进度之缓慢，说起来叫人感到好笑。这样教学法文，照我看，不过是给中国的少年儿童"启"一点"蒙"而已。读到小学毕业，有多大的实际效果？没有。学校之所以会有这样的课程安排，当然是有法租界公董局的指令为依据

的。这话要是换一种说法,如说萨坡赛小学设置法文课让孩子们读法文,这一措施较之于其他小学,当然是一种办学特色,而这一特色也无异是一种"招牌",它在告诉人们那所小学原是法租界官方所办的学校:让学生读一点法文,目的是想为法租界培养出一些日后也许能够为租界服务的人才来,办学宗旨和主导思想,规定的措施和设置的课程,在言辞当中是可以随人摆布,但是其中的前两个词组所指的事项和后两个词组所指的事项,其间逻辑上的因果关系确实一样的。

把法文说成是萨坡赛小学学生们读的一门外语课程,那完全是站在中国人立场上看问题的结果。这话就说到这里为止不再延伸,但顺着这点意思补充一句话,那是可以的:我们应该说,法文是那所小学读的第一外语,那么第二外语呢?萨坡赛小学五年级开始,再加读英语,那英文便是我说的那所小学读的第二外语,看来,小学生的学业负担是相当重的。在那么短的时间里要学两门外语,能读出一个什么样的成绩来,我是有怀疑的。关于萨坡赛小学的外语课程,我只能说得那么多了,算我是点到为止吧。其他副课的安排情况,就不一一说了,下文想说另一门主课算数课的情况,不过,说起这一主课,这话又要拉长了。

四、萨坡赛小学的算术课:珠算和笔算

从前,在小学里任算术老师,一般是要兼职教珠算的。所谓珠算,那是中国传统的一种要利用算盘来计算的方法,简而言之,也就是如何使用算盘的方法。至于算盘那一种中国传统的计算器具,我估计 20 世纪末叶到 21 世纪初那段时期里,在社会上已经广泛地被以干电池为动力的计算器所取代了。以我现在的年龄,回顾我自少年至垂暮之年的那段漫长的生活道路,我觉得那算盘竟是我随时要用到的器物,家中不可不备。我想当前 20 岁上下的年轻人,除非他家里原有存藏,在社会上恐怕难以看到那种木质的中国传统的算盘了。要在这里描述算盘的构造状貌,那是不可能的,因为一与本文主旨无关,二要耗费许多篇幅,太不值得,好在一般词典里,如现汉或现汉规范词典都有概略的介绍,可以参考。此外《辞海》在"算盘"这一词条下,附有一幅算盘的图样,可供参考。而且在注释当中还补充有这么一句话:"在元明(时代)逐渐取代算筹成为主要计算工具,并流传于东亚各国。"有一件憾事,无法解决,那就是创始发明算盘的人是谁?是哪一个朝代的人?我无从查考。

我是在上海的一所弄堂小学读出来的,但我想在小学里上珠算课的情况,不论是弄堂小学或萨坡赛小学,总不会有太大的差异的。上课了,老师捎来一面比寻常使用的算盘大了好几倍的大算盘,挂在黑板上做教具之用,学珠算要说难实

际也不难,老师有珠算的口诀交给我们背熟,然后告诉我们根据要计算的内容,使用与之相适应的口诀,拨动算盘珠,得出一个结果,学生只需要依照老师在大算盘上的演示,在自己的算盘上操作就是了。

在算数这门课程中,笔算毕竟是主要的课程,小学生的课程表上,天天有算数课,像国语课那样,但珠算课在一周之中不过就上一两个课时就是了。而且在整整六个年头的小学学业中,珠算课只要学一两个学期就算学完了。大量的时间是留给学生学习笔算之用的。事实上,我们口头上常说的算数,指的就是笔算,没有包括珠算在内的意思。小学生在算数课里要学的内容,实在是既繁而且多。在那个时候,社会上并没有实行幼儿园这一级学前教育,所以小学的起始年级,学生得从认识、会写阿拉伯数字开始学习算数。在学会了加、减、乘、除四则运算的草式(或说直式)之后随着年级的升高,继续学习小数、分数、百分数的计算,在应用方面,要学会如何计算比例、面积、利息等日常生活中的各种应用问题;在学习分数运算的过程中,要插入学会"通分法"。那是几个分母不相同的分数中做加法或减法时要为它们找得一个共通的分母的一种方法,由此学生们同时也可获得关于最大公约数和最小公倍数的知识。

有一问题好像可以议一议,在那时候,小学生们一谈起算数这门课程,一般都会流露出一种凝重的神色,并且略带畏惧,这是何故?原来,到了高年级,算学老师常在课堂里提出一些四则运算的应用题目,让学生思考推敲,希冀能得出一个解题的方法。当然,结果总是要让老师来讲解,并提出解决问题的方案,下面就试举两个例子来说一说。我说实话:80 年以前我本人读小学的时候,就是这样学习四则应用题的:

例(一)题目内容有点抽象:"有两数,其和为 518,其差为 114,求该两数各为几何。"

例(二)题目内容比较具体:"鸡兔同笼,总头数为 13 只,而脚的总数则为 42 只,问关在笼子里的有几只鸡几只兔?"

还有不少似上列两例的应用题可以列出来,但为了节约篇幅,就不多写了。根据我当时的一点经历,我知道在行将小学毕业的学期里,算数老师让学生比较集中地练习做那类算术题,并不是萨坡赛小学的独树一帜,而是社会上小学校里的一般做法。什么缘故?我估计那时候小学毕业要上中学,那是要经过考试的,而且那些中学还要择优录取,未被录取呢,怎么办?这一情况对学校毕业生肯定会有压力的,由此我想也许就是因为小学的领导和有关老师为帮助毕业学生在初中入学考试当中获得一点有益的因素而采取的特殊措施,从严从难地多做四则应用题,以加强他们的运算能力,你看如今上列的那类四则应用题,恐怕已经被改革掉了吧,读完小学课程后升入初中继续学习,也不需要经过入学考试了吧。

　　本文写到这里已经耗费不少篇幅,可能要让编辑同事感到为难了,所有,十分抱歉。关于喇格纳小学的情况就不写了,好在喇格纳和萨坡赛原是法租界公董局创办的两所兄弟学校,情况基本相同,而两所学校最后的"命运"也是一样,读了本文,喇格纳小学的情况是完全可以想见的了。

五、结束语——上海外国租界的回归：人间正道是沧桑

　　最后历史是无情的：不管您是萨坡赛还是喇格纳,在上海所有外国租界一旦回归,那就很自然,地方上的行政管理权是由当时的中国政府来接管了,具有各有关外国国籍的人士所享受的原治外法权被废除了,原由租界当局制定的或建设起来的各类措施和机构,该接管的全部接管,该撤销的全部撤销,这样萨坡赛和喇格纳两所学校,首先自当被撤销,然后再考虑如何去利用那两座颇有一点气魄的建筑物,我相信我们中国人是不会"暴殄天物"的,后来我知道萨坡赛小学被撤销后其原先的建筑物就给了卢湾区第一中心小学作校舍之用,在以后上海市的区的划界有点调整,卢湾区、南市区并入黄浦区,我没有去做过调查。那所小学后来又改为什么校名我就不知道了。至于那所喇格纳小学的校舍那时就调拨给了卢湾区第三中心小学使用,后改校名为黄浦区卢湾第三中心小学,再以后是不是还有什么变化,我也不清楚了。

　　上海法租界的回归,具体年份是1943年,当时还跟上海公共租界的回归事宜纠缠在一起,我们这里就只谈法租界的事情吧。1943年2月23日,法国维希政府申明放弃在华租界和治外法权,当时中国的抗日战争已进行到了第六个年头,南京、上海一带大片土地都沦陷在日本侵略军的铁蹄之下,而沦陷区各地的行政管理全归汪伪政府处置,于是汪伪政府即组织接收法国专管租界委员会,并借法租界巡捕打死一名学徒案,迫使法方决定在"交还"公共租界前两天,交还法租界。7月22日与法"使馆"签订《关于交还上海专管租界实施条款》。1943年7月30日和8月1日汪伪政府先后"接收"上海法租界和公共租界,两租界分别改称上海特别市第一区、第八区。8月26日拆除外滩所有铜像,租界内越界筑路地区的西文路名改为以中国命名的新路名。汪伪政府对租界的"接收"不为国际社会所承认。

　　1945年8月第二次世界大战结束,11月24日国民政府外交部公布《接收租界及北平使馆办法》。此后,上海市政当局正式接收上海各租界,原租界所在地

区直接并入当地政府辖区。1946年2月后在国民政府与相关国政府签订的双边条约中,法国、丹麦、葡萄牙等国政府宣布放弃在上海等地公共租界中享有的特权。至此,中国政府完成收回上海租界的法律程序[①]。至此,西方列强仗着兵舰和大炮欺凌一穷二白的中国,长期践踏中国老百姓的大约100年的历史已结束了。

(作者为上海外国语大学退休教师)

[①] 以上两段文字基本上据《上海通志》,第630页。

中法文化交流先驱徐仲年教授简介及作品目录

徐大茨

徐仲年(1904—1981),原名徐颂年(Sung-Nien HSU),曾用笔名徐丹歌,中国著名的法语教育家、翻译家、文学家和社会科学家。

1921年,他作为中国第一批半公费留学生赴法留学,先后在里昂中法大学和安培中学、里昂公园中学等校补习法语和法国文学。1926年进入里昂大学文学院,1930年9月以最优成绩获得里昂大学文学博士学位。其博士论文《李太白的时代、生平和著作》以及《中国诗文选》《杜甫诗选》《红楼梦简介》《白居易研究》等法文作品,曾一度风靡巴黎文坛。他还是最早把鲁迅介绍到欧洲的中国人之一,翻译了《孔乙己》和《肥皂》,评介了《呐喊》。他的年轻有成不但让著名的汉学权威伯希和教授(Paul Pelliot)多次邀请他去巴黎大学当助教并担任他的助手,大文豪罗曼·罗兰(Romain Rolland)也在其瑞士的寓所两次接见了他。

1930年年底,徐仲年回国后,即开始从事法语教育和中法文化交流工作,这成为他的终身事业。从1931年出任上海江湾劳动大学法语教授开始,到1976年退休为止,他先后在前中央大学、南京大学、上海外国语学院(现上海外国语大学)教授法语、法国文学和法国文学史,早期还在上海震旦大学、复旦大学、中国公学、中法通惠工专等校兼课。一生授教学生达数千名,誉满高教界和法语界。

徐仲年用法文广泛介绍几千年来的中国文学、文化和历史,从1931年起,他先后为法国著名的《水星》杂志、《新法兰西杂志》和《巴黎晚报》,以及中国的法文杂志《中国国民集志》写稿,特别在法文报刊《北京政闻报》和《法文上海日报》上主持《今日中国之文学》专栏,加上在比利时、瑞士、越南等法语国家的杂志上发表的文章,发表法文文章总数达数百篇之多,同时还出版了许多法文著作。他评介过的古代思想家和文学家、艺术家有孔子、孟子、老子、荀子、庄子、屈原、唐代的三大诗圣李白、杜甫、白居易等。介绍和节译的古典作品有《红楼梦》《西厢记》《封神榜》《山海经》《桃花扇》以及唐人小说等。徐仲年还评介了许多同时代涌现的中国新兴艺术家，如画家徐悲鸿、张大千、颜文樑、林风眠、刘海粟、吴作人、汪亚尘、陈树人、张倩英、陈晓南，以及摄影家陈传霖、动画片创始人万籁鸣等人。同时也翻译介绍了文学家鲁迅、郭沫若、丁玲、刘大白、孙福熙、徐志摩、胡适之、田汉、魏金枝等人的作品。其中部分作品在巴黎出版成书，如《现代中国小说选》。在第二次世界大战期间，他的写作曾停顿了数年之久，战后曾一度恢复过对外法语写作，直到1954年。

反之亦然，徐仲年通过中文写作和法译汉，向中国人民广泛地介绍法国和欧洲的文学、哲学、文化和历史，他翻译了梅里美、莫泊桑、贡斯当、拉封丹、小仲马和大仲马、拉马丁、雨果、缪塞、波特莱尔、圣西门、伏尔泰、儒勒·凡尔纳等法国著名文学家、哲学家和思想家的作品。

徐仲年不但勤于笔耕，著书不停，还积极投身于许多推动中法友谊和文化交流的活动，如担任"法文协会"和"中法联谊会"理事（曾被推举为联谊会"翻译奖"总评判员）。抗战爆发后，他参加了"上海市各界抗敌后援会"，并负责国际宣传委员会的法语广播工作。随中央大学西迁后，在重庆组织了"中国留法比瑞同学会"并任主席。1939年他与戴高乐将军领导的"自由法国"政府驻华使团合作，成立了"中法比瑞文化协会"，任理监事和主任秘书。由他倡议举办的"星期讲座"和法文班，全部用业余时间义务上课，在国难深重、生活困苦的环境下，坚持长达五年，社会效果显著。于是中美、中英、中苏、中印等文化协会竞相效尤，举办起各种讲座，丰富了抗战生活。1945—1946年，他再次受邀在法国驻华使馆全职工作业余，创立和主持翻译室，下设《科学、艺术、文学》法语周刊和《法国文学》汉语双月刊两个组，还开办了初高级法文班，在极其艰难的物质条件下推动中法文化交流。共有10余位中法学者参加了这些工作，其中有位法国武官纪业马先生（汉学家，战后升任将军），徐教授还担任了他的证婚人。

徐仲年一生编写了许多有关法语和法国文学、文化、历史的教材和工具书，如《大学法文文法》等，他所主编和参与编写的法汉词典也创下了历史性的纪录：

——1947年，受中华书局所托，修订了《模范法华词典》，并编写了中国第一部《法文动词词典》。

——1961年，主编了现代中国第一部法汉词典《简明法汉词典》。

——1973年，参与编写了中国第一部中型规模的《法汉词典》。

直到现在，中国海峡两岸的法语工作者以及留法学生都还在使用这些词典。

徐仲年本人还是一个勤奋多产的写实主义文学家，在1930年至1949年间他以现实生活为题材，用中法双语写作了数百万字的小说、散文、诗歌、戏剧、报道和评论文章。如今在上海、北京、南京等城市和一些大学的图书馆里,乃至法国的国家图书馆和里昂市图书馆,以及一些法语国家和地区的图书馆里还保存着他的几十部中法文书籍和在报纸杂志上发表的数百篇文章。

20 世纪 30 年代徐仲年发起组织了"文艺茶话会",编辑《文艺茶话》月刊、《弥罗》周刊,参加了"中华全国文艺界抗敌协会""中国文艺社""中央文化运动委员会""中国青年作家协会""中华全国文艺作家协会"等文化团体并担任理事等职。1933 年他曾参与在上海接待爱尔兰大文豪萧伯纳。他还结识了印度大诗人泰戈尔并建立起长期的通信联系,直到 1942 年被战争中断。

20 世纪 50 年代以后,徐仲年停止了法文写作和对外联系。1957 年更被错划为右派,他的一篇杂文《乌昼啼》现已成为后世了解和分析当年社会情况的经典作品。尽管屡受委屈,他仍受命于 1960 年向台湾的吴稚晖(外祖,国民党元老)、罗家伦(中央大学校长)和俞大维(后任台湾"国防部长")3 位亲友发信,呼吁国家统一。

几内亚共和国塞古·杜尔总统青年时代曾留学法国,他通过徐仲年的许多法文写作了解到中国文化并对中国发生了浓厚的兴趣,因此 1961 年秋首次访华时,到京之初他就要求会见敬仰已久的徐仲年教授。国务院立即摘除了徐仲年的"右派帽子",部分恢复其教授待遇,并授令单独翻译法文版的杜尔总统的著作《政论集》,强调译稿结尾要用其 20 世纪 30 年代的法文签名方式亲笔签署(Sung-Nien HSU)。徐仲年受命后在十分艰苦的条件下,仅以一个半月时间就赶译出 30 余万字的《杜尔总统政论集》全书,周恩来总理把这本有徐仲年亲笔签名的译稿作为礼物赠送给了杜尔总统。同年,他还承担了难度很高的《伏尔泰哲学通信》和《圣西门选集》的大部分翻译工作。

在"文化大革命""四人帮"猖獗的年代里,他更是备受打击。1973 年,在长期遭受身心摧残后,他患上了膀胱癌,几十天血尿,强健如牛的他终于休克倒地,被送医院,但仍未获应有的抢救和治疗。正当命悬一线的危急之际,法国蓬皮杜总统的来华访问给了他新的生机。原来总统的首席高参勒内·艾蒂昂勃勒先生(René Etiemble)抵达北京后向中方多次提出希望会见老同学徐仲年的要求。虽然当时的中国政策绝不许可他们见面,但得益于艾蒂昂勃勒先生的这个要求,徐教授很快被更换到重症病房接受治疗,且破格用上了进口特效药。同时上海市政府还向他发还了"文革"初期抄家没收的住房。他再一次奇迹般地重新站了起来。

1976 年,年逾古稀的徐教授退休了,但他豪迈地提出"退而不休",雄心勃勃地制订了一个 10 年科研计划,争取在有生之年赶写总题目为《中国人学法语"闯三关"》的一整套辞典,书分三部9本,计约500万字。他为编写这套巨著早在20年前就开始收集有关资料。在之后的4年多时间里,他天天从早到晚认真工作,去世前工作量最大也最为重要的《法语动词变位词典》已完成了60余万字。在此期间,还曾与一位法语新秀合译了《拉封丹寓言诗》,重新校订了儒勒·凡尔纳的《一个十五岁的船长》。在上海京剧团首次出访西欧前夕,他又在酷暑下挥汗执笔,两周内赶译出了《杨门女将》全剧,以及《贵妃醉酒》《三岔口》《拾玉镯》《除三害》《雁荡山》《秋江》等6个剧目的剧情介绍。此外还为《马王堆出土文物》及《鲁迅诗选》做了法文译介。

1979年9月,徐仲年教授被错划右派的问题终于得到平反,国内外亲友同事纷纷来函来电祝贺。法国高等社会科学研究院先后两次通过外交部热情邀请他和夫人前去访问讲学并承担一切旅宿费用,他也兴致勃勃地准备了总共21个专题的讲稿,准备向法国的文化知识界推介中国大陆当代文学和文化。在长达一年半苦苦等待护照期间,体弱多病的他还不事声张地与敦煌学家、四川大学的任中敏教授(时年82岁)合作,经大半年的鸿雁传书,相隔数千里的两老终于把法国汉学家戴密微的法文巨著《敦煌曲》中对我国敦煌文化的学术理论和唐朝曲辞的大量误译和曲解,一一加以纠正,再全部重新译成法文,任老写了跋。他另外专写了一篇《归汉论》,说明对戴书纠错的目的在于让全世界了解敦煌文化的真正精髓,匡正国际敦煌学界几十年来被戴书误导所造成的混乱状况。

1980年在其生命的最后阶段,他尽力促成旅法学友李治华夫妇倾注25年精力而完成的《红楼梦》法译本能在国内出版。与此同时,他还向暌违半个世纪的法国著名出版社伽利玛书局推荐此书,力陈此书的非凡意义。法国方面认可了他的意见,加上各方合力,前后半年不到,此书即于1981年11月中旬在法国出版了,且用最高级的纸精细印制,装帧精美,一经问世,全球为之欢呼。仅半月左右,1981年12月9日徐仲年教授就撒手人间了,连李治华先生亲手付邮空运来的第一批精装本法译《红楼梦》都来不及看到。

哲人已逝,然其爱国爱民、为法语教学、为中法文化交流事业鞠躬尽瘁的精神和业绩,深深铭记在人们心里。上海外国语学院和农工民主党上海市委联合举行了隆重的追悼大会,上海、山东、南京、北京、福建等地高等院校派来代表参加了追悼会。法国驻沪总领事安邦济先生亲撰唁文,并派专员出席追悼会和宣读唁文:"徐仲年先生是法国里昂大学博士,曾经著译过许多有关法国的文章和作品,为发展两国关系作出了重要贡献。徐先生在法国有许多朋友,他的逝世不仅使你们震惊,而且也使法国震惊。"1984年4月法国总统密特朗访华期间,在对南京大学师生的公开讲话中表彰了4位对中法文化交流作出重要贡献的中国学者,其一就是徐仲年教授,总统还特别提及他1933年在巴黎出版的《中国诗文选》。

鉴于徐仲年在中法文化交流事业中作出的卓越学术贡献,几十年间,法国拉罗斯大百科全书的多个版本在《中国》条目下,引用了他的著作,法国的《法语作家传记词典》也刊载了他的业绩。同样,《中国大百科全书》的《戏剧卷》和《文学卷》中也引载了他的作品。香港出版的《中国现代六百作家小传》,以及台湾出版的《法国文学翻译二十家》《传记文学》等书均有对他的介绍。

20世纪90年代初,全国政协、徐仲年故乡无锡和江苏省的文史资料馆先后把徐教授的生平简介收录出版。1991年,徐仲年逝世10周年,农工民主党上海市委和上海外国语大学联合召开了《徐仲年教授追思会》,再次悼念这位终身奉献于中法文化交流的卓越学者。

2013年徐教授幼时就读的无锡师范附小在百年校庆时,出版了《百年树人》纪念册,他位列百年百位优秀学生之首,学校并对一个优秀班级命名为"徐仲年中队"。

2014年正值中法建交50周年,法国里昂市图书馆在6月3日至8月22日举办的"馆藏珍宝图书展"中,展出了徐教授的著作《彼美人兮》,并用视频形式介绍了他对中法文化交流所作出的重要贡献。

2015年,无锡东亭文史馆成立,在名人厅中也对他作了永久纪念。

近年出版的许睢宁、张文大、端木美编著《历史上的中法大学(1920—1950)》和段怀清《法兰西之梦——中法大学与20世纪中国文学》也都对徐仲年给予了高度评介。

2016年由中国中央电视台法语国际频道与法国国际电视五台共同制作的《从北京到里昂——中法大学影像志》纪录片也提及他。同年上海外国语大学庆祝建校60周年之际,法语系的系史陈列栏中也介绍了徐仲年的建系功绩。

2017—2018年,徐教授的两部长篇小说《双尾蝎》和《彼美人兮》相继重版。同一时期,无锡电视台制作了名为《父亲的秘密》的历史纪录片,全面介绍了徐仲年的生平经历。2018年5月和7月播放了两次,同年9月美国华人电视台AACNTV也作了播放。

以下徐仲年生平著作目录为笔者亲聆口述,及多年来收集各种资料所制,其中包含尚未亲见,或出版社、出版年月不明的作品。期待有心的读者提供信息。

附录：徐仲年教授生平著作目录

一、单行本

表1 中文著作

题　　名	出版时间	出版单位	备　　注
《白居易研究》			
《法国文学 ABC》	1931 年	世界书局	
《歌德小传》	1933 年	女子书局	
《歌德研究》（合著）		中华书局	
《萧伯纳传》	1933 年	上海时事新报	
《赫里欧》	1933 年	新生命书局	
《曼侬传》			
《现代外国语教授法刍议》	1937 年	正中书局	
《法国文学的主要思潮》	1946 年	商务印书馆	1992 年上海书店再版
《法文动词论》	1940 年	商务印书馆（长沙）	
《四十年来的法国文学》	抗战时期		重庆版
《五十年来的法国》	1947 年	胜利出版	
《外国文学论丛》			
《中国近代文学鸟瞰》			
《汉语中心提问教育法》	1971 年		
《欧洲汉学概况》	1978 年		
《中国人学法语"闯三关"》	1979 年		《辞书研究》1982 年第四期曾有简介
《陈迹》	1927 年、1933 年	北新书局	散文集
《海外十年》	1936 年	正中书局	散文集
《谷风》		文化新闻出版社	长篇小说
《七色的虹霓》		旅行杂志社	长篇小说
《双丝网》	1939 年	大道出版社	短篇小说集
《人间味》		青年书店	短篇小说集

(续表)

题　　名	出版时间	出版单位	备　注
《逝波》		独立出版社	长诗
《大青山》	抗战时期	重庆出版社	话剧剧本
《流离集》	1939年	正中书局	散文集
《双尾蝎》	1939年	正风出版社	短篇小说集
《沙坪集》	1939年	正中书局	散文集
《鹭儿记》	1945年	大道出版社	短篇小说集
《彼美人兮》	1946年	正风出版社	长篇小说
《旋磨蚁》	1948年	正中书局	散文集
《春梦集》	1948年	世界书局	散文集
《微波辞》		独立出版社	序言
《残了的蔷薇》		正风出版社	序言
《张帆集》		独立出版社	序言
《落花时节》			

表2　法译汉文学作品

题　　名	出版时间	出版单位	备　注
《法比象征派诗撷萃》	1936年	大东书局	
《缪塞的情诗》	1935年	商务印书馆	
《小学教员》	1936年	中华书局	郑延谷译，徐仲年撰写长序并校对
《英法德美军歌选》（法国之部）	1939年	商务印书馆	
大仲马《三剑客》		世界月刊	
《刺猬》			
《星夜行》			
《光明与黑影——特髯迦尔曲》	1940年、1944年	正中书局、独立出版社	
《情蠱》	1943年	古今出版社	
《浦尚夫人的情遇》	1946—1947年	论语	

(续表)

题　　名	出版时间	出版单位	备　注
《木十字架》	1947年	中央周刊	
《鹈鸪姑娘》	1948年、1955年	正风出版社、香港文渊书局	
《身份证》	1948年	社会公论	
《媲姮策和平》		世界文学社	
《铁马和枪》		世界出版社	长序
《美女神》	1950年、1953年	香港文渊书局	
《泰绮思》	1950年、1953年	香港文渊书局	该书原为徐仲年所译，后相送徐蔚南并作长序和校对
《十五岁的船长》	1957年、1981年、1997年	中国青年出版社	
《巴黎一市民的星期天》	1954年	中国青年出版社	
《两兄弟》	1956年	中国青年出版社	
《伏尔泰哲学通信》	1961年、1987年	上海人民出版社	
《塞古·杜尔》总统政论集	1960年		
《光明与黑暗》			
《除了研究人的科学以外，有没有关于人性的真实的哲学知识》	1962年		《现代外国哲学社会科学文摘》第九期
《普通人的形而上学，自然形而上学》	1962年		《现代外国哲学社会科学文摘》第九期
《从人到神化的人》	1962年		《现代外国哲学社会科学文摘》第九期
《人性的神秘》	1962年		《现代外国哲学社会科学文摘》第九期
《毛里塔尼亚史》	1974年		
《圣西门选集》	1979年、1985年	商务印书馆	第一卷至第三卷，合译
《傅立叶选集》	1979年、1985年	商务印书馆	合译
《巴黎公社公报集》	1979年、1985年	商务印书馆	合译

(续表)

题　　名	出版时间	出版单位	备　　注
《拉封丹纳寓言诗》	1979 年	上海译文出版社	合译
《艾登伯致戴望舒十八封书信》	1982 年		《新文学史料》第 3 期

表 3　法文著作及汉译法作品

Tou Fou（杜甫）	1929 年、1932 年	Collection de la Politique de Pékin; 1929, Mercure, Paris
A propos de Li Thai-Po（关于李太白）	1930 年、1935 年	Extrait des « Annales Franco-chinoises», Lyon
Li Thai-Po, son temps, sa vie et son oeuvre（李白——时代、生平和著作）	1930 年、1935 年	BOCS Frères, Lyon
Antologie de la Littérature Chinoise, des origines à nos jours（中国诗文选）	1933 年	Librairie DELAGRAVE, Paris
Essai sur Li Po（李白研究）	1934 年	Collection de la Politique de Pékin
Essai sur l'enseignement moderne des langues étrangères（现代外国语教授法刍议）	1947 年	正中书局
Cinguqnte poèmes chinois（中国古诗五十首）	1929 年	Collection des Annales Franco-chinoises, Lyon
Un enfant térrible（徐文长的故事）	1931 年	Collection de la Politique de Pékin
Les chants de Tseu-Ye et autres poêmes d'armour（子夜歌及其他情歌）	1929 年	Collection des Annales Franco-chinoises, Lyon, 1930 巴黎再版, 1934 Collection de la Politique de Pékin
Mouvement du 4 mai（五四运动）	1931 年	Nouvelle France, Paris
Mouvement de l'écrit chinois en langue parlé（白话文运动）	1931 年	Nouvelle France, Paris
鲁迅《呐喊》	1931 年	Nouvelle France, Paris
鲁迅《孔乙己》	1933 年	巴黎，葛拉德拉芙书局
《中国现代小说选》	1933 年	巴黎出版
Tchang Tao-Fan, Par sa propore faute（张道藩《自食其果》）	1936 年	Collection de la Politique de Pékin

(续表)

Oeuvres récentes de Tch'en Chou-Jen（陈树人近作）	1937 年	商务书局
《中国词作法和中国词五十首》	1954 年	《法亚杂志》(越南西贡)
《志愿军一日》	1959 年	未出版
《马王堆出土文物》(纪录影片解说词)	1972 年	
《杨门女将》(京剧全套剧本)	1979 年	上海京剧团访欧演出
京剧节选本《三叉口》《贵妃醉酒》《秋江》《雁荡山》《除三害》《拾玉镯》	1979 年	上海京剧团访欧演出
《敦煌曲》+序言《归汉记》	1980 年完稿（身后出版）	与任中敏合作

表 4　辞典和法语教育工具书

题　　名	出版时间	出版单位	备　注
《法国文学三十讲》			
《西洋文学讲座》(法国文学部分)	抗战前后	世界书局	
《法文动词论》	1940 年、1944 年	商务印书馆（重庆）	
《基本法文文法》		中西文化印书馆	
《大学法文文法》	1947 年	中华书局	
《实用法华大辞典》		中华书局	与王独清合编
《模范法华辞典》			
《简明法汉词典》	1963 年、1966 年、1967 年	商务印书馆	高达观、徐仲年主编
《简明法汉词典》	1969 年	商务印书馆香港分馆	高达观、徐仲年主编
《法汉辞典》	1978 年	上海外文出版社	
《汉法成语词典》	1979 年	北京出版社	参与审校
《法文动词变位大词典》	1977—1981 年		完成 10 余万字

二、发表在各种报纸杂志上的文章

1. 1929—1937 发表于法文《北京政闻报》(*La Politique de Pékin*)的 91 篇法文文章(收藏于北京大学图书馆)

1929 年

16 Février N0.7, Douze Poèmes de la dynastie des Song(960 – 1276),宋诗十二首

Le 23 Février No.8, Sept poèmes de la dynastie des Yuan,元诗七首

Le 2 Mars No.9, Sept Poèmes de la dynastie des Ming-(1368 – 1643),明诗七首

Le 9 Mars No.10, Douze Poèmes de la dynastie des Tshing-(1368 – 1643),清诗十二首

Le 4 Mai No.18, Les Chants de Tseu-ye,子夜歌

Le 27 Juillet No.30, Quelques poèmes de Li Thai po(701 – 762),李太白的几首诗 1

Le 10 Août No.32, Quelques poèmes de Li Thai po(701 – 762),李太白的几首诗 2

Le 17 Août No.33, Quelques poèmes de Li Thai po(701 – 762),李太白的几首诗 3

Le 24 Août No.34, Quelques poèmes de Li Thaipo(701 – 762),李太白的几首诗 4

1930 年

Le 25 Janvier No.4, Autres chants de Tseu-ye,子夜歌 续编

Le 15 Mars No.11, Quelques poèmes de Tou-Fou(712 – 770),杜甫的几首诗 1

Le 5 Avril No.14, Quelques poèmes de Tou-Fou(712 – 770),杜甫的几首诗 2

Le 12 Juillet No.28, Chansons d'amour,情歌

Le 19 Juillet No.29, Etudes littéraires chinois-Po Kyu-yu, Poète de la dynastie des Thang – I,中国文学研究-唐朝诗人白居易 1

Le 26 Juillet No.30, Etudes littéraires chinois-Po Kyu-yu, Poète de la dynastie des Thang – II,中国文学研究-唐朝诗人白居易 2

Le 2 Août No.31, Etudes littéraires chinois-Po Kyu-yu, Poète de la dynastie des Thang-III,中国文学研究-唐朝诗人白居易 3

Le 9 Août No.32，Etudes littéraires chinois-Po Kyu-yu，Poète de la dynastie des Thang-IV,中国文学研究-唐朝诗人白居易 4

Le 23 Août No.34，Les Maîtres et les disciples de Tou-Fou-I,杜甫的高足与门生 1

Le 30 Août No.35，Les Maîtres et les disciples de Tou-Fou-II,杜甫的高足与门生 2

Le 18 Octobre No.42，L'université nationale du travail,国立劳动大学

Le 29 Novembre No.48，Notice Biographique-Wou T'iao(Tche-houei),吴樵(稚晖)传略

1931 年

le 7 fébrier No.6，À propos de Li Tai-po,关于李太白

le 21 mars No.12，La querelle entre les Métaphysiciens et les scientifique Chinois,中国的形而上学与科学观之间的争执

le 11 Juillet No.28,Poèmes,古诗

le 7 Novembre No.45，Étude littéraire-Le rêve dans le pavillon rouge-I,中国文化研究-红楼梦(1)

le 14 Novembre No.46，Étude littéraire-Le rêve dans le pavillon rouge-II,中国文化研究-红楼梦(2)

le 28 Novembre, No.48，Un enfant terrible-Siu Wen-tch'ang,徐文长的故事

1932 年

le 16 Janvier No.3，Poèmes choisis de M. Wang Ching-wei-I,汪精卫诗选(1)

le 23 Janvier No.4，Poèmes choisis de M. Wang Ching-wei-II,汪精卫诗选(2)

le 30 Janvier No.5，Poèmes choisis de M. Wang Ching-wei-III,汪精卫诗选(3)

le 27 Février No.9，Poèmes choisis de M. Wang Ching-wei-IV,汪精卫诗选(4)

le 12 Mars No.11，Poèmes choisis de M. Wang Ching-wei-V,汪精卫诗选(5)

Le 19 Mars No.12，Poèmes choisis de M. Wang Ching-wei‐Ⅵ,汪精卫诗选(6)

Le 2 Avril No.14，"Ts'eu" choisis de M. Wang Ching-wei‐Ⅰ,汪精卫的辞(一)

Le 9 Avril No.15，"Ts'eu" choisis de M. Wang Ching-wei‐Ⅱ,汪精卫的辞(二)

Le 16 Avril No.16，À propos des poèmes de Wang Ching-wei,关于汪精卫的诗

Le 9 Juillet No.28，Les chants de Tseu-ye,子夜歌

Le 16 Juillet No.29，Autres chants de Tseu-ye,子夜歌之外的情歌

Le 23 Juillet No.30，Les quatre saisons de Tseu-ye,四季子夜歌

Le 30 Juillet No.31，Chansons d'amour,情歌

Le 6 Août No.32，À propos de "la tombe parfumée",关于"溢香的坟墓"

1933 年

Le 4 Mars No.9，Correspondence‐À propos d'un naufrage par Suzanne et Sung-Nien Hsu,通讯-关于徐仲年与书珊关系触礁的传闻

Le 8 Avril No.14，Bibliographie-Recuil de cachets sur la Montagne Jaune,黄山印章集

Le 19 Août No.33，Essai sur Li Po-Son Époque‐Ⅰ,李白研究-他的时代1

Le 26 Août No.34，Essai sur Li Po-Son Époque‐Ⅱ,李白研究-他的时代2

Le 2 Septembre No.35，Essai sur Li Po-Son Époque‐Ⅲ,李白研究-他的时代3

Le 9 Septembre No.36，Essai sur Li Po-Sa Vie‐Ⅳ,李白研究-他的生平4

Le 16 Septembre No.37，Essai sur Li Po-Son Art‐Ⅴ,李白研究-他的生平5

Le 23 Septembre No.38，Essai sur Li Po-Son Art‐Ⅵ,李白研究-他的生平6

Le 30 Septembre No.39，Essai sur Li Po-Son Art‐Ⅶ,李白研究-他的生平7

Le7 Octobre No.40，Essai sur Li Po-Son Art‐Ⅷ,李白研究-他的生平8

Le 14 Octobre No.41，Essai sur Li Po-Son Art‐Ⅸ,李白研究-他的生平9

1934 年

le 12 Mai No.19，Un mendiant-éducateur：Wou Hiun,一个行乞的教育家-武训

1935 年

Le 9 Février No.6，Introduction à la littérature féminine chinoise‒I,中国女性文学家介绍 1

Le 16 Février No.7，Introduction à la littérature féminine chinoise‒II,中国女性文学家介绍 2

Le 2 Mars No.9，Contes choisis des Tang‒I,唐人小说 1

Le 9 Mars No.10，Contes choisis des Tang‒II,唐人小说 2

Le 16 Mars No.11，Contes choisis des Tang‒III,唐人小说 3

Le 23 Mars No.12，Contes choisis des Tang‒IV,唐人小说 4

Le 30 Mars No.13，Contes choisis des Tang‒V,唐人小说 5

Le 6 Avril No.14，Contes choisis des Tang‒VI,唐人小说 6

Le 13 Avril No.15，Contes choisis des Tang‒VII,唐人小说 7

Le 20 Avril No.16，Contes choisis des Tang‒VIII,唐人小说 8

Le 27 Avril No.17，Contes choisis des Tang‒IX,唐人小说 9

Le 4 Mai No.18，Contes choisis des T'ang‒X,唐人小说 10

Le 11 Mai No.19，Contes choisis des T'ang‒XI,唐人小说 11

Le 18 Mai No.20，Contes choisis des T'ang‒XII,唐人小说 12

Le 1 Juin No.22，Contes choisis des T'ang‒XIII,唐人小说 13

Le 8 Juin No.23，Contes choisis des T'ang‒XIV,唐人小说 14

Le 22 Juin No.25，Contes choisis des T'ang‒XV,唐人小说 15

Le 3 Août No.31，La place des contes des T'ang dans la littérature chinoise‒I,唐代小说在中国文学上的地位 1

Le 10 Août No.32，La place des contes des T'ang dans la littérature chinoise‒II,唐代小说在中国文学上的地位 2

Le 26 Octobre No.43，Par sa propre faute, pièce en 5 actes‒I,张道藩《自作自受》,五幕剧 1

Le 2 Novembre No.44，Par sa propre faute, pièce en 5 actes‒II,张道藩《自作自受》,五幕剧 2

Le 9 Novembre No.45，Par sa propre faute, pièce en 5 actes‒III,张道藩《自作自受》,五幕剧 3

Le 16 Novembre No.46，Par sa propre faute, pièce en 5 actes‒IV,张道藩《自作自受》,五幕剧 4

Le 23 Novembre No.47，Par sa propre faute, pièce en 5 actes‒V,张道藩

《自作自受》，五幕剧 5

　　Le 14 Décembre No.50，Par sa propre faute-Postface，张道藩《自作自受》跋

1936 年

　　le 15 Août No.33，Exposition des photographies artistiques de M. Chen Chuan-lin et du Dr K.C. Lu Siefug à Changhai，陈传霖与K.C. 罗斯福的上海艺术影展

　　Le 22 Août No.34，La force,《力社》

1937 年

　　Le 23 Janvier No.4，La nouvelle poésie chinoise contemporaine - I,现代中国新女诗人 1

　　Le 30 Janvier No.5，La nouvelle poésie chinoise contemporaine - II,现代中国新女诗人 2

　　Le 6 Février No.6，La nouvelle poésie chinoise contemporaine - III,现代中国新女诗人 3

　　Le 6 Mars No.10，Tchou Chou-tchen poétesse d'amour,爱情女诗人朱淑真

　　Le 29 Mai No.22，À propos des "oeuvres récentes de Chen Shu-Jen",有关陈树人近作

　　Le 5 Juin No.23，Quelques femmes de lettres chinoises contemporaines - I,现代中国女作家 1

　　Le 12 juin No.24，Quelques femmes de lettres chinoises contemporaines - II,现代中国女作家 2

　　Le 21 Août No.34，Chant des chars guerriers（Traduction）,战车之歌（翻译）

　　Le 4 Septembre No.36，Le vieillard mutilé de Sin-Fong（Traduction）,新丰的残疾老叟（杜甫诗）

　　2. 发表于《法文上海日报》（*Le Journal de Shanghai*）的法文文章（收藏于上海图书馆徐家汇藏书楼和法国国家图书馆）

1934 年

　　Le 21 Janvier, «Le Savon», conte de M. Lou Sin,译介鲁迅的《肥皂》

　　Le 11 Février, «Père et fils», conte par M. Wei Kin-Tche,译介魏金枝《父与子》

Le 11 Mars，«Le déclin du printemps»，conte de M. Kouo Mo-Jo，译介郭沫若的《残春》

Le 25 Mars，L'exposition de la "Black and White" photographie society，介绍"黑白社"的摄影展

Le 25 Mars，«Le général au Lang-Sien»，conte de M. Tch'en Wei-Mou，译介陈炜谟《狼筅将军》

Le 1er Avril，«Inondation»，conte par Mme. Ting Ling，译介丁玲《水》

Le 15 Avril，«Trois ans après»，con te par M. Wang Tou-Ts'ing，译介王独清的《三年之后》

Le 29 Avril，«Le Roseau flottant»，conte de M. Sung-Nien Hsu，traduit par lui-même，徐仲年自写和翻译的《浮萍》-同时刊出 订婚照

Le 13 Mai，«La source de malheur»，conte de M.Lieo-Tseu 译介刘狮《祸根》

Le 20 Mai，«M. Lieou Ta - Po，poête»，介绍诗人刘大白

Le 3 Juin，«Ou donc finirai-je mes jours?»，conte de Mme. Hoang Liu-Yin，译介黄庐隐《何处是归程》

Le 3 Juin，«La première exposition nationale de peintures et de dessins chinois contemporains» de la revue «Le Goût Artistique»，介绍《艺风》杂志组办的"第一届全国当代油画和国画展"

Le 8 Juillet，«Esclavage d'une mère»，conte de M. Tchao Jeou-Che，译介柔石《为奴隶的母亲》

Le 3 Septembre，«La cité printanière»，Nouvelle de M. Sun Fu-Shi，译介孙福熙《春城》

Le 30 Déscembre，«La vente d'un fils»，conte de M .Wang Ping-lin，王平陵"鬻儿记"

1935 年

Le 20 Janvier，«Le mauvais sort des fleurs de pêcher et de prunier» 介绍电影《桃李劫》(袁牧之、陈波儿主演，1934 年)

Le 21 Juillet，«Une dame moderne»，Drame en cinq actes de M. Tchang Tao-fan 介绍张道藩作五幕话剧《自误》

1933 年与书珊合作发表的文章

Le 5 fèvrier，A I'avant-garde de la jeune peinture chinoise，介绍前卫中国

青年画家徐悲鸿

　　Le 12 Fèvrier, La Grande Muraille de Chine, 中国长城

　　Le 19 Fevrier, Sur les Barques des Mong-Zé

　　Le 26 Fèvrier, Attention on tourne, avec les cinéastes chinois d'avant-garde!, 注意, 开机! 中国先锋派电影艺术家

　　Le 16 Avril, Au fil des canaux de la Veille Chine…, 顺着中国古运河的流向……

　　Le 16 Avril, Dans la rue…, 马路见闻

　　Le 21 Mai, Soochow, La Venise chinoise, 苏州, 中国的威尼斯

　　Le 04 Juin, Pouto, I'ile sacrée, 神秘的普陀山岛

　　Le 11 Juin, Aux confins du Kansou et du Koukounon sur les chemins suivi par Marco Polo, 沿着马可·波罗的足迹, 从江苏海边到库库依

　　Le 25 Juin, Le Prodigieux Développement de L'Art photographique en Chine 中国摄影艺术的神奇进步

　　Le 23 Juillet, Mokanchan, sa beauté attrayante, son charme, sa fraîcheur…莫干山, 它那迷人的秀美, 魅力和凉快……

　　Le 06 Août, Jonques chinoises (S.R.), 中国式帆船

　　3. 发表于1932—1949年的中文期刊作品(上海市图书馆近代文献馆所藏)(包括李君益据晚清和民国全文期刊数据库增补200余篇)

　　1　霖霖　华安, 1932 - 2(1)

　　2　情与美：附埃及女人杜绮像　文艺茶话, 1932 - 1(1)

　　3　欧人对于中国青年学业上应负的责任　徐书珊著, 徐仲年译　文艺茶话, 1932 - 1(2)

　　4　法国爱情书诗选译：中古时代：爱露绮思致阿倍拉尔　文艺茶话, 1932 - 1(2)

　　5　上海　徐书珊著, 徐仲年译　文艺茶话, 1932 - 1(3)

　　6　哥德的"浮士德"　大陆杂志, 1932 - 1(3)

　　7　安斐虹：[歌剧], Valery, P. 原著, 徐仲年译　南华文艺, 1932 - 1(16)

　　8　闻中德美展事有感　华安, 1933 - 2(2)

　　9　埃及的太阳故事：致书珊　艺风, 1933 - 1(1)

　　10　龚古尔学院小说奖金　艺风, 1933 - 1(8)

　　11　平庸的奇梦　新时代, 1933 - 5(4)

　　12　文学家巴比塞先生：附巴比塞肖像画　文艺茶话, 1933 - 2(1)

13　无锡的特产　文艺茶话,1933-2(2)

14　论小品文　文艺茶话,1933-2(3)

15　抒情诗人宏沙(续)　文艺茶话,1933-2(5)

16　忆里昂之二(夜景)　文艺茶话,1933-1(6)

17　忆里昂之一(中法大学内罗马古迹):[图画]　文艺茶话,1933-1(6)

18　法国爱情书诗选译(四)　文艺茶话,1933-1(6)

19　关于周碧初先生的苏州风景画,诸家口述徐仲年记　文艺茶话,1933-2(1)

20　菊颂　文艺茶话,1933-2(4)

21　抒情诗人宏沙:九月三十日在苏州女子师范演讲　文艺茶话,1933-2(4)

22　红叶片片:附照片:出发游天平、苏州狮子林　文艺茶话,1933-2(5)

23　朝气　中华周报(上海1931),1933(101)

24　浪漫派诗人的爱情色彩　(法)Gregh,F.著,徐仲年译　文艺月刊,1933-4(1)

25　挪阿绮伯爵夫人　毕杜原著,徐仲年译　文艺月刊,1933-4(2)

26　哥德戏剧名著分析(续)　中华月报,1933-1(5)

27　文艺栏:转蓬　东方杂志,1933-30(22)

28　萧伯纳论　时事新报:星期学灯,1933年欢迎萧伯纳氏来华纪念专号

29　法国寓言诗人拉·芳丹纳(上)　中华月报,1933-1(7)

30　ROMANCE　文艺座谈,1933-1(1)

31　汉译法文文学作品校勘(一)　中法大学月刊,1933-2(3/4)

32　汉译法文文学作品校勘(二)　中法大学月刊,1933-2(5)

33　春蚕　青年界,1933-3(1)

34　流波　朔望半月刊,1933(2)

35　拉芳丹纳的寓言诗　国立中央大学文艺丛刊,1934-1(2)

36　舞:生命的活跃(附照片),加尔得(E.Gardet)作,徐仲年译　美术生活,1934(创刊号)

37　富春江上探春归(附照片)　美术生活,1934(2)

38　科学灵乩　美术生活,1934(3)

39　卢隐之死(附照片)　美术生活,1934(4)

40　镭锭的发明者居礼夫人(附照片)　美术生活,1934(5)

41　小天使　美术生活,1934(6)

42　文艺茶话:悲秋乎?赏秋乎?　美术生活,1934(7)

43　欧洲中国美展的使命(附照片)　美术生活,1934(7)

44　家庭生活:婆与媳　美术生活,1934(8)

45　戚沥寒云滞早梅　美术生活,1934(9)

46　文艺茶话的前前后后(附照片)　美术生活,1934(4)

47　四个十字架　社会周报(上海),1934(国庆特刊)

48　上海市第一托儿所,徐仲年摄赠,叶长烈摄　大上海图画杂志,1934(2)

49　这个世界是太窄了!　文艺茶话,1934-2(6)

50　欢迎意大利画家查农先生特辑:唯美主义者查农先生　文艺茶话,1934-2(8)

51　国立杭州艺术专科学校展览会特载:西子湖边带来的美　文艺茶话,1934-2(8)

52　辑后语:春苔从杭州归来　文艺茶话,1934-2(9)

53　道谢及更正　文艺茶话,1934-2(10)

54　意大利画家查农先生:一位唯美主义者,因爱中国的艺术而爱中国(附照片、图、木刻)　美术杂志(上海 1934),1934(3)

55　一九三三年的法国文坛　中华月报,1934-2(2)

56　十年如梦忆巴黎(附图)　社会月报,1934(创刊号)

57　十年如梦忆巴黎(二)(附图、照片)　社会月报,1934-1(2)

58　十年如梦忆巴黎(三)(附图、照片)　社会月报,1934-1(3)

59　十年如梦忆巴黎(四)(附图、照片)　社会月报,1934-1(4)

60　十年如梦忆巴黎(五)(附图、照片)　社会月报,1934-1(5)

61　十年如梦忆巴黎(六)(附图、照片)　社会月报,1934-1(6)

62　文艺栏:因明湖畔　东方杂志,1934-31(5)

63　虹的消灭　金城,1934-1(1)

64　萨蒂的玫瑰(诗歌)窪尔莫尔夫人作,徐仲年译　诗歌月报,1934-1(1)

65　新连珠(诗歌)　诗歌月报,1934-1(1)

66　圣诞节夜(诗歌)　诗歌月报,1934-1(2)

67　浓厚的酒(诗歌)　诗歌月报,1934-1(4)

68　低诉(诗歌)　诗歌月报,1934-2(1)

69　文艺茶话会游苏州太平山—一线天(照片)　艺风,1934-2(1)

70　一线天前(照片)　艺风,1934-2(1)

71　导游:在希腊神话里面……　艺风,1934-2(6)

72 各有千秋：南京市儿童健康比赛每年一度举行…… 良友,1934(93)

73 法国科学界的女杰居里夫人 川盐特刊,1934(188)

74 海外十年 教与学,1935-1(2)

75 海外十年(续)(附照片) 教与学,1935-1(3)

76 海外十年(续) 教与学,1935-1(5)

77 海外十年(续完) 教与学,1935-1(6)

78 雨果论 文艺月刊,1935-7(5)

79 文艺：银灰色的惆怅 东方杂志,1935-32(20)

80 小上海人：张道藩的"自误"：五幕悲剧：曾以"摩登夫人"之名演出 大上海人,1935(2)

81 工作精神 时代,1935-8(7)

82 献曝：祝"新一世纪杂志"："猗与！那与！"(诗经) 新世纪,1935(1)

83 学校生活剪影 学校生活,1935(106)

84 顽皮小史 学校生活,1935(115)

85 烦闷(诗歌) 学校生活,1935(118)

86 读张书旂先生画有感(附图) 艺风,1935-5(11)

87 贺"力社" 艺风,1936-4(5-6)

88 告有志于文艺的青年 学校生活,1936(128-129)

89 虞赛的"十月之夜" 商务印书馆出版周刊,1936(新202)

90 我的职业生活特辑：在劳动大学 青年界,1936-9(1)

91 "暑"而不"假" 青年界,1936-10(2)

92 文艺：心丧 东方杂志,1936-33(1)

93 英语教学研究：以科学方法教授现代外国语(附图) Marchand,L.演讲,徐仲年译 教与学,1936-2(3)

94 三友艺展 时代,1936-10(1)

95 无限凄凉的法国文学 文艺月刊,1936-8(1)

96 断肠草 文艺月刊,1936-8(2)

97 野马 文艺月刊,1936-8(3)

98 蚁眉蟭螟 文艺月刊,1936-8(6)

99 对于法国文学的基本认识 中国学生(上海1935),1936(2/1)

100 转载：小论文艺上的变化：为"中国美术会"第四届展览会而写 中国美术会季刊,1936-1(2)

101 矛盾(诗歌) 统一评论,1937(3)

102 读书副刊：读邵著"大学初级法文" 华年,1937-6(6)

103 文学论文：普希金百年祭 Mme. Claude Rivière 讲,徐仲年译 新中华,1937-5(7)

104 "西特"论 JullevillE, L. P. 著,徐仲年译 文艺月刊,1937-10(4/5)

105 介绍与批评：读 LeCid 的两种汉译 文艺月刊,1937-10(4/5)

106 "西特"论（续） JullevillE, L. P. 著徐仲年译 文艺月刊,1937-10(6)

107 中日问题：三、画符式的中日问题 东方杂志,1937-34(1)

108 双丝网 东方杂志,1937-34(1)

109 "中国当代画集：陈树人近作"序 商务印书馆出版周刊,1937(新230)

110 达杭脱少女(La Jeune Tarentine) Chenier, A. 著,徐仲年译 社会科学月报,1937-1(2)

111 文化病院（一）：论文艺界统一救国运动 社会科学月报,1937-1(3)

112 唯"动"的人生观 社会科学月报,1937-1(4)

113 社医院会：（二）"圣教堂"与"野人窝" 社会科学月报,1937-1(5)

114 改进当代中国大学教育管见 全国学术工作咨询处月刊,1937-3(5)

115 日记特辑：罗儿的诞生（民国二十四年七月十四日） 青年界,1937-12(1)

116 豁蒙楼头 青年界,1937-11(5)

117 一封家信 新民族,1938-1(6)

118 "马赛曲"的前前后后（上） 新民族,1938-1(16)

119 "马赛曲"的前前后后（下） 新民族,1938-1(17)

120 双尾蝎（一） 新民族,1938-2(9)

121 双尾蝎（二） 新民族,1938-2(10)

122 双尾蝎（三） 新民族,1938-2(11)

123 双尾蝎（四） 新民族,1938-2(12)

124 双尾蝎（五） 新民族,1938-2(13)

125 双尾蝎（六） 新民族,1938-2(15)

126 双尾蝎（七） 新民族,1938-2(16)

127 双尾蝎（八） 新民族,1938-2(17)

128 双尾蝎（八） 新民族,1938-2(18)

129 双尾蝎（九） 新民族,1938-2(19)

130　双尾蝎（十）　新民族,1938-2(20)

131　双尾蝎（十一）　新民族,1938-3(1)

132　双尾蝎（十二）　新民族,1938-3(2)

133　双尾蝎（十三）　新民族,1938-3(3)

134　双尾蝎（十四）（附图表）　新民族,1938-3(4)

135　流亡　新民族,1938

136　乱世人(小说)乱世人不知太平狗(俗谚)（未完）　青年向导,1938(5)

137　乱世人(小说)（续一）　青年向导,1938(6)

138　乱世人(小说)（续二）　青年向导,1938(8)

139　当代中国大学教育论　现代读物,1938-3(4)

140　十九刀　妇女共鸣,1938-8(3/4)

141　庄严的驴子　文艺月刊,1938-2(2)

142　佛佑　文艺月刊,1938-2(5)

143　端午锦　中国青年(重庆),1939-1(2)

144　文艺：保儿·福尔的咏战诗；重九忆兰勋(未完)　现代读物,1939-4(1)

145　致现时代中国文艺家的芹献　现代读物,1939-4(1)

146　文艺：保儿·福尔的咏战诗(续)　现代读物,1939-4(3)

147　文艺：评"抗战戏剧丛书"　现代读物,1939-4(4)

148　如何教授及学习法文(未完)　教与学,1939-4(8)

149　岭上梅　抗战文艺,1939-3(5/6)

150　致拜伦(未完)　作者 Alphonse de Lamartine,徐仲年译　欧亚文化：中国留法比瑞同学会会刊,1939-1(1)

151　致拜伦(续完)诗歌　作者 Alphonse de Lamartine,徐仲年译　欧亚文化：中国留法比瑞同学会会刊,1939-1(2)

152　前奏曲（一八二三）：1849年拉马尔丁纳自己著释这首诗道……　作者 Alphonse de Lamartine,徐仲年译　欧亚文化：中国留法比瑞同学会会刊,1939-1(3)

153　洪炉　欧亚文化：中国留法比瑞同学会会刊,1939-1(4)

154　文艺：贫是罪：即呈沈XX君　现代读物,1940-5(2)

155　文艺：虺：哀今之人,胡为虺蜴？(诗经)　现代读物,1940-5(3)

156　疯：国历十一月上旬,正当农历九月底……　黄河(西安),1940(创刊号)

157　反间谍　时代精神,1940-2(5)

158 长江集序 时代精神,1940-3(3)

159 英国与远东 青年中国季刊,1940-1(2)

160 在警备岗位上 欧亚文化:中国留法比瑞同学会会刊,1940-2(1)

161 学术讲座:如何写小说(上) 读书通讯,1940(15)

162 学术讲座:如何写小说(续) 读书通讯,1941(22)

163 学术讲座:如何写小说(下) 读书通讯,1941(24)

164 统一招生特辑:龙门厄(廿八年度统一招生特写)(附表) 学生之友,1940

165 近代诗选:光阴,Andre Rivoire 著,徐仲年译 中国诗艺,1941(复刊2)

166 近代诗选:泪,一滴泪,再一滴泪…… Andre Rivoire 著,徐仲年译 中国诗艺,1941(复刊2)

167 近代欧美诗选:海滨坟墓 Paul Valery 著,徐仲年译 中国诗艺,1941(复刊3)

168 欧美小说名著讲座:卢梭和他的小说 徐仲年、俞大纲等主讲 学生杂志 1941-21(8)

169 三十年国庆纪念:国庆日感言 军事与政治,1941-2(1)

170 施尔各夫式的袭击 保儿·沙克著,徐仲年译 文艺青年(重庆),1941-2(1)

171 波兰亡国惨状 Wlocowski,S.作,徐仲年译 文艺青年(重庆),1941-4(4)

172 中年 星期评论(重庆),1941(20)

173 文艺:投渊 现代读物,1941-6(1)

174 文艺:人彘 Trumbo,D.著,徐仲年译 现代读物,1941-6(6)

175 荼苦(小说):嗟彼荼苦,甘岂如荠? 时代精神,1941-3(4)

176 学术讲座:如何写小说(下) 读书通讯,1941(22)

177 学术讲座:如何写小说(续完) 读书通讯,1941(24)

178 拉马丁诗选:孤独(一八一八)(中法文对照) 法文研究,1941-2(5)

179 法国的文艺沙龙 时与潮副刊,1942-1(3)

180 七色的虹霓(三续) 旅行杂志,1942-16(12)

181 量珠集(书评) 文化先锋,1942(创刊号)

182 量珠散辑 文化先锋,1942-1(1)

183 量珠散辑 文化先锋,1942-1(5)

184 凤仙花(三幕剧)(待续) 徐仲年原著,李依若编剧 月季花,1942

185 凤仙花(独幕三) 徐仲年原著,李依若编剧 月季花,1942-1(3)

186 阿达加的隐士 (埃及)Rassim, A. 著,徐仲年译 时与潮文艺,1943-1(1)

187 四十年来的法国文学(上篇) 时与潮文艺,1943-1(2)

188 四十年来的法国文学(下篇) 时与潮文艺,1943-1(3)

189 纳粹铁蹄下的法国文学:续"四十年来的法国文学" 时与潮文艺,1943-2(1)

190 奇文共赏:马伏波班定远害人不浅 时与潮副刊,1943-3(3)

191 怎样欣赏法国文学 青年杂志(重庆),1943-1(1)

192 当代的阿修罗 中国青年(重庆),1943-8(1)

193 法国的学生生活 中国青年(重庆),1943-8(2)

194 花秘书的嘴脸 中国青年(重庆),1943-8(3)

195 七色的红霓(四续) 旅行杂志,1943-17(1)

196 怎样写小说 河南青年,1943-3(2/3)

197 旋磨蚁:冥漠重泉哭不闻(白居易) 国讯,1943(326)

198 坚忍诗人维宜(下) 世界文学,1943-1(2)

199 鬻儿记 新文学,1944-1(3)

200 一•二八的国仇和家仇 国讯,1944(359)

201 我国国际文化宣传 国讯,1944(377)

202 西方之美人(一) 中国青年(重庆),1944-10(1)

203 彼美人兮(二) 中国青年(重庆),1944-10(2)

204 彼美人兮(三) 中国青年(重庆),1944-10(3)

205 彼美人兮(四) 中国青年(重庆),1944-10(4)

206 彼美人兮(五) 中国青年(重庆),1944-10(5)

207 彼美人兮(六) 中国青年(重庆),1944-10(6)

208 彼美人兮(七) 中国青年(重庆),1944-11(1)

209 彼美人兮(八) 中国青年(重庆),1944-10(2)

210 彼美人兮(九) 中国青年(重庆),1944-10(3)

211 新年的感想:怯流光 时与潮副刊,1944-3(6)

212 法国文学主要思潮 时与潮文艺,1944-4(2)

213 国是座谈:中心论题:公务人员生活问题 国是,1944(3)

214 耳食记 中国青年(重庆),1945-12(1)

215　文艺：孽　中国青年(重庆),1945-12(4)

216　艺林丛谈：序"残了的蔷薇"　女青年(南京),1945-1(6)

217　巴黎解放前后的法国文学　时与潮文艺,1945-4(5)

218　重庆梦　旅行杂志,1945-19(1)

219　创刊辞：法国文学的被介绍到中国来……　法国文学,1945-1(1)

220　三剑客,(法)大仲马著,徐仲年译　法国文学,1945-1(1)

221　如法炮制　涛声,1946(复1)

222　应有未归魂　经纬,1946-新2(8)

223　火湖　经纬,1946-新2(6)

224　文艺的丧钟　经纬,1946-新2(12)

225　留西外史　飘,1946(1)

226　留西外史(二)：饿,或许是错误的……　飘,1946(2)

227　留西外史(三)　飘,1946(3)

228　留西外史：因为今日的情势比上两次严重得多了……　飘,1946(6)

229　留西外史：这个比喻和中国谚语……　飘,1946(7)

230　留西外史(十一)：果然火车渐行渐慢……　飘,1946(11)

231　留西外史：他始终不懂……　飘,1946(12)

232　新杞忧　经纬,1946-新2(9)

233　见鸡而捉(未完)　经纬,1946-新2(10)

234　见鸡而捉(下)　经纬,1946-新2(11)

235　水火炼金刚　经纬,1946-新3(2)

236　知识与幸福(未完)　经纬,1946-新3(3)

237　浦尚夫人的情遇(未完)　Francis de Miomandre 著,徐仲年译　论语,1946复(118)

238　浦尚夫人的情遇　Francis de Miomandre 著,徐仲年译　论语,1946复(119)

239　"酒精集"选诗十二首　阿波里奈尔著,徐仲年译　法国文学,1946-1(2)

240　小说家郭莱脱夫人(待续)　法国文学,1946-1(3)

241　小说家郭莱脱夫人(续完)　居马尼演讲,徐仲年译　法国文学,1946-1(4)

242　道别　法国文学,1946-1(4)

243　三剑客(一续)　大仲马著,徐仲年译　法国文学,1946-1(2)

244　三剑客(二续)　大仲马著,徐仲年译　法国文学,1946-1(3)

245　三剑客(三续)　大仲马著,徐仲年译　法国文学,1946-1(4)

246　论新四大　先进,1946-1(4)

247　星夜行：Vercors：La Marche a l'etoile　(法)斐尔各尔著徐仲年译　世界半月刊,1946-1(4)

248　吴稚老二三事　春风,1946(15)

249　世界文坛：小说家郭莱脱夫人　女青年(南京),1946-3(1)

250　法国文化鸟瞰　高朗节讲,徐仲年译　文化先锋,1946-5(24)

251　画家徐悲鸿　文潮月刊,1946-2(1)

252　法国的主要图书馆：马萨林图书馆和法兰西研究院图书馆　(法)嘉洛蒂著,徐仲年译　现代知识(北平),1947-1(12)

253　轰炸的回忆　文艺与生活,1947-4(1)

254　保险　Gervaise,B.著,徐仲年译　世界农村月刊,1947-1(2)

255　拜金主义与学术尊严　现实与理想,1947-1(2)

256　吴稚晖先生墨宝(附图)　寰球,1947(25)

257　希腊文学鸟瞰　文哨(上海),1947(2)

258　希腊文学鸟瞰　文哨(上海),1947(3)

259　希腊文学鸟瞰　文哨(上海),1947(4)

260　罗马文学鸟瞰(上)　文哨(上海),1947(5)

261　罗马文学鸟瞰(中)　文哨(上海),1947(6)

262　星夜行(续)：Vercors：La Marche a l''etoile　(法)斐尔各尔著,徐仲年译　世界月刊(上海1946),1947-1(5)

263　星夜行(续)：Vercors：La Marche a l''etoile　(法)斐尔各尔著,徐仲年译　世界月刊(上海1946),1947-1(6)

264　星夜行(第一部终)：Vercors：La Marche a l''etoile　(法)斐尔各尔著,徐仲年译　世界月刊(上海1946),1947-1(7)

265　星夜行(续)：二咅啬人的世界　(法)斐尔各尔著,徐仲年译　世界月刊(上海1946),1947-1(8)

266　星夜行(六)　(法)斐尔各尔著,徐仲年译　世界月刊(上海1946),1947-1(9)

267　爱情与国际婚姻　徐仲年讲,何信等记　中国新专校刊,1947(6)

268　负箧记：即呈独鹤先生一　社会公论,1947-1(2)

269　美术追记庞薰琹画展(附图)　春秋画报,1947(2)

270 一别音容两渺茫:施法追忆 东方杂志,1947-43(3)

271 春寒 东方杂志,1947-43(7)

272 关于上海特辑:歌颂上海 自由谈,1947-1(4/5)

273 曲终人不见 东方与西方,1947-1(4)

274 经济分析:正义的同情合理的想法 人人周报(上海),1947-1(4)

275 浦尚夫人的情遇(再续) Francis de Miomandre 著,徐仲年译 论语,1947(120)

276 浦尚夫人的情遇(三续) Francis de Miomandre 著,徐仲年译 论语,1947(121)

277 浦尚夫人的情遇(四续) Francis de Miomandre 著,徐仲年译 论语,1947(122)

278 浦尚夫人的情遇(五续) Francis de Miomandre 著,徐仲年译 论语,1947(123)

279 浦尚夫人的情遇(六续) Francis de Miomandre 著,徐仲年译 论语,1947(124)

280 浦尚夫人的情遇(七续) Francis de Miomandre 著,徐仲年译 论语,1947(125)

281 浦尚夫人的情遇(八续) Francis de Miomandre 著,徐仲年译 论语,1947(126)

282 浦尚夫人的情遇(九续) Francis de Miomandre 著,徐仲年译 论语,1947(127)

283 浦尚夫人的情遇(十续) Francis de Miomandre 著,徐仲年译 论语,1947(128)

284 浦尚夫人的情遇(二续) Francis de Miomandre 著,徐仲年译 论语,1947(129)

285 浦尚夫人的情遇(十二续) Francis de Miomandre 著,徐仲年译 论语,1947(130)

286 浦尚夫人的情遇(末续) Francis de Miomandre 著,徐仲年译 论语,1947(131)

287 火中莲(上) 曙光,1947 新 1(13)

288 火中莲(下) 曙光,1947 新 1(14)

289 法比象征派诗撷萃(上)韩浦二首:感觉 智慧,1947(23)

290 法比象征派诗撷萃(上)韩浦二首:1)我的流浪,2)想幻 智慧,

1947(23)

291　法比象征派诗撷萃（上）魏尔莱纳二首：愿祈　智慧,1947(23)

292　法比象征派诗撷萃（上）马拉尔梅美二首：显现　智慧,1947(23)

293　法比象征派诗撷萃（上）马拉尔梅美二首：海风　智慧,1947(23)

294　法比象征派诗撷萃（上）魏尔莱纳二首：天真的人们　智慧,1947(23)

295　法比象征派诗撷萃（上）　智慧,1947(23)

296　法比象征派诗撷萃（下）沙曼二首：1) 沼畔散步　2) 在西班牙公主的花园里　智慧,1947(24)

297　法比象征派诗撷萃（下）梅德林克二首：1) 三个瞎姐106妹　2) 十二首歌　智慧,1947(24)

298　法比象征派诗撷萃（下）梅德林克二首：1) 晚上的灵魂；2) 温室集　智慧,1947(24)

299　法比象征派诗撷萃（下）斐尔阿央二首：1) 烘面包,2) 佛拉芒妇人们　智慧,1947(24)

300　法比象征派诗撷萃（下）斐尔阿央二首：1) 厨房,2) 佛拉芒妇人们　智慧,1947(24)

301　法比象征派诗撷萃（下）沙曼二首：1) 秋,缓步徐行后面家中喂的狗……　2) 在西班牙公主的花园里……　智慧,1947(24)

302　人物：介绍一位中国友人：小说家胡贝-善斯基夫人　新妇女,1947(2)

303　谈美与爱情　新妇女,1947(3)

304　西风：异国情调："谈美与爱情"的姐妹篇　新妇女,1947(4)

305　茶花女百年祭　（法）S.诺尔曼著,徐仲年译　新妇女,1947(9)

306　蒿里游魂　新妇女,1947(10)

307　荆棘天心（上）　曙光,1947 新 1(2)

308　荆棘天心（下）　曙光,1947 新 1(3)

309　青年修养与文艺　曙光,1947 新 1(4)

310　学术讲座：青年修养与文艺　青友,1947(8)

311　法国浪漫派大诗人维宜百五十周年祭（附照片）　P. 苔佳芙著,徐仲年译　学识,1947-1(4)

312　法国大哲学家韩南纪念辞　E. 赫里欧演讲,徐仲年译　学识,1947-2(2-3)

313　法国的公共图书馆　J. 贾洛蒂著,徐仲年译　图书月刊,1947-2(10)

314　翻译小说在法国　广播周刊,1947 复(60)

315　名著连载：木十字架(待续)　中央周刊,1947-9(7)

316　名著连载：木十字架(二)　中央周刊,1947-9(8)

317　名著连载：木十字架(三)　中央周刊,1947-9(10)

318　名著连载：木十字架(四)　中央周刊,1947-9(14-15)

319　名著连载：木十字架(五)　中央周刊,1947-9(23)

320　名著连载：木十字架(六)　中央周刊,1947-9(46)

321　相亲　H.拉芙唐著,徐仲年译　曙光,1947 新1(1)

322　介绍意大利画家查农先生近作(附图)　寰球,1948(33/34)

323　奋斗进步中的厦门大学(附照片)　寰球,1948(35)

324　情网记　(美)威廉,马克威儿著,徐仲年译　土地改革,1948-1(5)

325　情网记(续)　(美)威廉,马克威儿著,徐仲年译　土地改革,1948-1(6)

326　社友著作目录　徐仲年、苏孟守、宋大仁等　学艺通讯,1948-15(4)

327　惨笑的人　雨古著,徐仲年译　文艺先锋,1948-13(1)

328　惨笑的人(二)　雨古著,徐仲年译　文艺先锋,1948-13(2)

329　惨笑的人(三)　雨古著,徐仲年译　文艺先锋,1948-13(3)

330　新岁谈屑　旅行杂志,1948-22(1)

331　卢梭的悲剧　夏儿著,徐仲年译　西点,1948(33)

332　法国作家介绍：两兄弟,两作家　正论(镇江),1948-3(9/10)

333　棒喝记：一桩 Farce 式的故事　黄河(西安),1948(复刊1)

334　圣·戴须贝里和他的著作：当代法国飞将军兼小说家　舍那达斯演讲,徐仲年口译,李志雄笔记　黄河(西安),1948(复刊2)

335　谈"诗"　宇宙文摘,1948-2(1)

336　小说家巴尔扎克的故居　文坛(广州),1948-8(6)

337　当代法国大小说家：郭莱德夫人的回忆　R.纪宏著,徐仲年译　新妇女,1948(19)

338　岁朝献采：王上麼？除非您我！　论语,1948(144)

339　岁朝献采：作家的签名　论语,1948(144)

340　岁朝献采：拿破仑的午餐　论语,1948(144)

341　岁朝献采：古怪的地方　论语,1948(144)

342　岁朝献采：大维特和马车夫　论语,1948(144)

343　岁朝献采：几乎剥皮！　论语,1948(144)

344　岁朝献采：妥善的处理　论语,1948(144)

345　妒：几个老朋友,偶然碰在一起……　学识,1948-2(7)

346　保公琐记（短篇小说）：俯首甘为孺子牛　学识,1948-2(9-10)

347　出门　论语,1948(165)

348　三十六年的文化动态（下）（四）异途同归的文艺思潮　曙光,1948-2(3)

349　身份证　Roland Doigeles 著,徐仲年译　1948-3(1) 社会公论

350　身份证　Roland Doigeles 著,徐仲年译　1948-3(2-3)社会公论

351　身份证　Roland Doigeles 著,徐仲年译　1948-3(4-5)社会公论

352　身份证　Roland Doigeles 著,徐仲年译　1948-4(1-2)社会公论

353　义儿　中央周刊,1948-10(3)

354　三十六年的文化动态（上）　曙光,1948-2(2)

355　审友记　学识,1948-2(8)

356　善门难开　（英）吉伯林著,徐仲年译　新知识,1949-1(6)

357　士可杀　新希望,1949(7)

358　开眼做梦记　论语,1949(169)

359　刺猬（中篇连载）　（法）阿尔诺儿特著,徐仲年译　世界月刊（上海1946）,1949-3(10)

360　刺猬（续一）　（法）阿尔诺儿特著,徐仲年译　世界月刊（上海1946）,1949-3(11)

4. 发表于《申报》上的文章

《参观艺风画展小记》（附图片）,《申报》1934年6月7日,第17版

5. 中华人民共和国成立后发表于报刊的文章

《春雷初动》,上海外国语学院校刊,1957年

《几只青椒》,上海外国语学院校刊,1957年

《生意经,绞死它》,上海外国语学院校刊,1957年

《浅论知识分子》,《解放日报》,1957年5月28日

《乌昼啼》,《文汇报》,1957年6月18日

《以文会友,文艺茶话会》,《回顾与展望》,《开卷》,1980年12月

《记敬隐渔及其他》,《新文学史料》,1982年第3期

(作者为徐仲年先生之子,本文经李君益增补,赵怡整理校阅)

新史料

《上海法(租界)公董局华文公报》概况

章斯睿

公报作为政府各级机构出版物的一种,是定期刊布的公文书,也可以看作是官方公务期刊的一种。其中刊载的法令、统计、报告等文件,都具有很高的权威性,是历史研究中非常重要的政书史料之一。

我国自古代就有"邸报"一说,用于刊载皇帝的诏令、谕旨、法规、人事任免和大臣奏疏等文件,到了清末,已有《谕折汇存》《政治官报》(后更名为《内阁官报》)等。南京民国临时政府于1912年1月29日开始发布政府公文,以后的北洋政府、国民党政府皆沿用。初为每天出一期,后改为10天一号。这种形式也为民国政府的中央各部、院和一些地方政府所采用。公报登载内容包括:任免令、各部咨函、公文、呈批、公电、通告、议会记录、法律、判词等。它卷帙浩繁,内容丰富,是研究民国历史的重要资料。

值得注意的是,租界作为近代中国历史中一种特殊的存在,亦保留了大量的档案史料。其中,上海档案馆所藏的《上海公共租界工部局年报》《上海公共租界工部局公报》《上海法公董局公报》《上海法公董局年报》是研究近代中国史的最好的外文档案。

本文将主要介绍《上海法公董局华文公报》①(以下简称"公报")。

一、上海法租界公董局档案的概况

上海法租界于1849年4月划定。法租界公董局成立于1862年4月29日,早期又称法国筹防公局,是统管法租界事务的机构,直属法国驻沪总领事。直到1943年"归还租界"前,公董局一直掌管法租界内各大小事务。

公董局权力机构是董事会,有关租界内重大问题都必须经董事会讨论并经总领事批准后执行。1862年公董局成立时,由法驻沪总领事任命董事会董事。

---

① 《上海公共租界工部局年报》《上海公共租界工部局公报》的相关情况介绍,可参见朱政惠、李江涛整理:《上海档案馆藏晚清租界外文文献概况》,《清史译丛》第4期,第200、306—310页。

1866年改为由选举人(纳税人)大会选举产生董事。

上海档案馆所藏上海法租界公董局全宗档案共 14 029 卷,主要为法文,排架长度 278 米,起止时间为 1849 年至 1946 年。该全宗档案已经系统整理,编有案卷目录 22 册。上海法租界公董局档案主要为法文,也有少部分中文档案可供查阅。①

1862 年,公共租界创刊工部局公报和工部局年报英文版。1869 年,法租界公董局也开始出版《上海法(租界)公董局年报》(Conseil D'Administration Municipale de la Concession Francaise, a Changhai, Compte — Rendn de la Gestion Ponr I'Exercice et Budget),这是上海最早问世的法文定期连续性出版物,一直连续出版到 1943 年。主要内容有当时法国驻沪领事署的命令、公董局年度预、决算和收支报告,董事会和各委员会会议记录,公董局各处及其附属机构的年度工作报告等。1910 年,公董局公报法文版出版,1931 年,经过"1930 年 12 月 30 日董事会议决,发行华文公报议案经印刷处遵办并即以本年 3 月 5 日第 556 号法文公报开始译成首期华文公报"。② 两者均为每周一期,一年编制一册合订本,记载、公布法租界市政的各项信息和各项工作资料,主要内容有法国领事署命令,公董局董事会会议记录、摘要、各部门月度工作报告,各类商业机构开业和扩充申请等,这些出版物主要供租界纳税人所用。

现存的法租界公董局华文公报为便于史料保存和读者阅览,已制成缩微胶卷,分别藏于上海档案馆和上海图书馆。笔者查阅的是上海档案馆所藏的《上海法公董局公报、年报》,共 15 盒。其中,档案全宗号 U38—1—2810—2839,即第 1 盒至第 12 盒为 1910 年至 1942 年的《公董局公报》法文版;档案全宗号 U38—1—2840—2851,即第 13 盒到第 15 盒,为华文公报,相应年份为:第 13 盒,案卷号 2840—2842,即 1931—1933 年;第 14 盒,案卷号 2843—2846,即 1934—1937 年;第 15 盒,案卷号 2847—2851,即 1937—1942 年。部分年份有缺失③。自 1941 年 4 月 10 日,第 11 年第 472 期开始,封面版式稍有调整。共 560 期。

上海图书馆亦藏有原件,其所摄制的缩微胶卷有一卷,胶卷号为 J—0131,时段自 1931 年第 1 卷第 1 期至 1941 年第 11 卷第 472 期。

---

① 详细情况可参考上海市档案馆编:《上海档案馆指南》,中国档案出版社 1999 年版,第 338—348 页。
② 《上海法租界公董局公报、年报》,上海档案馆藏,U38—1—2840,1931 年 3 月 9 日。
③ 根据上海档案馆记录,缺失案卷号 2848 的 1939 年 3 月 27 日地图、2847 的 1938 年 12 月 8 日地图,以及 1938 年 9 月 1 日—9 月 7 日之公报。

二、《上海法公董局华文公报》的主要内容

（一）法国驻沪总领事署署令

由总领事签名发布的署令，多是作为一种声明，承认公董局董事会议通过的各项议案的合法性，这种行政管理作风与公共租界不同，由于法租界的行政管理是屈从于领事，并通过领事受制于法国行政当局。所以，领事实际上是法租界的最高行政长官。

（二）由公董局总办签署颁布的各种公告、附告、通告等

法租界当局通过这些告示，将各种法令章程传达给租界的居民。如门牌号码修订、公债券发行、垃圾处置等。

（三）法公董局董事会会议记录

公董局董事会常务会议记录是公董局公报的主体，在华文公报中所记载的公董局董事会议自1931年2月23日开始，主要讨论由各董事签署认同的各项议案，其所涉及法租界的警备、财政、公共事务（教育、卫生和慈善事务等）以及租界权宜和人事变动。其中主要内容有：

1. 各部门会议记录。董事会初设财务工务、警务2个委员会，以后陆续增设，到1936年有工务、财务、教育、卫生救济、交通、园艺、地产、厘正房捐、医院管理等9个委员会。各种委员会均属顾问性质组织，研究董事会提交的事务，商议意见供董事会决策时参考，最终由董事会议决。

2. 定期公布的各部门局所的月度工作报告。火政处、公共卫生救济处、医务处、工程处、建筑处、丈量处基本上每个月都有工作报告刊载。内容十分详细，如工程处报告包括：概述；新工程表：人行道工程一览、马路工程一览；养路工程表；沟渠工程表：疏浚沟渠、杂项；清道工作。又如公园及种植处报告包括：各公共机关栽种花卉表、整理人行道数目表、杂项工作表；火政处报告有火警次数、火警类别、火警时间、救熄方法、日期、地点、火警所在地、致火原因；管理水电处报告有电灯增减表、电灯统计表、水具拆除表、龙头装置表、厂务处报告；丈量处报告包括测量工作表；正式图样表：正式会勘、送交上海市土地局、发给界线灯证书、代竖界石；其他工作表：已经测量地册、受让地亩图样、检查营造图样、晒阴图样；公共卫生救济处报告则主要包括普通卫生工作、清道消毒工作、杂项工作、防疫事务、卫生化验室工作、救济事务、施医处工作、传染病工作、公共卫生状况。

3. 核定修正各种管理章程和规章。如小贩及摊贩章程、管理学校章程。

4. 各商请领分类营业执照。1931年3月16日，第2期公报中开始列出的

"各商请领营业执照一览"记录了各商业机构向租界当局提出领取执照,开店营业的请求。而租界当局的同意与否,主要反映在"分类营业委员会会议记录"中,境内商业分为甲种营业、乙种营业和丙种营业,并被列入工务委员会向公董局提交的议案,寻求董事会的议决。

5. 其他如不定期的公共卫生处化验室水质报告等。

三、史料评价

现今多数的上海史研究偏重于公共租界,对法租界的研究有所疏忽。两者虽然有很多相同之处,但是不可看作是一个行动的共同体。研究者应基于史料,多加甄别。公董局华文公报提供给我们的历史线索,能更好地了解当时法租界的政治、经济和社会状况。

(一)深化对法租界行政运作的认识

规范的政治制度是保障行政运作的最基础的政治条件。从华文公报中,可看出1931年的公董局已趋于成熟,体制完善,部门细化。如技术科的设立和实施,又如工务处改为工务科,路政问题原属工务处管辖,后专门在工务科下设立路政股和养路股。

良好的财政状况是保证行政稳定的经济条件。从公报中记录的捐税收支报告可看出,在预算表中,捐税和照会费被列入收入的第一、二位,证实了法租界的财政收入的重要来源是照会费和捐税,而警务处则在预算表支出中所占费用最多。各种执照的申请、允准和吊销,成为董事会议上所列出的各种收支项目,非常详细,且列出了各种税收的不同纳税等级。

(二)表格图片的大量应用

公报中所记载的常规事务的工作报告,多数都有详细的统计数字和各种表格。例如,养路工程表将马路分为:煤屑、苏州砂细土、联柏油膏、细石柏油、水门汀三合土、裂痕柏油、柏油膏、清沙柏油、中国弹街、条石、柏油、平石提高、平石更换、一般柏油膏、冷混油、除痕。卫生方面有"妨碍或不卫生之营业表""公共卫生救济处等级之法籍及外籍医师一览表""西药房夜间服务表"。财政方面如财政决算书包括负债之部:本局公债在法国发行者,本局公债在上海发行者;资产之部:本局在法租界内地产、本局在法租界外地产、本局公路、本局房屋生财器具、有价证券、现金及银行存款,而关于捐税收支方面的表格则更多。人口统计方面则包括"法租界华人户口统计表""外人户口统计表""法租界户口国别及人数表""法租界历年户口比较表"。除了详尽的表格外,各种精致的绘图为今后的市政研究提供了更丰富的资料,如 1940 年 4 月 18 日的公报中用法文标识的"放宽法外滩图",令人对外滩历史有了更进一步的认识;又如,1941 年 1 月 27 公报中刊载的"每区死亡人数",不但对各种因病死亡的人数做了统计,还绘制出其大致分布,十分清晰明了。

这些租界统计成果不但加强了公报的权威性,也为今后研究保留了珍贵的史料。

(三)条目简明、颇易查阅

作为政府公报,凭借其权威性,在出版之初,不但深受租界纳税人的欢迎,还受到一些机构来函订阅,例如,上海社会经济调查所、上海特别市社会局、浙江省立图书馆、国立北平图书馆,等等。[①] 当华文公报出版后,租界当局更是鼓励纳税人免费索取查阅,在"上海法租界公董局为广增华文公报事公告"中,租界当局声称,"凡属法租界内居民欲阅本局华文公报者可迳至本局市政总理处索取,凡在法租界内至各公司及各个人如欲定阅本公报者,可用书面提出要求,本局当即按期免费寄赠"。[②]

(四)史料本身的局限性

公报内容虽然丰富,但是仍有缺憾。

笔者所见,华文公报缺少警务处报告。警务处作为法租界公董局三大办公处所(其他两处为市政总理处和公共工程处),是 1864 年设立的。1939 年公董局分为总管理部和警务总监部两大部门,警务总监部的最高负责人为警务总监,总监下有副总监,兼管政治部及刑事部,总巡管辖捕房、俄捕队和司法警察队。而在华文公报中没有警务处的报告,如此重要的部门,却没有工作报告,实在令人费解。

在使用华文公报时,必须同相关资料互相参照。华文公报的时间段自 1931 年至 1942 年,和它同步发行的还有法文版的公报和年报,持续时间更长,分别是 1910—1942 年以及 1870—1941 年,因此,对于了解早期公董局的情况而言,具有重要的参考价值,笔者认为,在使用时,应以法文版为第一参考。此外,亦可参考其他资料,如在物价指数方面,可参考《上海法公董局平价委员会公报》,[③] 主要内容是物价指数、表格等。

---

① 上海档案馆所藏,档案全宗号为 U38—1—79 有两个文件盒,主要内容是来函索取公报(包括法文版和华文版)、要求补全公报、索取一份公报复本或某期公报,其中第一盒为"公董局印刷厂赠送公报及杂件",第二盒为"索取公董局公报等项",时间段为 1928—1940 年。

② "上海法租界公董局印刷厂关于印刷与索取公董局公报(中文版)等文件",上海档案馆藏,U38—1—80,第 94 页。

③ 上海档案馆藏,S304—1—129—19。

此外，公报中的会议记录本身也有局限性。如，1941年4月10日的公报中，"常务会议记录"改名为"临时董事会议记录"，据笔者观察，自1940年4月18日后就缺少"公董局董事会常务会议记录"这个名称，而改名的理由在公报上并无反映。

由于藏于上海档案馆内的完整版的"法租界公董局董事会会议录"还没有像《公共租界工部局董事会会议录》那样整理出版。所以，这对研究者要厘清某些历史原因造成了一定的困难。

(作者为上海社会科学院出版社编辑)

上海法租界

席涤尘 口述
盛 魁 整理

整理者按：席涤尘，江苏吴江人，复旦大学外文系毕业，文学家、翻译家、方志学家以及上海史专家。南社成员、上海通志馆馆员，有大量外国文学译作传世，其中较为著名的包括高尔斯华绥：《鸽与轻梦》（与赵宋庆合译），上海开明书店1927年版、萧伯纳：《武器与武士》（与吴鸿缨合译），上海光华书局1928年版及屠格涅夫：《爱西亚》（与蒯斯曛合译），春潮社1928年版。中华人民共和国成立后任职于上海市社会文化管理所。陈彬龢，1897年出生，江苏吴江人。先后就职于上海哈同女校、南开学校、《申报》馆等处。1942年，出任由日伪所控制的《申报》社社长，1945年死于日本。本文源自上海青年会智育系列演讲，报告人原为陈彬龢，陈因故未能出席，后由席涤尘代为报告。该演讲梳理了上海法租界的发展沿革，颇具史料价值，此前未见公开出版。原稿现存于上海市档案馆，档案编号为 Y15—1—46—52。

今晚的讲题是"上海法租界"，原定由陈彬龢先生讲，但陈先生昨到市通志馆去，却要叫鄙人来讲，这差不多我好像被拉夫一样的拉来，因为时间局促，所以来不及有什么预备。我今晚演讲，有两点要声明：一、是私人资格来参加，且只是讲"法租界"历史方面的扩充经过，以及"法公董局"的组织至其他方面，不欲多讲；二、所讲全就事实来叙述，决不加以批评。

一、法租界之由来

上海法租界是怎样来的呢？想大家都知道，我国自鸦片战争失败，于1842年（道光二十二年）同英国订了开埠通商条约以后，中国门户就大开，法国看见英国人得到中国的利益，他想，我也要求一下，于是就利用中国"门户开放"的机会，派遣公使团来华，那位特派"全权公使"名字叫作赖格纳（Layrene）。[①] 赖氏等，

---

① 即拉尊尼（Théodore de Lagrené）。——整理者注

于 1844 年 8 月 13 日(道光二十四年七月初旬)到了澳门,向中国交涉(因为那时候准许中外通商的地方,是在广东澳门一带)。交涉了两个月,就在同年 10 月 24 日(道光二十四年九月十三日)订立《黄埔条约》三十六条,即在次年 8 月(道光二十五年七月)在澳门正式换文。这次条约,比《江宁条约》订得严密得多。该条约第二十二条大意是说,中国准许法兰西人来华"贸易"及"居住",由中国地方当局会同法领事官,接洽议定法兰西人居住之处,及宜建造房屋之地。也比《虎门条约》简捷,一口气就这样订下了法国人在中国通商口岸可以租地居住造屋的明文。这样,法国驻沪第一任领事敏体尼(Montigny),他到了上海的第三天,便向天主教堂赵主教租了一座坐落洋泾浜与上海县城间的房子,做了领署。到该年 7 月间,方才有位法国商人雷米(Rami)来沪,[①]他一到上海,就要租地经商。于是就由敏体尼马上备了一个照会给中国道台,要求租地。租的是洋泾浜一带十二亩的地方。当时上海道是吴健彰,吴道台对英美人的感情倒还好,独独对于法国人不知什么缘故却不大高兴,因此便不答应法领租地。但是,租地的要求,总算提出了。

二、法租界开辟与扩充

吴道台用了延宕政策,不答应法领的要求,隔不多时,上海道换了旗人麟桂。于是法领重申前议,麟桂这人倒很马虎,但一班地主都不大马虎,他们听到消息,就赶紧把地皮价钱抬高,这样一来,租地的事又不容易解决,直到 1849 年 1 月(道光二十八年十二月),法国人始在黄浦滩购得荒地一小方。这笔交易并不大,其面积只有两亩三分八厘五毫。这一小方地,不过是把法人的要求先行解决了一点,其余方面再行磋商。几经磋商,到 1849 年 4 月 6 日(道光二十九年三月十四日)始正式成立开辟法租界的协定,从此正式有了法租界。当时的面积约有五十六公顷,它的四至界限是:南至城河,北至洋泾浜,西至关帝庙、褚家桥,东至潮州会馆,沿河至洋泾浜东角。协定中并订明:"倘若以后地方不够,再议别地,随至随议。"因此到了 1861 年 10 月 30 日(咸丰十一年九月二十六日)法租界就借端扩充。中国方面是因为法国人在 1855 年(咸丰五年)帮助清朝打退"小刀会"有功的缘故才答应扩充的地段,是在小东门外被"小刀会"焚毁的城郭一带,计三十多亩(约三公顷之谱),合上原来的五十六公顷,这时面积一共有五十九公

---

① 应为 Rémi。——整理者注

顷。当时的上海道是吴煦,法领事名爱棠(Eden)。① 这是第一次的扩充,再隔了好些年头,到了1900年12月22日(光绪二十六年正月二十三日)法租界又二次扩充,这次扩充得多了,比原来面积加倍有余,东至城河浜,南至打铁浜、晏公庙、丁公桥,西至顾家宅、关帝庙,北至北长浜,原来的面积五十九公顷——一零二三亩,此时再增加一一一二亩,共有一百四十四公顷。我国这次所以准许法租界扩充的原因,这一段话,说起来很长,详细说一说,恐怕三个钟头也说不完。因为这里面的纠纷实在太多了。总之,自"太平天国"以后,上海法租界就逐渐繁盛起来。因此人口加多、商业增盛,以致原来地方不够容纳,当时的上海道是余联沅,法领事为白藻泰(De Hezavre)②,这是第二次的扩充。

到了1914年(民国3年)4月8日,法国又与我国在上海订立条约,扩充界址。中国政府答应的条件是两个:一是把麋鹿路及肇周路的一半归民国管理,并将西门外自方浜桥以南至斜桥所有前经法国铺修的马路,均交还中国;二是便利捉拿界内政治犯的规定,因为那时正是袁世凯时代。该约计一十条款,自该年7月14日起发生效力,名称上不叫做法租界扩充,却叫做界外警权划分问题。办理这事的人,中国方面是交涉员杨小川,法领事为甘司东(Gaston Kang)③。这一次算作第三次扩充,包括的全是越界筑路地面。原来法公董局自1895年(光绪二十一年)以后,即筑了许多越界马路,除最早的徐家汇路不算外,1900年(光绪二十六年)筑吕班路,1901年(光绪二十七年)筑宝昌路(即现今霞飞路)、善钟路、圣母院路,1902年(光绪二十八年)筑龙华路、宝建路、杜美路、毕勋路、薛华立路、陶尔斐司路,1907年(光绪三十三年)筑巨籁达路、福开森路、姚主教路、金神父路,1911年(宣统三年)筑宝隆路(即现今亚尔培路),1912年(民国元年)筑祁齐路、福理履路,1913年(民国2年)筑贾尔业路、恩理和路、古拔路,1914年(民国3年)筑辣斐德路、马斯南路、高乃依路、莫利爱路等。这些马路,诸位想想,已经有多少路了,越界筑此许多马路,现在正式承认,虽名义上不叫扩充,事实上还不是道道地地的扩充吗?所以,实际上面积扩充到一千另二十二公顷之多,④比原来租界,要大到约20倍。经过这一次扩充就成为现在的法租界,一面到黄浦滩,一面到徐家汇,一面到民国路,一面抵爱多亚路、福煦路,现在我们再看看法租界中历年人口的激增,也实在可惊。据调查,在1865年(同治四年)时,法租界华人只有五万五千四百六十五人,外侨只有四百六十人,但到了

---

① 应为 Éden。——整理者注
② 应为 De Bezaure。——整理者注
③ 应为 Gaston Kahn。——整理者注
④ 即1022公顷。——整理者注

"一·二八"后,1932年(民国21年)法租界的华人却增加到四十六万二千三百四十二人,外侨也增至一万六千二百一十人。70年来,人口激增的结果,外侨已比同治四年时多三十五倍,华人达九倍以上。以上约略说说法租界的开辟与几次扩充的大概情形。

三、法租界市政沿革和组织

法租界的市政沿革,约可以分为三个时期来说。一、领事专政时期,从1849年4月(道光卅四年三月)①到1856年1月(咸丰五年十二月)为止,那时候,租界里没有多少人,无事可办,所以一切全由领事主持,这时期共有6年另9个月之久。二、地主参政时期,从1849年1月(咸丰五年十二月)②到1862年5月(同治元年四月)其间,曾由法领事爱棠召集过几次地主大会,这时期计有6年另4个月。三、公董局,1862年(同治元年)以后创立,到现在也经过了许多变迁,自1862年5月(同治元年四月)起到1865年10月(同治四年八月)止,这段时期是公董局第一次委任董事长时代,计由领事委出董事八人,继因委任董事与法领不睦,遭遇解散的运命,为时仅3年另6个月。由1865年10月(同治四年八月)到1866年7月(同治五年五月)底为过渡时代,这9个月内,由领事主持公董局,并有5个外侨参加在内。到1866年7月11日(同治五年五月二十九日)法领始正式颁布了《公董局组织法》,从此一直到1915年(民国4年)都用选举法来选任董事。不过这组织法,在1868年4月(同治七年三月)经一度修改,重行颁布过一次,董事改用选任制,到1915年为止,共有49届。欧战发生,在沪法人相率离沪,于是又改为第二次委任,直到1919年(民国8年)③欧战停止,方才取消。从1919年起,复改为第二次选任,并原来一共计算,到1926年(民国15年)为止,共57届。原来每届董事均为8人,但从1926年4月23日起,第一次加入了华董2人,一是陆伯鸿,一是陆崧候。之后,公董局董事于是有10个人了。1927年(民国16年)1月起,因种种缘故,重行再改委任制,这是第三次改变委任了,一直到现在都是如此。现在法公董局董事会临时委员会中一共有董事17人,中间华董有5人,原是2人,后来又加了3人。以上是粗枝大略讲一点法租界行政的沿革。至法租界组织方面、最高的机关是法领事,下面就是法公董局董事会临时委员会,这董事会里面,附属有8个委员会:一、工务委员会;二、财政委员

---

① 此处可能有误,应为道光三十年三月。——整理者注
② 此处可能有误,应为咸丰元年三月。——整理者注
③ 此处有误,应为1918年(民国7年)。

会;三、教育委员会;四、卫生委员会;五、交通委员会;六、医院管理会;七、地产委员会;八、园艺委员会。董事会底下,设有督办,这是从1918年(民国17年)①起才有的。因为那时鉴于租界市政日趋重要与麻烦,实有设一督办之必要,督办之下,设一总办,主持市政管理处,这市政管理处内,设有:一、财务讼事科;二、秘书科;三、出版科。财务讼事科里面,又分设三股:一、捐务股;二、会计股;三、金库科。自市政管理处以下,所属各科、各股,均是由总办直接管辖,总办权限,仅此一点。讲到督办,除管总办外,还要管好些机关,一为公共工程处,公共工程处内设四科:一、总务科——下设总工程师办公室、副总工程师办公室、副工程师办公室;二、管理科——下设文牍股、丈量股、执照股、堆栈股、会计股;三、技术科——下设营造股、机械股、路政股;四、工务科——下设运输股、马务股、清道股、修料股、善路股、路灯股、修造股、电击股、建筑股、筑路股等。其次为12个独立机关,他们与市政总理处是平行机关,分别在于:一是属于行政的,一是属于技术的。所谓12个独立的直接隶属于督办的机关是:一、医务处;二、气象台与无线台;三、火政处;四、法国公学;五、中法学校;六、华童小学;七、法国小学;八、宰牲场;九、公共卫生救济处;十、庶务处;十一、种植培养处;十二司法顾问处。现在再分开来讲,当初的医务处,本属市政总务处,到了1894年(光绪二十年)始脱离市政总理处而独立,气象台是在1873年(同治十二年)成立,无线电台始于1926年(民国15年),最初是由收买顾家宅花园内的无线电台而来。1926年之后,又添设汝林路同福履理路两处新电台。火政处是1931年(民国20年)正式成立,在1931年以前叫做救火会,1930年(民国19年)12月解散改组。法国公学旧称法国学堂,1909年(宣统元年)创办,本来校址在霞飞路,1927年(民国16年)始迁至现在环龙路地址。中法公学以前是叫作法文书馆,几度迁移,到1913年(民国2年)始搬到敏体尼荫路。华童小学是1931年(民国20年)所倡办,现在萨坡赛路。法国小学是1932年(民国21年)冬天开办,名为法国小学,而实际学生却多是俄国小孩,现在金神父路那里。宰牲场每日宰牛很多,地点在南阳桥,是1903年(光绪二十九年)办的。公共卫生救济处平日做些清洁防疫等工作,最初是叫卫生兽医处,1911年(宣统三年)简称卫生处,1930年(民国19年)起,改为今称。庶务处,诸位一听这名字也许要奇怪,怎么单单一些庶务就能成立一处呢?它是在1928年(民国17年)设立,大部分是管些关于公董局与法领事馆的事务,譬如,专门顾问员、教法国兵英文教员、会场记录等那些事就全都由庶务处来办理。种植培养处,1930年(民国19年)名公

---

① 此处有误,应为民国7年。——整理者注

园种植处,到1932年(民国21年)缩小范围,改为此称,它所管理的,如法国公园等。说起法国公园(一名"顾家宅花园")1911年6月(宣统元年五月)造成,次月开放,最初华人不好进去游览,直至1927年(民国16年)7月1日起始取消禁条,准许华人入内。司法顾问处,这段话讲起来很多,换句话说,就是要从这里讲到法租界的司法方面的事,法租界在1859年(咸丰九年)就成立了一个违警罪裁判所,到1869年(同治八年)继公共租界会审公廨之后,设立法公廨(就是法租界会审公堂)。但会审很特别,虽由中国道台方面派了一个人去,却不论华人的民事刑事,都要由领事来会审,而且会审地点就在法领事署内,所以实际上并没有独立的会审衙门,直到1914年(民国3年)因划分外马路警权问题始,正式有会审公廨的设立规定。次年9月,廨所落成,地点在薛华立路,从那时起,才算有正式的会审公堂。1926年(民国19年)①中国收回公共租界会审公廨,于是法公廨的民事案件,法领公布命令,划归华官独审。1930年(民国19年)公共租界的临时法院三年期满,由国民政府改为特区法院,于是法公廨的刑事也经法领布告,悉由华官审判。到1931年(民国20年)7月28日,法公廨亦被收回,成立协定十四条,唯其中附件第三条规定,法租界中应设律师一职,倘若公董局有了诉讼,公董局为诉讼当事人时,他就代表公董局出庭,再在种种情形方面,这位律师要做监察人,执行检察职务,因此便组织了这个司法顾问处,里面设法国律师一人、中国律师二人至四人,以及书记等职。现在再回转来讲讲直属法总领事的警务处。警务处里面,共分8科,即:一、总务科;二、文计科;三、政事科——下有搜索队;四、警捕科——下设中央捕房;五、治安科;六、法警科;七、查缉科;八、俄捕科。至于公董局地点,一直在大自鸣钟那边,房子是1862年(同治元年)造,至今已有71年历史,到今年6月15日却搬了家。市政总理处等搬到霞飞路1212号,财务科属下的金库股、捐务股等搬到善钟路230号,以上是法租界行政机关与技术机关的组织情形。

四、马路讲话

上面说得很枯燥,现在来说一点小小余兴罢。我们普通只知道法租界上有一条中国人名的马路,即朱葆三路。其实,另外还有一条中国人名的马路,有许多人却不大留意。因为这条路,像弄堂差不多,也实在不好认,地点是在巨籁达路那边,名叫麟桂路,这不用说是纪念沪道麟桂的。法租界也有马房名字的马

---

① 此处有误,应为民国15年。——整理者注

路,像善钟路,善钟两字原来是个马房名字,后来才一变而为路名。至于敏体尼荫路是纪念法租界的创造者——敏体尼领事,爱棠路是纪念法领爱棠(不过这条马路现在还没有造好,地段是在徐家汇那边)、白藻泰路(现在恐怕已没有,原在水电厂那边)、甘司东路、雷米路也是纪念以上三个人的,固然也不用讲了,但记住是必要的。霞飞路原叫宝昌路,欧战后改今名,以纪念霞飞大将;福煦路是纪念福煦大将;贝当路是纪念贝当大将;还有环龙路,是纪念1911年(宣统三年)初次到上海来的一位法国飞行家——环龙,当他到了上海,在江湾天空表演飞行术的时候,我曾经去看过,也曾经亲眼看见他的飞机跌下来。杜美路是纪念越南总督杜美的,他曾在1900年(光绪二十六年)派了二十九名安南巡捕到上海来,安南巡捕到上海,此为第一次。再说英法两租界是以洋泾浜来做分界线,但这条洋泾浜,为了便利两界交通起见,从1914年(民国3年)填起,到1916年(民国5年)填成现在的马路了,取名英皇的名字(Edward VII),Edward照法文读起来,即成为爱多亚的译名,法租界的马路名字典故还多,关系也很重大,不过一时讲不完,算了。

(整理者为上海书店出版社编辑)

文献目录

夏目漱石

《上海法租界纳税华人会会报》目录

劲　草　录入整理

整理者按：在上海法租界史研究中,除了《上海法公董局华文公报》外,《上海法租界纳税华人会会报》恐怕是最重要的中文原始资料之一,但它迄今却没有得到充分的重视和利用。现根据上海图书馆近代文献阅览室所藏缩微胶卷 J—0028,将该会报各期目录录入整理,以飨学界同好。

第 1 卷第 1 期(1936 年 3 月 7 日)

发刊词(杜月笙)
本会的沿革与组织(尚慕姜)
本刊诞生的经过
第四届代表大会之经过(师石)
法租界的沿革和面积(黍甘)
法租界公董局一九三六年预算案
本会章程
本会征求会员办法
大事日记(三月一日至四日)

第 1 卷第 2 期(1936 年 3 月 14 日)

颁布房租纠纷调解办法之商榷(董克昌)
局部问题(邵宝兴)
一周间(鼎元)——对外贸易转变的解剖——足食为当务之急——国人宜速计划植桐——上海地产业渐趋复兴——播音广告与商业道德
法租界的市政组织(香谷)
法租界公董局征收房捐章程
法租界公董局一九三六年预算案(续)
本月一二月份工作报告
大事日记(三月五日至十一日)

第 1 卷第 3 期（1936 年 3 月 21 日）
  中国的失业问题（洪田）
  筹征遗产税（香谷）
  制丝技术应求改良（霞轩）
  上海租界内之娼妓问题（诸文绮）
  法租界的诞生（上）①（董枢）
  本会执行委员会组织规则
  法租界医师牙医助产士兽医执行业务章程
  法租界管理国医执行业务章程
  法租界公董局一九三六年预算案（续）
  大事日记（二十五年三月十二日至十八日）
  会员录（一）

第 1 卷第 4 期（1936 年 3 月 28 日）
  个人与团体之关系（尚慕姜）
  阻止航空救国捐（吴修）
  票据承兑（师石）
  增加华董（香谷）
  法租界的诞生（下）②（董枢）
  法租界管理药房营业章程
  法租界公董局一九三六年预算案（续）
  法租界中国药材药剂门市发售章程
  大事日记（二十五年三月十二日至十八日）
  会员录（二）

第 1 卷第 5 期（1936 年 4 月 4 日）
  法租界的儿童（蔡洪田）
  贷款与改进生产（黄香谷）
  麦粉检验标准之改革（瞿振华）
  中国的纺织业（王德言）
  旧有辅币应早收回（李维良）

---

①② 本文节录自《上海市通志馆期刊》第 1 期"法租界的摇篮时期"。

房捐计算法(师石)

人力车减租问题(黍甘)

法租界医院疗养院取缔规则

法租界毒性物质及医药化学卫生用品之制造及批发章程

法租界管理活剖解章程

法租界公董局一九三六年预算案(续)

会员录(三)

大事日记(三月廿六日至四月一日)

第1卷第6期(1936年4月11日)

敬告纳税同胞(香谷)

鱼市场问题(黍甘)

读中行报告书(元明)

银行界投资工商业(龚静岩)

茶叶检验标准(杜刚)

人力车减租问题解决(霞轩)

读法租界公董局一九三六年预算案(黄香谷)

太平天国时期的法租界[①](董枢)

本会第二期征求会员工作区域

法租界家畜染有传染病时应守规则

会员录(四)

大事日记(廿五年四月二日至七日)

第1卷第7期(1936年4月18日)

衣食住行进口物品(洪田)

中法国际贸易(吴修)

纺织业的危机(霞轩)

鱼市场成立(黍甘)

银币调换问题(瞿振华)

上海法国学校概况(胡祖荫)

本会三月份工作报告(师石)

---

① 本文节录自《上海市通志馆期刊》第1期"法租界的摇篮时期"。

法租界管理自备包车章程
法租界管理自备包车拉车执照章程
法租界公园章程
会员录（五）
上海法租界纳税华人会章程
大事日记（廿五年四月八日至十四日）

第1卷第8期（1936年4月25日）
禁烟拒毒（吴修）
分类营业章程（香谷）
所得税（森禹）
茶业的纠纷（杜刚）
禁烟之刑罚与感化（杜月笙）
法租界的人口（黄香谷）
上海法租界公董局管理分类营业章程
大事日记（廿五年四月十六日至二十二日）
会员录（六）

第1卷第9期（1936年5月2日）
本市工商业愈趋衰弱（香谷）
本年第一季对外贸易（霞轩）
国际贸易与包装问题（杨霖庆）
四底难关安然渡过（瞿振华）
法租界初步的发展（上）①（董枢）
法租界公董局管理饮料制造章程
法租界公董局管理公用人力拉车执照章程
法租界公董局管理分类营业章程（续）
大事日记（廿五年四月廿二日至廿八日）
会员录（七）
上海法租界纳税华人会章程

---

① 本文节录自《上海市通志馆期刊》第1期"法租界的摇篮时期"。

第 1 卷第 10 期（1936 年 5 月 9 日）

展长调换法币期限（洪田）

农本局（香谷）

本年第一季洋米进口数量（振华）

法租界初步的发展（下）①（董枢）

法租界公董局管理职业介绍所章程

大事日记（廿五年四月廿九日至五月五日）

法租界公董局管理分类营业章程（续）

会员录（八）

上海法租界纳税华人会章程

第 1 卷第 11 期（1936 年 5 月 16 日）

八个月的死亡数（吴修）

茶业统制（杜刚）

鱼市场开幕（香谷）

制造货物关栈章程（师石）

管理药房营业章程的修正

中国药材药剂门市发售章程的修正

法租界第一次的扩张（上）②（董枢）

本会四月份工作报告（师石）

法租界公董局管理饮料营业章程

大事日记（廿五年五月六日至十二日）

法租界公董局管理分类营业章程（续）

会员录（九）

第 1 卷第 12 期（1936 年 5 月 23 日）

敬告冰鲜鱼行业（黍甘）

电话问题（蔡洪田）

纺织业应速设法救济（吴修）

火柴产业销联营（师石）

法租界第一次的扩张（下）③（董枢）

---

① 本文节录自《上海市通志馆期刊》第 1 期"法租界的摇篮时期"。

②③ 本文节录自《上海市通志馆期刊》第 1 期"上海法租界的长成时期"。

本会四月份工作报告(续完)(师石)
法租界公董局管理分类营业章程(续)
大事日记(廿五年五月十三日至十九日)
会员录(十)

第 1 卷第 13 期(1936 年 5 月 30 日)
保障法币宣言(香谷)
二十五年度国家普通总概算(杜刚)
公民训练(吴修)
法租界公董局的创设(上)①(董枢)
法租界公董局管理公用客车章程
留柩在家执照费
法租界公董局管理分类营业章程(续)
大事日记(廿五年五月二十日至二十六日)
会员录(十一)

第 1 卷第 14 期(1936 年 6 月 6 日)
同业公会法亟宜改订(洪田)
划一图书价目(黍甘)
法租界公董局的创设(中)②(董枢)
法租界公路章程
一九三六年度临时预算表
大事日记(廿五年五月二十七日至六月二日)
法租界公董局管理分类营业章程(续)
会员录(十二)

第 1 卷第 15 期(1936 年 6 月 13 日)
界内征捐办法应改善(师石)
国民经济建设运动(元明)
植物油料厂(杜刚)
六三纪念文稿(杜月笙)

---

① 本文节录自《上海市通志馆期刊》第 1 期"上海法租界的长成时期"。
② 本文节录自《上海市通志馆期刊》第 2 期"上海法租界的长成时期"。

法租界公董局管理饮料营业章程
法租界公董局的创设(下)①(董枢)
公民训练处告市民书
法租界公董局管理公用客车章程
上海法租界公董局一九三六年十二月三十一日决算表
会员录(十三)
大事日记(廿五年六月三日至六月九日)

第 1 卷第 16 期(1936 年 7 月 1 日)
本月五月份工作报告
本刊改为半月刊启事
法租界领事馆和公董局的第一次内讧②(董枢)
震旦博物院(朱志鸣)
垃圾章程
会员录(十四)

第 1 卷第 17 期(1936 年 7 月 16 日)
法租界改组后的公董局③(董枢)
法租界管理游历经过上海租界人之汽车照会与驾驶执照章程
灭绝蚊患章程
法租界的汽机管理章程
会员录(十五)

第 1 卷第 18 期(1936 年 8 月 1 日)
本会六月份工作报告
法租界四明公所的第一次流血案④(董枢)
法租界的汽机管理章程(续)
会员录(十六)

第 1 卷第 19 期(1936 年 8 月 16 日)
法租界四明公所的第一次流血案⑤(董枢)

---

①②③④⑤　本文节录自《上海市通志馆期刊》第 2 期"上海法租界的长成时期"。

法租界四明公所的第二次流血案①(董枢)

法租界征收地捐章程

会员录(十七)

第1卷第20期(1936年10月1日)

法租界四明公所的第二次流血案(续)②(董枢)

本会九月份工作报告

法租界管理游历拖车章程

法租界惩罚滥揿喇叭车辆章程

会员录(十八)

第1卷第21期(1936年11月16日)

法租界第二次的扩张③(董枢)

公共租界商店食品输入法租界贩售章程

公路及建筑章程的修正

会员录(十九)

上海法租界纳税华人会章程

第1卷第22期(1936年12月1日)

上海农家的占验(蔚南)

公董局管理营造事业的新章程

特区史胜(编者)

会员录(二十)

第五届代表大会特辑(1936年12月17日)

第五届代表大会提案汇编

本会二十五度工作报告——甲、重要案件之处理经过,乙、会议记录,丙、调查会员实况,丁、会报发行情形,戊、收发文件统计,己、二十五年度收支总报告

本会代表大会议事规则

上海法租界纳税华人会章程

---

①②③ 本文节录自《上海市通志馆期刊》第3期"上海法租界的发展时期"。

代表名录
职员名录

第 2 卷第 1 期(1937 年 1 月 16 日)
法租界第二次的扩张(续)①(董枢)
春申君庙考(火山)
法租界的救护车章程
法租界书寓章程
本会十月份工作报告
特区史胜
本会法规汇编

第 2 卷第 2 期(1937 年 2 月 1 日)
法租界公董局一九三七年预算案(一)
西药房夜间服务办法
国药号反对药剂捐之风潮
闲话徐园(流涯)

第 2 卷第 3 期(1937 年 2 月 16 日)
中法战争时代法租界的情形②(董枢)
法租界公董局一九三七年预算案(二)
特区史胜

第 2 卷第 4 期(1937 年 3 月 1 日)
庚子联军时代法租界的情形③(董枢)
法租界公董局一九三七年预算案(三)
莳花展览史略
公董局管理学校章程

第 2 卷第 5 期(1937 年 3 月 16 日)
震旦博物院史略(上)

---
①②③ 本文节录自《上海市通志馆期刊》第 3 期"上海法租界的发展时期"。

英国人在纪念赫德

法租界公董局一九三七年预算案（四）

公董局管理私立无线电播音台章程

西药房夜间服务办法

第 2 卷第 6 期(1937 年 4 月 1 日)

法租界的多事时期（上）①（董枢）

震旦博物院史略（下）

本会二十五年度工作报告

特区史胜

第 2 卷第 7 期(1937 年 4 月 16 日)

法租界的多事时期（下）②（董枢）

越界筑路案交涉之回顾

上海的隐语谜语和切口（上）（吴企云）

本月一二月份工作报告

特区史胜

第 2 卷第 8 期(1937 年 5 月 1 日)

法租界公董局的改组（上）③（董枢）

公董局一九三六年度财政状况

上海的隐语谜语和切口（下）（吴企云）

垃圾章程

特区史胜

第 2 卷第 9 期(1937 年 5 月 16 日)

法租界公董局的改组（下）④（董枢）

公共租界越界收捐的开始

上海图书馆协会史略

法租界公董局管理徐家汇公墓章程

特区史胜

---

①②③④　本文节录自《上海市通志馆期刊》第 4 期"法租界的多事时期"。

法租界西药房夜间服务办法
上海法租界纳税华人会章程

第 2 卷第 10 期（1937 年 6 月 1 日）
法租界公董局华员的罢工（上）[①]（董枢）
记美教会创设的圣约翰大学
本年度市卫生局的防疫设施
上海市二十四年度职业介绍统计
公董局各组委员名单
特区史胜
上海法租界纳税华人会章程

第 2 卷第 11 期（1937 年 6 月 16 日）
法租界公董局华员的罢工（中）[②]（董枢）
本会三四月份工作报告
法租界自用及出租汽车税的修正
法租界西药房夜间服务办法
特区史胜

第 2 卷第 12 期（1937 年 7 月 1 日）
法租界公董局华员的罢工（下）[③]（董枢）
本市识字教育推行概况
西人目光下的上海市（苦耶）
公董局灭蝇蚊患办法
第二特区市民联合会会章
特区史胜

第 2 卷第 13 期（1937 年 7 月 16 日）
国民大会的意义（杜月笙）
本市公民投票须知
国民大会宣传要点

[①][②][③] 本文节录自《上海市通志馆期刊》第 2 卷第 1 期"法租界的多事时期（下）"。

国立暨南大学概况
上海的发展（徐蔚南）
上海市政府的人事行政（上）（蒋慎吾）
公共租界副总巡杨格讲警队历史
特区史胜

上海《法租界纳税华人会会员录》(二)

陆 烨 整理

会员录(四)		
姓 名	职 业	住 址
李俊臣	商	东自来火街九十一号
？阿毛	成衣	东自来火街八十五号
★	肉	菜市街二零三号
★	学	菜市街一八一号
★	成衣	菜市街一七九号
★	学	菜市街一八五至一八七号
★	烛业	八里桥街一四六号
★	烟纸	宁兴街宝裕里二十五号
★	茶叶	宁兴街宝裕里二十四号
★	洋行	宁兴街宝裕里一号
★	账房	宁兴街宝裕里九号
★	报馆	宁兴街宝裕里八号
★	探员	宁兴街宝裕里七号
★	商	宁兴街宝裕里六号
★	商	宁兴街宝裕里五号
★	工部局	宁兴街宝裕里四号
★	银行	东新桥街馀顺里一号
★	★	东新桥街馀顺里三号
★	商	东新桥街馀顺里十号

* 文中"？"代表字迹无法辨认,"★"代表文字缺失。

（续表）

姓　名	职　业	住　　　址
★	商	东新桥街馀顺里十一号
★	洋货	东新桥街馀顺里十二号
★	洋货	东新桥街馀顺里十三号
★	★	东新桥街馀顺里十五至十六号
★	颜料	东新桥街馀顺里二十三号
★	缝衣	东新桥街馀顺里二十四号
★	★	东新桥街馀顺里二十一至二十二号
王志良	洋货	东新桥街馀顺里十九号
钟国石	商	东新桥街馀顺里六号
陆才生	棉花	东新桥街馀顺里十七号
蔡守林	成衣	爱多亚路增初里九号
邱雲高	成衣	爱多亚路增初里八号
丁鹤春	商	爱多亚路宏馀坊六十四号
王佩芝	报贩	爱多亚路宏馀坊二号
马文青	钟表	东新桥街永庆里十四号
王灏初	百货	菜市街懿德里五号
李?志	票?	菜市街懿德里六号
王永有	学	菜市街懿德里九号
林清吾	煤炭	菜市街懿德里十七号
朱老贵	舞场	菜市街懿德里十八号
胡宝珊	成衣	自来火街瑞福里五十一号
陆桂生	商	自来火街瑞福里五十号
张老四	南货	自来火街瑞福里四十九号
娄筱亭	商	自来火街瑞福里四十八号
姚　氏	住宅	自来火街瑞福里四十七号
陈长福	商	自来火街瑞福里四十六号

（续表）

姓　名	职　业	住　　址
林友清	跑街	自来火街瑞福里四十五号
顾定安	漆油	自来火街瑞福里四十四号
王福荣	酒	自来火街瑞福里五十七号
江雲泉	小贩	爱多亚路宝裕里十六号
应阿康	小贩	爱多亚路宝裕里十五号
邵世泉	大世界	爱多亚路宝裕里十四号
黄金福	洋行	爱多亚路宝裕里十一号
胡光惠	商	爱多亚路宝裕里十二至十三号
董功甬	洋货	爱多亚路宝裕里七十号
蒋仁甫	雕花	爱多亚路宝裕里七十四号
陆庆鸿	烟纸	爱多亚路宝裕里七十五号
顾德泰	水电	宁兴街二八二号
陈世德	热水	宁兴街二七六号
孙志超	麻油	宁兴街二七八号
陈孝章	旅社	宁兴街二七零号
李洪生	绸庄	八里桥街六十二号
张祥甫	酱园	东新桥街七十一至七十二号
孙玉发	商	八里桥街友益里二号
刘仕麟	海关	八里桥街友益里九号
顾芳荣	洋货	八里桥街友益里八号
宫秀山	工部局	八里桥街友益里七号
陈六一	地产	八里桥街友益里五号
林立春	商	爱多亚路宝裕里五十八号
张葆荣	机器	爱多亚路宝裕里六十三号
冯四宝	交易所	爱多亚路宝裕里五十九号
李鸿宾	医生	爱多亚路宝裕里六十四号

(续表)

姓　名	职　业	住　　址
顾小五	轮船业	爱多亚路宝裕里五十七号
梁禄瑜	旅社	爱多亚路宝裕里五十四号
江元成	米行	爱多亚路宝裕里五十二号
吴寿行	领事馆	爱多亚路宝裕里五十号
黄桂香	船业	爱多亚路宝裕里四十九号
宋廷甫	国医	爱多亚路宝裕里三十八号
毛永继	商	爱多亚路宝裕里四十二号
柴更生	戏院	爱多亚路宝裕里四十三号
徐豪樑	戏院	爱多亚路宝裕里四十四号
唐文忠	衣庄	东新桥街宝裕里五十九号
郑定行	学	东新桥街宝裕里五十六号
王德荣	旅社	东新桥街宝裕里五十六号
黄承周	教育	东新桥街宝裕里三十六号
陈梅生	酱油	东新桥街宝裕里四十号
周鹤文	商	东新桥街宝裕里五十一号
周文治	商	东新桥街宝裕里三十二号
林益初	烛纸	东新桥街宝裕里三十四号
萧子利	商	东新桥街宝裕里三十五号
蔡阿根	果业	东新桥街宝裕里四十五号
姚肇基	旅社	西自来火街十二号
司徒唐友	茶水	西自来火街二十六号
徐菊生	旅社	西自来火街二号
唐凤池	烟纸	八里桥路四十二号
步鸿印	医生	八里桥路三十四号
李世亭	医生	八里桥路十六号
陈双喜	理发	八里桥路二十二号

(续表)

姓　名	职　业	住　　址
宋钧伟	菜馆	八里桥路十八号
沈记霖	菜馆	八里桥路六号
马静霖	菜馆	八里桥路四号
张亚金	旅社	爱多亚路二九一号
赵庆祥	菜馆	爱多亚路四二七号
何晓东	教育	爱多亚路三零七号
李??	按摩院	爱多亚路三八五号
?政之	出版业	爱多亚路一八一号
蒋杏根	菜馆	东新桥街六至八号
张玉成	酱园	东新桥街十八号
?炳荣	理发	东新桥街十二号
陈廷甲	粥店	东新桥街三十七号
?大成	火腿	东新桥街五十号
袁伯俞	海店	东新桥街三十八号
?志?	烛店	东新桥街三十六号
?南山	粥店	八里桥路五十二号
??臣	商行	带钩桥寿康里七号
★	商行	带钩桥寿康里三号
★	袜厂	麦底安路寿康里二号
★	復升号	郑家木桥爱多里三号
★	颜料	磨坊街美华里三十六号
★	商	磨坊街大同坊三号
马怀信	医院	郑家木桥街二十九号
沈少卿	浴室	郑家木桥街二十五号
李秀文	饭店	郑家木桥街长江饭店
华玉峰	旅社	爱多亚路宝裕里六十六号

（续表）

姓　名	职　业	住　　址
尤德泉	小贩	爱多亚路宝裕里八十四号
赵承贤	当业	爱多亚路宝裕里八十五号
李廷琛	交易所	爱多亚路宝裕里八十八号
王子卿	机关	爱多亚路宝裕里九十一号
沈文义	小贩	爱多亚路宝裕里九十二号
邵阿兴	商	爱多亚路爱多里三号
詹行山	笔墨	东新桥街宝裕里二十八号
虞和霖	花边	东新桥街宝裕里十八号
张志祥	茶业	东新桥街宝裕里十七号
冯莲生	什货	兴圣街五十号
王斌荣	料器	兴圣街五十三号
黄增馥	毛纶	兴圣街义源盛号
张志源	料器	兴圣街四十七号
刘文藻	毛纶	兴圣街四十六号
李润生	毛纶	兴圣街四十一号
徐庆甫	料器	兴圣街三十九号
倪锡芳	毛纶	兴圣街三十三号
毛吕龄	笔墨	兴圣街三十八号
马吉亭	宝石	兴圣街三十一号
董裕章	颜料	兴圣街三十二号
张瑞堂	旅社	磨坊街新中和
王贵全	烟纸	宁兴街二四零号
余松乔	票号	爱多亚路三三五号
将曾明	煤炭	爱多亚路三五五号
沈信存	票号	爱多亚路三五七号
周阿根	旅社	爱多亚路三五一号

（续表）

姓　名	职　业	住　　址
张授荪	茶店	东自来火街四十七号
周和富	烟纸	东自来火街二十七号
沈仲英	旅社	郑家木桥街大方饭店
奚润根	旅社	东新桥街口大沪饭店
陈广海	铜店	东新桥街二十四号
徐祜庭	盹肝	东新桥街二十八号
沈根香	海店	爱多亚路四七七号
陈阿炳	粤菜	爱多亚路四一九号
司徒芬	汽车	爱多亚路三九九号
刘玉山	土产	八里桥路四十九至五十一号
孙宝发	旅社	八里桥路三十五至三十七号
王信甫	烟纸	八里桥路四十一号
向松坡	菜馆	八里桥路五号
姚亦祥	菜馆	八里桥路十九至二十一号
陈贵发	旅社	爱多亚路三八一号
朱洪昌	旅社	爱多亚路三七零号
杨友良	旅社	爱多亚路三八七号
石坤良	旅社	爱多亚路三八三号
周和尚	旅社	爱多亚路三八五号
崔鸿全	旅社	爱多亚路三八九号
彭敬基	鸡鸭	宁兴街二五六号
楼鸿钧	衣庄	宁兴街一四三号
李长海	理发	爱多亚路一六零号
许焕文	蛋行	爱多亚路二五四号
顾子雲	肉店	爱多亚路二四二号
陈崇德	钢业	爱多亚路德庆里八十一号

(续表)

姓　名	职　业	住　　址
印永丞	棉布	法大马路一零八弄一零三号
华荣宝	烟兑	法大马路一零八弄五十二号
刘敏齐	纸业	吉祥街德铭里二弄三号
易楠棋	五金号	吉祥街德铭里二弄一号
沈觐舜	颜料	吉祥街德铭里二弄二号
高子嘉	报关行	吉祥街德铭里二弄三号
会员录（五）		
★	★	吉祥街德铭里二弄一至三号
★	★	吉祥街德铭里二弄一至三号
★	★	紫来街渭文坊四号
★	★	紫来街渭文坊五号
★	★	紫来街渭文坊五号
★	★	紫来街渭文坊八号
★	★	老北门街中汇大楼门口
★	★	朱葆山路十一号三楼六十号
★	★	公馆马路一零五弄九十九号
★	★	爱多亚路德庆里七七号
★	★	天主堂街四十九号
★	★	天主堂街九十四号
★	★	天主堂街七十四号
★	★	天主堂街六十八号
★	★	天主堂街五十八号
★	★	天主堂街五十三号
★	★	天主堂街一百号
★	★	天主堂街九十二号
★	★	天主堂街九十四号

（续表）

姓　名	职　业	住　　址
★	★	天主堂街复兴里内东南公司
★	★	天主堂街八十二号
★	★	天主堂街广昌号
★	★	兴盛街八零号
★	★	兴盛街七十八号
★	★	兴盛街京江弄衡丰里
★	★	兴盛街七十六号
陆健如	棉业	兴盛街七十二号
傅锦灵	笔墨	兴盛街同虎臣号
金鹤亭	号栈	兴盛街六十七号
曹思芬	毛纶	兴盛街六十四号
王声隆	毛纶	兴盛街六十五号
毛钧甫	笔	兴盛街六十三号
刘文藻	毛纶	兴盛街五十八号
毛炳璋	颜料	兴盛街五十九号
林春生	什货	兴盛街五十五号
杨世亮	牛肉店	闵行路三十八号
叶贵富	酒业	洋行街一号
叶星樵	海行	洋行街一号
王赓茂	鱼业	裕兴街八号
李伟隆	理发	裕兴街瀛记理发店
吴广合	菜馆	裕兴街
戎承记	烟兑	裕兴街四十六号
秦连奎	水果	裕兴街二十四号
朱金荣	客栈	裕兴街二十号
乐甫茂	海味	洋行街五十二号

(续表)

姓　名	职　业	住　　址
李仲英	烟兑	民国路十二号
李如龙	旅社	民国路十七号
周浔棠	纸箔	民国路十六号
王？颂	烟纸	民国路十八号
董志远	旅舍	民国路十五号
吴稷荪	绸布庄	民国路小东门口
陈加添	当	民国路十三号
陈朝宗	当	民国路十一号
宋士珍	银楼	小东门大街
施宪祖	北货	洋行街五十一号
戚如璋	北货	洋行街六号
董志远	旅社	民国路二十号
陈懿赓	海味	洋行街十二号
陈鹤鸣	海味	洋行街八十九至九十三号
陈元赓	海味	洋行街一百十三号
张彦章	北货	洋行街四十八号
裘松堂	北货	洋行街七十七号
陆毓坤	北货	洋行五十号
裘明深	北货	洋行街一零三号
余和卿	海味	洋行街一一七号
裘晤山	北货	洋行街六十二号
杨文韶	糖业	洋行街四十四号
裘松龄	北货	洋行街四十六号
郭硕明	什货	洋行街五十七号
陈裕仁	糖行	洋行街福建路十五号
李荣堂	吟汽	洋行街二十号

（续表）

姓　名	职　业	住　址
郑翔周	糖行	洋行街五十五号
赵步松	北货	洋行街福建路十四号
陈永赓	北货	洋行街福建路三十号
孙守两	糖行	洋行街福建路十九号
吴全贵	旅社	民国路二十二号
葛庆生	旅社	民国路二十三号
周莲舫	中医	民国路民国里七号
金文达	五金	民国路民国里八号
王银生	商	民国路民国里九号
许俊德	玉器	民国路民国里十二号
陆金宝	商	民国路民国里十三号
邵宗记	保险	民国路民国里十四号
张富元	商	民国路民国里十六号
刘焘	纱厂	民国路民国里十七号
沈汉记	商	民国路民国里十九号
曹国良	丝巾庄	民国路民国里二十一号
张景德	洋广货	小东门大街二十五号
徐善行	鱼业	小东门大街三八至四九号
周宝如	鱼业	小东门大街三五至三七号
陈琳甫	鱼业	小东门大街三一至三三号
李名德	鱼业	小东门大街二零至二二号
翟鹤鸣	鲜鱼业	小东门大街四十九号
孙毅臣	鱼业	小东门大街十三号
沈明哲	渔水茶楼	小东门大街
邵之荣	菜馆	小东门大街四号
谢伯英	烟兑	小东门大街八十四号

(续表)

姓　名	职　业	住　　址
徐智龙	冰鲜	小东门大街四二至四四号
方国樑	鱼业	小东门大街二八至三零号
余锦涛	绍酒	小东门大街六二至六四号
钟松高	绍酒	小东门大街五十二号
郭昌泰	冰鲜	小东门大街四十四号
石元康	烟兑	小东门大街五十九号
孙照明	绸布庄	小东门大街一零五号
★	棉纱	小东门闵行路四十号
陈三林	菜馆	小东门闵行路二号
★	宵夜馆	小东门闵行路五号
★	烟兑	小东门闵行路七号
★	酒业	小东门闵行路六号
★	面馆	小东门闵行路十一号
★	菜馆	小东门闵行路十二号
★	粥店	小东门闵行路二十二号
★	理发	小东门闵行路三十五号
★	洗染	小东门闵行路三十七号
★	菜饭馆	小东门闵行路三十六号
★	牙科	小东门闵行路四十一号
★	牙科	小东门闵行路三十九号
★	饭店	小东门闵行路二十五号
★	菜馆	小东门闵行路二十四号
江良德	钟表	东新桥街首禄里四号
陆桂金	商	东新桥街首禄里五号
人金一	漆	东新桥街首禄里六号
吴单氏		东新桥街首禄里十号

（续表）

姓　名	职　业	住　　址
沈贵发	旅馆	东新桥街首禄里十一号
胡印瑞	纸业	东新桥街首禄里二十二号
穆家樑	棉花	宁波路原上里十二号
虞运来	纸行	东新桥街首禄里十四号
金恒昌	古玩	东新桥街首禄里十七号
汪孝存		东新桥街首禄里二十一号
刘贵宝	厂业	东新桥街首禄里二十四号
郑阿奥	厨业	东新桥街宝安坊一号
岑陈氏		东新桥街宝安坊二号
包李氏		东新桥街宝安坊三号
萧黄氏		东新桥街宝安坊五号
俞文忠	唱业	东新桥街宝安坊十一号
张万青	栈商	东新桥街宝安坊十六号
郭永华	电料	东新桥街宝安坊十七号
林修福	商	东新桥街宝安坊二十号
徐旭初	布	公馆马路笃行里十九号
陈钜川	商	公馆马路卜邻里二号
邱镇国	袜厂	公馆马路卜邻里七号
交通部上海电报局同人俱乐部		公馆马路卜邻里十号
郭　谦	商	公馆马路卜邻里十一号
汤德年	工业	公馆马路卜邻里十二号
黄旭东	商	公馆马路卜邻里十三号
萧子明	商	公馆马路卜邻里十四号
费肇基	棉布	公馆马路卜邻里十七号
石惠生	商	郑家木桥精益里一号
杨俊成	棉布	郑家木桥精益里二号

(续表)

姓　名	职　业	住　　　址
许荣卿	成衣	磨坊街明德里一弄三号
魏卜孚	国货	磨坊街明德里一弄六号
葛展雲	花边	磨坊街明德里一弄七号
陈美德	袜	磨坊街明德里一弄八号
陈浩	内衣	磨坊街明德里二弄一号
王辉芳	皮货	磨坊街明德里二弄三号
陈潮泉	花纱	磨坊街明德里一弄一号
唐忠剑	百货	郑家木桥精益里六号
宋仁记	商	郑家木桥精益里八号
王道明	木器	民国路民国里一号
许培春	法工局	民国路民国里四号
钱长林	商	民国路民国里五至六号
董志远	电车	西自来火街立贤里十九号
傅其华	商	西自来火街立贤里二十二号
方翔九	政界	西自来火街立贤里二十五号
裘金荣	无线电	民国路四二九号
顾一舟	戏馆	宁波路十号
陈洪年	邮政局	宁波路十二号
张乾绥	西药	宁波路十四号
赵福生	照相	宁波路十六号
陈炯心	海关	宁波路十八号
孙宗堂	颜料	宁波路二十号
郑正一	潮烟业	宁波路二十二号
胡祥枝	茶叶	西自来火街立贤里八号
冯人杰	织绸业	西自来火街立贤里十四号
查性初	校长	西自来火街立贤里十九号

(续表)

姓　名	职　业	住　　址
杨坤仁	商	西自来火街立贤里二十号
陈文元	商	西自来火街立贤里二十四号
贺兴记	洋行	西自来火街立贤里二十五至二十六号
陈秦鹤	旅社	东自来火街高第里四九一号
工杏雲	商	东自来火街原上里一号
会员录（六）		
毛子江	商	东自来火街原上里四号
周雲生	商	东自来火街原上里六号
洪宝善	商	东自来火街原上里七号
何茂记	商	东自来火街原上里八号
马祥生	商	东自来火街原上里九至十号
★	商	东自来火街锦衣坊十三号
★	棉布	东自来火街立贤里四号
黄月娥	商	东自来火街立贤里二十三号
★	商	东自来火街立贤里二十九号
★	医	东自来火街原上里二号
★	法工局	东自来火街原上里三号
★	洋货局	宁波路原上里二号
★	商	宁波路原上里三号
★	商	宁波路原上里四号
★	商	宁波路原上里五号
★	律师	宁波路原上里六号
★	无线电	宁波路原上里七号
★	商	宁波路原上里十一号
★	衣业	宁波路原上里十三号
★	棉织	宁波路原上里十四号

（续表）

姓　名	职　业	住　　址
★	包饭作	东新桥街首禄里一号
★	包饭作	东新桥街首禄里二号
★	成衣	东新桥街首禄里三号
★	漆业	八里桥街德行里十六号
★	★	西子来火街执中里廿三号
★	★	八里桥街德行里十七号
秦华渊	五金	西自来火街执中里廿六号
冯宝荣	西药	敏体尼荫路德行里一号
郑　多	实业	西自来火街执中里三十号
冯宝福	钟表	敏体尼荫路德行里二号
王昌锡	巡捕房	西自来火街执中里三十二号
林云卿	商	敏体尼荫路德行里四号
朵连生	医行职员	西自来火街执中里三十六号
吴铭卿	商	敏体尼荫路德行里五号
萧建庭	典当	西自来火街执中里三六号
孙景祥	西药	敏体尼荫路德行里六号
姚肇基	旅馆	西自来火街西仁美里一号
杨心正	学	八里桥街德行里三好
邹兴家	医	西自来火街执中里廿七号
许鸿昌	军界	敏体尼荫路德行里三号
符小弟	衣庄	西自来火街东仁美里三号
陆德福	巡捕房	西自来火街东仁美里二号
王初生	旅馆	西自来火街高第里二号
方道泉	保险公司	西自来火街执中里四号
沈文达	政界	西自来火街立贤里三号
载俊卿	商	西自来火街执中里七号

(续表)

姓　名	职　业	住　　址
孙盛洪	船业	西自来火街立贤里五号
田鸣青	商	西自来火街执中里八号
周志诚	洋行	西自来火街立贤里六号
周美华	缝衣	西自来火街执中里十二号
方素影	商	西自来火街立贤里七号
李泽鹤	商	西自来火街执中里十三号
鞋秉剑	汽车	西自来火街立贤里十一号
魏金城	巡捕房	西自来火街执中里十四号
陈菊如	报馆	西自来火街立贤里十二号
徐根福	商	西自来火街执中里十六号
赵继良	电料	西自来火街立贤里十三号
肖金奎	棉纱	西自来火街执中里十八号
陆兆麟	巡捕房	西自来火街立贤里十五号
钱福卿	推拿	西自来火街执中里廿号
周伯琪	针织厂	西自来火街立贤里十六号
张志卿	银楼业	西自来火街执中里廿一号
何长如	烟捐局	西自来火街立贤里十七号
彭锦荪	报馆	西自来火街执中里廿三号
乐荣记	弹词	西自来火街立贤里十八号
冯桂林	汾酒	磨坊街八五号
石　磊	酒业	一六三五七号
张文新	烟纸	磨坊街八九号
何宝龄	棉布	郑家木桥街一一六号
王道元	理发	磨坊街九三号
周福栋	布业	郑家木桥街一五二号
朱国彬	酒业	磨坊街九七号

(续表)

姓　名	职　业	住　　　址
徐永德	水管业	新桥街一一八号
徐德顺	匹头	磨坊街九八号
杨坤佘	玻璃	新桥街一一九号
万文彦	棉布	磨坊街一一号
顾小弟	柴行	新桥街一二七号
陈品山	旅馆	磨坊街一一六号
陈明森		新桥街一三八号
徐永德	船业	磨坊街一一八号
徐济林		新桥街一四一号
沈宝树	古玩	磨坊街一二四号
戴清泉	驾驶	新桥街一四二号
陈福安	旧货	磨坊街一四二号
朱宽顺	老虎灶	新桥街一四七号
赵文明	旧货	磨坊街一四四号
潘张氏		新桥街一四九号
郑友炳	煤业	郑家木桥街一二二号
陈跟记	裁衣	新桥街一五八号
张裕金	理发	郑家木街一一八号
王阿发	洗染	新桥街一五九号
黄如明	招牌	郑家木街一二四号
胡意松	鱼业	东自来火街一六零号
任克营	纸业	郑家木街一二六号
赵蓉荪	印刷	东自来火街一二六一二八一三零号
范鸿大	烟业	郑家木桥一三零号
戈荣生	工	东自来火街一二一号
周荣庭	棉布	郑家木桥一三四号

（续表）

姓　名	职　业	住　　址
俞文庭	印刷	东自来火街一六八号
胡雨庭	招牌	郑家木桥一三八号
方德才		东自来火街一七零号
石成?	布业	郑家木桥一四零一四二号
蔡和椿	烟纸	东自来火街一七四号
邵信荣	纸烟	郑家木桥一二九号
黄忠范	浴室	东自来火街一八零号
李祥麟	古玩	新桥街一三七号
黄德荣	茶馆	东自来火街一一八一二零号
王张记		东自来火街一三八号
张声著	糖果	八里桥街一四零号
顾莲芳	印刷	西自来火街一二八号
陈?刚	旅馆	八里桥街一四二号
高尉德	米业	西自来火街一三零号
陈何才	旅馆	八里桥街一六二号
徐金生	旅馆	西自来火街一五零号
陈老二		八里桥街一七四号
王雨香	医	西自来火街一八七号
顾宗文	医	八里桥街一七八一八零号
齐兆华	司法	西自来火街一九一号
孙华?	煤炭	西自来火街一一四六号
施锦雯	煤炭	西自来火街一九三一九五号
张翊祥	旅馆	八里桥街一四三号
王宝根	烟纸	西自来火街二零一号
严明扬		八里桥街一四四号
谢文彪	烟纸	西自来火街二零三号

（续表）

姓　名	职　业	住　　址
郭明才	道士	八里桥街一四七号
吴澄海	茶食	西自来火街二零五号
邱祖荫	旅馆	八里桥街一五二号
陈振声	麻袋	西子来火街二一五号
县玉成	医	八里桥街德行里一号
刘　纪	百货	西自来火街一二二号
蔡广和	成衣	八里桥街德行里四号
章金甫	商	西自来火街一四四号
陈定德	船商	八里桥街德行里五号
钱文辉	医	八里桥街一零五号
剀金忠	律师	八里桥街德行里六号
赵寅桂	煤业	八里桥街一零二号
方德才		八里桥街德行里七号
朱阿根	粥店	八里桥街一一九号
顾辅善	医行职员	八里桥街德行里八号
陈九洲	国医	八里桥街一二一号
陈金道	鞋	八里桥街德行里九号
蔡钟宝	糕团	八里桥街一二五号
朱经祥	成衣	八里桥街德行里十号
张根生	成衣	八里桥街一二七号
徐九华	电料	八里桥街德行里十一号
张仁甫	旅馆	八里桥街一三五号
朱玉梅		八里桥街德行里十二号
钱阿三	旅馆	八里桥街一三七号
张　炜	银行业	八里桥街德行里十四号
谢秉衡	建筑	爱多亚路中汇大楼三楼三零一号

(续表)

姓　名	职　业	住　　　址
龙？？	通讯社	中汇大楼五四二号
蒋信昭	会计师	中汇大楼三楼三零号
陈国樑	律师	中汇大楼六一零号
？世基	律师	中汇大楼三楼三三八号
顾志？	？磁	中汇大楼六三三号
周子全	棉花	中汇大楼三楼三四一号
张耀明	律师	萨陂塞路慈厚里后弄三号
许功甫	四合华行	中汇大楼三楼三四四号
陈　震	律师	中汇大楼五楼五二零号
陶鼎彝	沙厂	中汇大楼三楼三四八号
张葆棠	律师	中汇大楼五楼六一四号
宋云涛	律师	中汇大楼三楼三零八号住宅贝勒路梅兰坊二五号
刘季燮	复盛永号	中汇大楼五楼三四六号
夏仲卿	文具	中汇大楼三楼二四三号
高价人	纺织厂	中汇大楼三楼二二四号
汪铁山	律师	中汇大楼五楼三二四号
蓝佐侠	联益行	中汇大楼五楼五六号
潘肇邦	会计师	中汇大楼五楼三二七号
项本豪	进出口	中汇大楼五楼五零五号
张德恩	开发贸易行	中汇大楼五楼三四三号
钱利炳	利华矿	中汇大楼五楼三四五号
李寿彭	工程师	中汇大楼五楼五二一号
朱承勋	律师	中汇大楼五楼四一四号
郁君拔	律师	中汇大楼五楼五二三号
姚宝森	实业	中汇大楼五楼四二零号

(续表)

姓　名	职　业	住　　址
庄楚僧	运驳行	中汇大楼五楼五三九号
邵绳祖	律师	中汇大楼五楼四九五号
张梦熊	新闻界	中汇大楼五楼五三零号
费文康	西药	中汇大楼五楼五三四号
★	律师	中汇大楼五楼五三七号
★	永大	中汇大楼五楼五四零号
★	新光	中汇大楼五楼五四三号
★	律师	中汇大楼五楼四五零号
★	新艺	中汇大楼五楼五四六号
★	商店	中汇大楼五楼门口
★	立达工程行	中汇大楼五楼五三七号
★	国医	朱葆山路十一号三楼六十一号
上海???通讯社		中汇大楼五四八号五四九号
★	★	爱多亚路德庆里四十九至八十三号
★	毛毯	吉祥街一四号
★	律师	中汇大楼二楼二四九号
★	印刷	吉祥街一五号
★	商	吉祥街一八号
★	律师	中汇大楼二楼四九二号
★	西药	吉祥街二一号
★	广告	中汇大楼二楼四四三号
★	★	吉祥街二二号
★	律师	中汇大楼二楼四三四号
★	瓷器	吉祥街二三号
★	地产	中汇大楼二德四三八号
★	古玩	吉祥街二五号

(续表)

姓　名	职　业	住　　址
★	★	中汇大楼二楼四四五号
★	理发	吉祥街二七号
★	律师	中汇大楼二楼四四六号
★	★	吉祥街二八号
★	★	中汇大楼二楼四四七号
★	★	吉祥街三零号
★	★	爱多亚路一二三号三号
★	★	法大马路一五六号
姚抱真	全华贸易公司	中汇大楼五楼二零六号
何世铭	大中国火柴公司	中汇大楼五楼二三一号
吴复初	持正法律事务所	中汇大楼三楼三零七号
马振宗	律师	中汇大楼二三二号
徐懋昌	交易所	中汇大楼三楼三零九号
章述均		中汇大楼二三五号
徐懋棠	大丰庆纪纱厂	中汇大楼三楼三一五号
周端甫	进出口	中汇大楼二九七号
张连忠	洋纸	中汇大楼三楼三一四号
杨振雄	律师	中汇大楼二三八号
龙莲荪	轮船	中汇大楼三楼三一八号
王雨生	会计师	中汇大楼二四四号
陈炳泉	沙花	中汇大楼三一四号
陈文辅	船业	中汇大楼二四五号
吴子均	进出口	中汇大楼三二一号
金卉滋	棉花	中汇大楼二四六号
林瑞骥	明德经祖处	中汇大楼三楼三三五号
程仰升	商	中汇大楼二四八号

（续表）

姓　　名	职　　业	住　　　址
林瑞骥	建筑工程	中汇大楼三楼三三六号
陈竹生	商	老永安街十五号
王泽如	钱业	天主堂街四十二号
林慧波	进出口	永安街永安坊二号
黄颂平	烟兑	天主堂街四十四号
范崧生	寅大号蜡烛业	永安街永安坊二号
孙耀文	酒	天主堂街四十八号
随承编	鼎记烟号	永安街永安坊二号
周善卿	木器	天主堂街同仁里二号至四号
胡树白	保险	永安街永安坊十六号
刘景文	钱业	天主堂街四十四弄一号
马载秋	棉布	永安街永安坊二十三号
徐赏奇	药房	天主堂街五十号
吴维之	轮船	永安街永安坊二十三号
戴云深	钱业	天主堂街五十二号
蔡向清	洋纸	永安街永安坊二十三号
胡秉衡	钱业	天主堂街五十四号
张炳元	报关	永安街永安坊二十四号
顾锦祥	丝棉	天主堂街六十二号
阮芝胜	报关	永安街永安坊二十四号
蔡骏坤	进出口	天主堂街六十四号
朱梅亭	丝绸	永安街永安坊二十七号
黄林森	棉业	天主堂街六十六号
曾授用	烟业	永安街永安坊十九号
张芸梵	丝棉	天主堂街七十号
余德骏	堆栈	老永安街九号

（续表）

姓　名	职　业	住　　址
厦小愚	详什	天主堂街七十二号
濮礼庭	洋纸	老永安街永安坊四号
黄元吉	号栈	天主堂街七十六号
欧阳道达	政	老永安街永安坊二号
陆顺武	报关	天主堂街七十八号
曹味蕽	纸	老永安街永安坊四号
王立功	旅业	天主堂街复兴里永安旅馆
吴培珊	杂货	老永安街永安坊二号
徐若愚	车行	天主堂街四十三号
俞瑞甫	报关	老永安街二号
傅裕福	纸业	吉祥街一号
林作念	花边	天主堂街三十三号
尹福全	玻璃	吉祥街五号
会员录（七）		
★	★	天主堂街三十四号
★	★	吉祥街八号
★	★	天主堂街四十号
★	★	吉祥街十一号
★	★	民国路二零二号
★	★	新永安街益新里五十号
★	★	民国路一九八号
★	★	新永安街十六号
★	★	民国路泰兴里八号
★	烟兑	新永安街二十二号
★	★	民国路一八一号
★	★	新永安街二十四号

（续表）

姓　名	职　业	住　　址
★	★	民国路一七四号
★	★	新永安街三十六号
★	★	民国路一七二号
★	★	新永安街三十八号
★	★	民国路一七一号
★	★	新永安街四十三号
★	★	民国路一六八号
★	★	新永安街四十一号
★	★	民国路新开河
★	★	新永安街四十四号
★	★	民国路新开河
★	★	新永安街四十八号
★	银行	民国路天主堂街口交通银行
★	★	新永安街四十九号
陈声涛	瓷器	民国路一五二号
杨永发	点心	新永安街五十三号
余永祥	海味	民国路一五三号
孙德寿	卡车	新安街五十三号
梁规吾	报关	永安街四号
吕志涌	理发	新永安街五十七号
詹泰来	报关	永安街八号
汤其刚	酒行	新永安街？号
邬文典	纸行	永安街八号
龙襄臣	纸厂	新永安街十七号
谢永藻	商	新永街永安龙安里五号
竺芝祥	商栈	新永安街十四号

(续表)

姓　名	职　业	住　　　址
李从秀	海味行	新开河
刘明芳	堆栈	新永安街二十九号
陈基志	出口	永安街龙安里一号
谭绍林	粥店	新永安街五十号
林雁友	出口	永安街龙安里二号
何庆赓	火腿	新永街四二号
伍泽淇	出口	永安街龙安里一六号
高少卿	酒	新永安街六十七号
钱芝芳	酱油	新永安街六十七号
孙惠堂	莶业	老永安街普安里
冯毛荣	面馆	新永安街七十三号
刘安庆	莶业	老永安街普安里
陆金水	烟兑	新永安街五十八号
李樵甫	报关	老永安街普安里六号
陈云山	麻袋	新永安街七五十号
袁贤来	绍酒	老永安街益新里二十九号
朱祥林	肉庄	新永安街六十四号
金志鸣	麻袋	老永安街四十四号
唐骏记	皮鞋	新永安街六十号
陈富才	烟叶	老永安街同安里一百号
王维贤	南货	新永安街七十九号
史润生	柏油	老永安街同安里一百号
施福廉	煤炭	新永安街五十四号
蔡巨川	芝麻	老永安街同安里十二号
陈秩候	典业	老永安街五十一号
张沐清	糖	老永安街同安里十三号

（续表）

姓　名	职　业	住　　址
陈文德	麻袋	老永安街四十九号
施佐卿	蒸业	老永安街同安里八号
朱钧荣	？印	老永安街四十三号
鲍松龄	糖	老永安街九号
钟陆氏	广色	老永安街四十五号
朱丰盛	烟叶	老永安街五号
陆克修	米商	老永安街三十五号
黄绳祖	杂粮	老永安街四号
徐熙春	烟兑	老永安街五十六号
陈瑞宏	烟叶	老永安街六号
顾仁林	麻袋	老永安街五十四号
郭豫生	棉纱	老永安街三号
陈明祥	麻袋	老永安街五十二号
商佐成	杂糖	老永安街同安里二号
魏张根	商	老永安街五十号
俞春铺	绍酒	老永安街同安里号
程季良	油蜡	老永安街普安里七号
严亦庄	棉花	老永安街同安里一号
周柏生	报关	老永安街普安里八号
张明甫	木作	老永安街三十二号
周宏元	白蜡	老永安街普安里十号
邵锡九	海味	老永安街
吴桂林	茶馆	老永安街普安里十号
徐正顺	麻袋	老永安街二十五号
郭柏如	商	法大马路升平里七号
陈耀达	典	法大马路升平里一四号

(续表)

姓　名	职　业	住　　址
邓金光	商	法大马路升平里八号
陈继武	警	法大马路升平里二零号
李干记	申庄	法大马路升平里二十七号
范　均	五金	法大马路升平里一零号
陆咏善	商	法大马路升平里十九号
郑月三	凭东	法大马路升平里三零号
陈济华	商	法大马路升平里二零号
严光耀	公司	法大马路兴富里三弄六号
黄渭源	商	法大马路升平里十七号
魏藜生	商	法大马路兴富里二弄七八号
许炳章	船航	法大马路升平里二三号
殷受根	烟	法大马路兴富里三弄三号
周志刚	米业	东自来火街兴富里三号
张静园	洋货	法大马路兴富里三弄四号
李和卿	律师	东自来火街兴富里四号
徐筱悌	腌腊	东自来火街兴富里十九号
邓赵氏	典	东自来火街兴富里四弄七号
张华才		东自来火街兴富里二零号
蔡锦润	成衣	东自来火街兴富里八号
罗春生	西菜	东自来火街兴富里二弄一号
严正袍	商	东自来火街兴富里七十二号
徐仲卿	工部局	东自来火街兴富里四弄一号
杨女士	教员	东自来火街兴富里五六号
林宝逸	仁义善	新桥街振新北里三号
戴王氏		东自来火街兴富里五弄七号
乐振葆	商	新桥街九二号

(续表)

姓　名	职　业	住　　址
徐维德	邮局	东自来火街兴富里五弄八号
戴远如	医	宁波路四八号
杨小鹤	账房	东自来火街兴富里一弄一号
周炳生	油漆	磨坊街六五号
孙妙容	交易所	东自来火街兴富里五弄六号
陆海祥	茶馆	磨坊街六九号
邬森才	菸所	东自来火街兴富里二号
陶勒生	煤炭	磨坊街七一号
林永德	交易所	新坊街招新南里三号
水荣棠	棉布	磨坊街七三号
刘云初	布号	磨坊街招新南里二号
陈兆初	茶馆	磨坊街七七号
冯孙眉	学	磨坊街振新北里一号
徐邦达	绍酒	磨坊街振新北里七八五号
严阿四	木匠	蓝维霭路兴安里五号
庄圣福	包饭作	蓝维霭路兴安里三号
曹庆元	印刷	蓝维霭路兴安里十二号
朱云生	烟纸	蓝维霭路兴安里八号
李乐氏	西乐队	蓝维霭路四十五号
霍学富	鞋庄	蓝维霭路四十六号
胡根富	理发	蓝维霭路一零五号
瞿泉生	羊肉	蓝维霭路一一九号
倪文章	圆作	蓝维霭路一三六号
马永庆	烛业	蓝维霭路一二七号
李寿昌	粮食	蓝维霭路兴安里一号
陈鹤筹	押当	蓝维霭路兴安里一零二号

(续表)

姓　名	职　业	住　　址
杨行洲	米	蓝维霭路兴安里一零一号
杨连山	茶馆	蓝维霭路兴安里九十八至九十九号
陈月波	押当	蓝维霭路兴安里
胡庆泉	电车	贝勒路恒庆里六十二号
欧庆棠	呢绒	贝勒路恒庆里六十一号
寿祖昌		贝勒路恒庆里六十号
犹轶东	轮船	贝勒路恒庆里三十五号
赵泽民	食品	贝勒路恒庆里七十八号
严恩椿	教育	贝勒路恒庆里五十六号
李世钦	政	贝勒路恒庆里四十号
陆灿庭	袜	贝勒路恒庆里四十四号
蔡伯韬	什粮	贝勒路恒庆里十六号
周游翔	促险	贝勒路恒庆里十七号
郑筼麓	轮船	贝勒路恒庆里十八号
郑禹臣	公司	贝勒路恒庆里十九号
李清法	染坊	白尔路三一二号
曹景云	粮食	白尔路二七五号
钱安定	煤炭	白尔路二零八号
孙承泉	烟纸	白尔路三零四号
黄尚宾	烟纸	白尔路二八八号
王云生	木作	白尔路三零零号
陆连财	西式缝衣	白尔路二九八号
高金林	旅馆	白尔路二九六号
陈山海	商	白尔路二八六号
王凤扬	警	白尔路二八零号
赵勃海	烟纸	白尔路二七八号

(续表)

姓　名	职　业	住　　址
张志高	茶叶	白尔路二七二号
陆林海	饼干	喇格纳路九七号
宋志铭	印刷	喇格纳路一九一号
吴荣生	洗染	茄勒路四号
梁振汉	煤炭	茄勒路六号
李小顺	缝衣	茄勒路八号
赵海泉	小贩	茄勒路十号
黄长云	车木	茄勒路十二号
吴时霖	百货	茄勒路四十二号
李福连	炒货	平济利路四十九号
徐光裕	商	平济利路四十五号
陆瑞鼎	杂货	爱来格路三鑫里十八号
王大吉	钟表	爱来格路三鑫里十九号
会员录（八）		
施海泉	商	爱来格路三鑫里二十号
胡惠堂	制贩所	爱来格路三鑫里二十二号
倪壮衡	商	爱来格路三鑫里十三号
陈兰椿	商	爱来格路三鑫里十六号
★	商	爱来格路三鑫里十二号
余炳生	木业	爱来格路三鑫里十一号
薛	米业	爱来格路三鑫里九号
王振兴	商	爱来格路三鑫里十号
★	洋行业	爱来格路三鑫里八号
★	成衣	爱来格路三鑫里三十七号
★	商	皮少耐路厚德里八号
★	报	皮少耐路厚德里五号

（续表）

姓　名	职　业	住　　址
★	打字机	皮少耐路厚德里六号
★	杂粮	皮少耐路厚德里四号
★	★	皮少耐路厚德里四号
★	★	爱来格路新民坊五号
★	★	喇格纳路六十六号
★	成衣	爱来格路鼎宁里二十二号
★	成衣	爱来格路鼎宁里二十一号
★	★	爱来格路鼎宁里十九号
★	五金	爱来格路鼎宁里十八号
★	铜业	爱来格路鼎宁里十七号
★	肉业	爱来格路鼎宁里三十五号
★	茶叶	爱来格路鼎宁里三十三号
★	洋粉	爱来格路鼎宁里三十一号
★	商	爱来格路鼎宁里三十号
汪冯氏	商	爱来格路鼎宁里二十九号
周锦如	厨司	爱来格路鼎宁里二十七号
沈金宝	工业	爱来格路三鑫里二十三号
张品三	商	格洛克路紫阳里七号
邬生宝	成衣	格洛克路紫阳里一号
严行方	商	格洛克路紫阳里三至四号
马仁清	成衣	爱来格路鼎宁里一号
吴芝香	船业	爱来格路鼎宁里二号
陈阿毛	船业	爱来格路鼎宁里三号
崔炳根	商	爱来格路鼎宁里四号
曹卜氏	商	爱来格路鼎宁里五号
趣鸿全	旅业	爱来格路鼎宁里六号

(续表)

姓　名	职　业	住　　址
赵关森	商	爱来格路鼎宁里七号
卜根林	商	爱来格路鼎宁里八号
周瑞德	商	爱来格路鼎宁里九号
陈庆富	交易所	爱来格路鼎宁里十号
唐杏生	电车	爱来格路鼎宁里十一号
贺性考	绸业	爱来格路鼎宁里十二号
趣阿金	缝衣	爱来格路鼎宁里二十三号
杨鸿庆	艺术	爱来格路鼎宁里二十五号
王兆能	学界	爱来格路鼎宁里二十六号
俞芝松	军	爱来格路三鑫里二十四至二十五号
华正纲	公司	爱来格路三鑫里二十六号
王文樵	交易所	格洛克路阴余里二十七号
高爵禄	成衣	格洛克路阴余里三十二号
汪旭初	当	格洛克路阴余里二号
沈耀臣		格洛克路阴余里五十一号
沈张氏		格洛克路阴余里十九号
张金福	成衣	格洛克路阴余里三十七号
陈老太	商	格洛克路阴余里五十三号
魏林氏		格洛克路阴余里十七号
马召弟		格洛克路阴余里二十一号
邵美中	国药	霞飞路六十四至六十六号
唐星照	电业	麦高包禄路一三三号
金春廷	裱画	麦高包禄路一二一号
李德峻	业鞋	恺自尔路四十九号
蒋培生	商	格洛克路四十九号
唐张氏	商	格洛克路阴余里七号

(续表)

姓　名	职　业	住　　　址
严士金		格洛克路阴余里六号
吴孚麟	糖行	格洛克路阴余里五号
胡贵卿	百货	格洛克路阴余里七号
高阿华	商	格洛克路阴余里八号
何金寿	成衣	格洛克路阴余里九号
何坤源	报馆	格洛克路阴余里一号
陈松山	商	格洛克路阴余里十二号
柳祖林	轮船	格洛克路阴余里十三号
华锦堂	烟兑	格洛克路阴余里二十五号
刘绗尧	工	格洛克路阴余里二十六号
姚笔基	旅业	格洛克路阴余里二十九号
王金平	营造	格洛克路阴余里三十一号
毛菊亭	棉花	格洛克路阴余里三十六号
冯炳祺	大司务	格洛克路阴余里三十九号
荣龄赓	邮局	格洛克路阴余里四十三号
郁志康	成衣	霞飞路四十六号
薛淦林	成衣	霞飞路六十二号
吴三媛	商	格洛克路竹邨三十三号
金长生	烟纸	格洛克路竹邨三十五号
柯双顺	洗染	华格臬路一零四号
胡钦青	江海关	华格臬路一一二号
陆玉山	理发	华格臬路一一四号
徐云祥	水果	华格臬路一一六号
陈甡记	点心	华格臬路一二三号
黄文雄	成衣	华格臬路一二六号
谢阿荣	木作	华格臬路一二八号

（续表）

姓　名	职　业	住　　址
傅金章	洗染	华格臬路一三四号
姚金取	饭店	华格臬路一五六号
林宝麟	电灯	华格臬路一三八号
王阿宝	煤炭	华格臬路一四零号
黄马氏		维尔蒙路三十一号
沈嘉庆		新桥街首禄二十三号
杨金生	电焊	平济利路六十一号
赵德明	鞋庄	平济利路一零三号
倪金贵	人力车	平济利路一零五号
陈洪义	木匠	平济利路一一一号
刘梦龄	学界	平济利路一一一号
凌长林	豆腐	平济利路一一五号
袁老虎	人力车	平济利路一二三号
张茂生	木匠	平济利路一一七号
曾进奎	大饼	平济利路一三一号
邹纪熊	木匠	平济利路一三三号
金德珠	煤炭	平济利路一三五号
王金宝	旧货	平济利路一三七号
钱荣山	茶园	西门路二号
胡顺光	菜馆	白尔路二五零号
张志茂	理发	白尔路二一一号
李谒三	贳器	白尔路二六二号
颜彦卿	酱园	白尔路三一八号
丁小妹	水果	白尔路一八九号
蔡忠芳	小贩	平济利路五十九号
？长庆	织绸厂	蓝维霭路白尔路口兴安里二号

（续表）

姓　名	职　业	住　　址
陈荔汀	学	蓝维霭路白尔路口兴安里四号
吴艺林	棉布	蓝维霭路白尔路口兴安里九号
林祥生	洋务	蓝维霭路白尔路口兴安里十号
董秋涛	药材	蓝维霭路白尔路口兴安里十三号
郭福昌	爱迪生	蓝维霭路余裕里五号
张长贵	船	蓝维霭路余裕里十五号
朱鸿源	报关	蓝维霭路余裕里二号
洪祖光	皮毛	蓝维霭路兴安里七号
陈烈甫	商	蓝维霭路兴安里六号
胡静秋	银行	蓝维霭路全裕里十二号
陈增奎	商	蓝维霭路全裕里十四号
孙源颖		蓝维霭路全裕里十三号
王增发	学	蓝维霭路全裕里十六号
张天维	洋行	蓝维霭路全裕里三号
张星北	房产	贝勒路恒庆里三号
胡毓康	电车	贝勒路恒庆里十号
朱秉照	清洁局	贝勒路恒庆里十二号
张元涛	地产	贝勒路恒庆里二十号
周　重	营造厂	贝勒路恒庆里二十三号
孙鹤卿	印刷	贝勒路马庆里二十号
邵子英	赛马会	贝勒路恒庆里二十一号
马良才	塌车	贝勒路恒庆里二十二号
周宪文	百货	贝勒路恒庆里四十二号
林静甫	天厨厂	贝勒路恒庆里三十八号
屠振鹄	律师	贝勒路恒庆里二十四号
王秋圃	电车	贝勒路恒庆里六十四号

（续表）

姓　名	职　业	住　　址
顾荣财	铜匠	平济利路四十八号
朱锡范	羽士	平济利路五十号
孔根武	洋货	平济利路五十二号
胡根生	板箱	平济利路十号
金荣庆	香烟	平济利路九十一号
龚祖望	煤炭	平济利路九十八号
高国宝	理发	平济利路一一八号
姜爱福	商	平济利路一二零号
叶霖生	烟纸	平济利路一二二号
孙德标	印刷	平济利路一四六号
马国任	大饼	平济利路一四八号
许阿六	人力车	平济利路一五零号
王有卿	旧货	平济利路一五四号
沙允武	医士	白尔路二六四号
郑国英	五金	白尔路一八四号
朱焕卿	寿器	白尔路三一四号
胡锡祺	学	格洛克路宁福里一号
陈金官	藤业	格洛克路宁福里三号
王阿才	小贩	格洛克路宁福里四号
王贵生	商	格洛克路宁福里六号
沈云卿	政	格洛克路宁福里七号
忻季槐	工厂	格洛克路宁福里八号
袁作新	洋务	格洛克路宁福里九号
屠松卿	成衣	格洛克路宁福里十号
沈金荣	建筑	格洛克路宁福里十一号
徐莘耕	医士	格洛克路宁福里十二号

(续表)

姓　名	职　业	住　　址
萧子贞	当	格洛克路宁福里十三号
蒋沈氏	商	格洛克路宁福里十四号
祝鹤鸣	弹子房	爱来格路志成里四号
王世昌	政	爱来格路志成里七号
顾华民	书寓	爱来格路志成里八号
陆顺发	政	爱来格路志成里九号
朱永华	水电业	爱来格路志成里十号
唐奎宝	面馆	格洛克路阴余里四十一号
李张氏		格洛克路阴余里四十二号
徐福寿	邮局	格洛克路阴余里四十四号
姚老四	商	格洛克路阴余里四十五号
余永探	蛋	格洛克路阴余里四十七号
瞿云山	小贩	格洛克路阴余里五十号
★	出店	格洛克路阴余里五十一号
★	米	格洛克路阴余里五十二号
陈姑娘		格洛克路阴余里三十八号
范午楼	五金	格洛克路阴余里四十号
沈蔼旅	旅业	格洛克路阴余里三十七号
★	水电	格洛克路阴余里二十三号
★	印刷	华格臬路一零二号
★	热水	华格臬路一四四号
★	旅社	华格臬路鸿运坊一号
★	书寓	华格臬路鸿运坊九号
★	旅社	华格臬路鸿运坊十号
★	教育	爱多亚路仲安里一号
★	汽车	爱多亚路五四一号

(续表)

姓　名	职　业	住　　址
★	地产	爱多亚路五八七号
★	烟纸	爱多亚路五十九号
★		维尔蒙路三号
★	唱戏	维尔蒙路五号
★	商	维尔蒙路二十七号
★	钱业	蓝维霭路全裕里七十八号
★	绸	蓝维霭路仁昌里二号
★	报关	蓝维霭路仁昌里五号
★	？货	蓝维霭路仁昌里六号
★	公安局	蓝维霭路全裕里九号
★	凭业	蓝维霭路全裕里十一号
★	工业社	蓝维霭路全裕里一号
★	煤炭	蓝维霭路敦仁里二十一号
★	国医	蓝维霭路廿四弄里十八号
★	栈房	蓝维霭路仁昌里一号
★	金	蓝维霭路仁昌里四号
★	商	蓝维霭路仁昌里三号
★	旅馆	蓝维霭路仁昌里八十八号
顾竹齐	伞	蓝维霭路仁昌里一三一号
刘敖度	面店	蓝维霭路仁昌里一三二号
鲁立成	瓷器	蓝维霭路仁昌里一三三号
刘其润	旅馆	蓝维霭路如意里一号
蒋顺昌	板箱	蓝维霭路兴安里十四号
陈明发	钟表	白尔路五十一号
赵嶔曾	银楼	白尔路老宝盛六十五至六十七号
秦熹敏	报馆	贝勒路恒庆里三十九号

（续表）

姓　名	职　业	住　　　址
周仁杰	油漆	贝勒路恒庆里二十五号
张良儒		贝勒路恒庆里十五号
俞春山	卷烟	贝勒路恒庆里六号
郑条臣	轮船	贝勒路恒庆里八号
孟邦荣	军界	贝勒路恒庆里六号
王兰馨	皮件	贝勒路恒庆里七号
姚镕贵	袜	贝勒路恒庆里一号
刘宗遗	商	贝勒路恒庆里十四号
吕生祥	巡捕	贝勒路恒庆里四号
丁　悚	画家	贝勒路恒庆里九号
杨士祺	法捕房	贝勒路恒庆里二号
于庭辉	针织	贝勒路恒庆里五十五号
何海良	陶器	贝勒路恒丰里十二号
郑光源	药	贝勒路恒庆里十一号
陈春根	洗染	贝勒路恒庆里七号
吴恩涛	商	贝勒路恒庆里八号
周福麟	针织	贝勒路恒庆里十三号
王永喜		贝勒路恒庆里三号
董祥华	小贩	平济利路五十一号
曹建时	杂货	平济利路五十三号
虞善宫	印刷	平济利路五十七号
曹驾骏	杂货	平济利路五十三号
邱子元	羽士	平济利路四十三号
蒋上嵩	游艺	平济利路三十九号
石有灿	羽士	平济利路七十四号
周惟祥	煤炭	平济利路五十四号

（续表）

姓　名	职　业	住　　址
蒋徐忠	旅馆	平济利路六十六号
陈杏生	伶	平济利路六十八号
赵瑞祥	机器匠	平济利路九十六号
赵载春	烟纸	平济利路七十二号
吴忠勇	贯器	平济利路一零二号
严仰正	慈善	平济利路七十七号
林文华	学	格洛克路宁福里十五号
曹阴庭	公司	格洛克路宁福里十六号
陈汝昌	成衣	格洛克路宁福里十七号
汪国瑞	电报局	格洛克路宁福里十九号
蔡胜骏	洋行	格洛克路宁福里二十号
姜全霖	无线电	格洛克路宁福里二十一号
沈绍钿	烛纸	格洛克路宁福里二十二号
黄国祥	交易所	格洛克路宁福里二十三号
赵志鸿	呢绒	格洛克路宁福里二十四号
朱玉庭	商	格洛克路宁福里二十五号
楼星章	公所	格洛克路宁福里二十六号
顾守株	交易所	格洛克路宁福里二十七号
陆仰山	猪业	格洛克路宁福里二十八号
刘友发	商	格洛克路宁福里二十九号
王春甫	船业	格洛克路宁福里三十六号
张馥棠	商	格洛克路宁福里三十一号
石金宝	商	格洛克路宁福里三十二号
孙世法	商	格洛克路宁福里三十三号
葛明甫	商	格洛克路宁福里三十四号
吴湘亭	衣业	喇格纳路锦绣坊一号

(续表)

姓　名	职　业	住　　址
蒋文彬	印刷	喇格纳路锦绣坊二号
孟连生	栈房	喇格纳路锦绣坊三号
孙贵荣	商	喇格纳路锦绣坊四号
柴松寿	船业	喇格纳路锦绣坊五号
周松茂	船业	喇格纳路锦绣坊六号
范顺生	烛纸	喇格纳路锦绣坊七号
沈阿炳	书寓	华格臬路鸿莲坊八号
赵广华	录业	爱多亚路五三九号
潘德霖	戏业	爱多亚路仲安里七号
刘复卿	木器	爱多亚路仲安里八号
邹嘉良	木器	爱多亚路仲安里九号
严棱琴	职员	爱多亚路仲安里一号
谈鸿儒	医	维尔蒙路二十五号
章仲文	器具	维尔蒙路树德里七号
冯志兴	洋行	维尔蒙路树德里三十四号
冯尚彬	洋行	维尔蒙路树德里三十四至三十五号
赵阿毛	汽车	维尔蒙路三十七号
华得惠	旅业	维尔蒙路树德里三十八号
顾春山	洋业	维尔蒙路树德里三十九号
范德山	工	维尔蒙路二十一号
杜金桃		维尔蒙路十五号
韩瑞卿	水泥匠	维尔蒙路十九号
陆春法	报关	维尔蒙路七号
潘荣祥	漆业	维尔蒙路三号
李才广	打样师	爱多亚路五七九号
林厚甫	汽车	爱多亚路五四九号

(续表)

姓　名	职　业	住　　址
钱文兴	书寓	华格臬路鸿莲坊十三号
程桂初	百货	爱多亚路仲安里三号
徐声生	铜匠	爱多亚路仲安里四号
顾芹翰	洋货	爱多亚路仲安里五号
周秉卿	商	爱多亚路仲安里六号
王菊泉	瓷器	西门路四十九号
辛炳相	南腿	西门路申仁昌镇记九十一号
陆锡根	肉店	西门路五十一号
张国元	煤炭	西门路源大六十一号
朱镇芳	肉店	西门路四十七号
徐连发	洗染	西门路徐新记三十九号
张润清	洋货	白尔路四十五至四七号
徐理洞	道家	西门路二十七号
钟大源	绍酒	白尔路五十七号
吴炳大	木桶	西门路二十一号
冯鸿章	制造厂	白尔路丰瑞祥五十三至五十五号
王承之	典当	西门路永庆九十三号
李志方	鱼	白尔路二十一号
鲁佩卿	鸡鸭	西门路和鲁大一九号
陈松涛	桶店	白尔路协顺兴一九号
陆炳云	车行	西门路维新十二号
宋正明	五金	白尔路昌泰昇四十九号
谷裕山	洽酒	徐家汇路九十九号
傅佐衡	典当	白尔路同济三十九至三四号
陆宝荣	菜馆	徐家汇路九十七号
翁敏之	典当	白尔路裕泰二十三号

（续表）

姓　名	职　业	住　　址
蔡阿春	烟兑	徐家汇路九十五号
罗声远	茶叶	白尔路裕泰五号七号
周仁康	旅馆	徐家汇路九十四号
郁介宾		蓝维霭路七十六号
张彭福	巡捕	徐家汇路九十三号
章文祥	旅馆	蓝维霭路七十四号
倪镜清	米店	徐家汇路九十零号
楼归氏		蓝维霭路如意里五号
剑　隐	烟丝	徐家汇路八十七号
沈根海	糟坊	西门路源大七十一号
李顺山	瓷器	徐家汇路八十六号
周永燮	军服	蓝维霭路如意里二号
徐祝云	旅馆	徐家汇路八十五号
刘永春	工	蓝维霭路三号
萧茂棠	烟兑	徐家汇路八十四号
刘　岱	保险	蓝维霭路七号
罗金如	机器	徐家汇路八十三号
刘　仆	商	蓝维霭路八号
张庆昭	当	徐家汇路八十零号
陈？翔		贝勒路贝勒里一七号
严正仁	红木	奥礼和路一号
谢鹏飞	学	贝勒路贝勒里一四号
李祥伯	冥器	奥礼和路七号
傅清荣	旅馆	贝勒路贝勒里九号
袁鸿海	机器	奥礼和路九号
王仁荣	万国	贝勒路恒庆里八十七号

(续表)

姓　名	职　业	住　　　址
陆明生	麻袋	奥礼和路一七号
沈启财	牛肉	贝勒路九三五号
钱雪年	煤炭	奥礼和路二十一号
孙绍武	钟表	徐家汇路八十一号
吕水根	冥器	奥礼和路二十三号
胡国祥	烟兑	徐家汇路七十七号
王洪保	旧货	奥礼和路四十三号
陆源钊	糖食	徐家汇路七十八号
怀受天		奥礼和路七十三号
余南正	酱园	徐家汇路七十六号
王圣安	机器	奥礼和路三十七号
曹万清	成衣	徐家汇路七十四号
陈有明	皮鞋	奥礼和路四十九号
张锡麟	烟兑	徐家汇路五十一号
王永桃	成衣	奥礼和路四十七号
谭志仁	酒菜	徐家汇路四十八号
伍胜根	板箱	奥礼和路四十五号
会员录(九)		
★	鞋帽	公馆马路三十七号
★	食品	公馆马路一七一号
★	★	公馆马路三零五号
★	钟表	公馆马路一六九号
★	履业	公馆马路三零三号
★	火腿业	公馆马路一五九号
★	履业	公馆马路二九九号
★	药房	公馆马路二九五号

（续表）

姓　名	职　业	住　　址
★	政	贝勒路安义里七号
★	机器	公馆马路二九三号
★	★	贝勒路六四三号
★	茶叶	公馆马路鸿怡泰号
★		贝勒路六四九号
★	★	公馆马路二八五号
★	★	贝勒路六五三弄一号
★	机器	公馆马路二六九号
★	★	贝勒路六五三弄二号
★	香烛	公馆马路二四九号
★	★	贝勒路六九三号
★	★	公馆马路二四三号
★	南货	贝勒路七零三号
★	★	公馆马路二三七号
★		贝勒路七零一号
★	★	公馆马路二四五号
★		贝勒路七零七弄兹寿坊二号
★	★	公馆马路二三五号
吴民玉	电池	贝勒路七零七弄兹寿坊一号
胡守耕	杂货	公馆马路二九九号
汤巩青	毛纶	公馆马路二二五号
张志堂	报关	民国路一七七号
鲁忠康	棉织	公馆马路二一九号
蒋畸士	律师	贝勒路恒丰里四二号
张希儒	杂货	公馆马路二零九号
孙道林	旅馆	贝勒路七一七号

（续表）

姓　名	职　业	住　　址
胥汉臣	杂货	公馆马路一九七号
陈凯福	热水	贝勒路七零九号
傅友三	印刷	公馆马路一八九号
郑贤芳	旅馆	贝勒路七二一号
吴根泉	烟纸	蓝维霭路一九五号
徐高德	印刷	白尔路一八零号
彭玉书	酒	蓝维霭路一五三号
许进宝	面馆	白尔路一七六号
高云亭	商	蓝维霭路一七七号
张盛克	押当	白尔路一七二号
刘坤荣	酒	蓝维霭路一六八号
万墨林	粮食	白尔路一六六号
陈耀庭	商	蓝维霭路一七二号
夏善校	银楼	白尔路一五二号
罗煊章	百货	蓝维霭路一六七号
林炳楚	炒货	白尔路一五零号
张三庆	学界	蓝维霭路高陛里四号
岑子良	国药	白尔路一二八号
周信顺	水木作	蓝维霭路高陛里一一号
陆山大	炒面	白尔路一三八号
朱诚锷	宗教	蓝维霭路高陛里一二号
倪锡尧	洗染	白尔路一三六号
赵国民	工业	蓝维霭路高陛里一三号
顾宝树	钟表	白尔路一二二号
陈鑫森	工业	蓝维霭路高陛里一零号
贝在荣	棉布	白尔路一一六号

（续表）

姓　名	职　业	住　　址
朱锦烈	五金	蓝维霭路八号
程志祥	烟纸	白尔路一一零号
沈金富	买花	蓝维霭路高陛里九号
高凌云	照相	白尔路一零六号
周森元	大司务	蓝维霭路高陛里八号
董文礼	菜楼	白尔路一三零号
史淡如	米	蓝维霭路一八零号
郑寿卿	文化	白尔路一零二号
吴燮廷	交通	蓝维霭路一七二号
季子和	开水	白尔路九八号
陈沈氏	布业	蓝维霭路一号
方安邦	酱园	白尔路七八号
徐子英	酒	白尔路三零号
闰承佑	煤炭	白尔路九零号
潘忠宝	木作	白尔路二八号
沈阿福	鲜肉	白尔路七六号
王宝炎	酱园	白尔路一八二号
方兴泉	菜馆	白尔路七四号
王省三	旅馆	贝勒路七三九号
臧金水	西衣	望志路六六号
倪赓年	棉织	贝勒路七九一号
钟志奇	铜业	望志路三六号
郑陵福	烟纸	贝勒路八零七号
董元龙	宗教	望志路三四号
周葆霖	水电	贝勒路八零九号
孙茂江	塌车	望志路三二号

（续表）

姓　　名	职　　业	住　　　址
郑华民	典业	贝勒路八七五号
张仁发	烟纸	望志路三零号
田新伯	呢绒	贝勒路贝勒里一号
张柏臣	茶叶	望志路二八号
梁志成	南货	贝勒路六八七号
丁元吉	木作	望志路二六号
吴纪昌	小贩	贝勒路贝勒里二号
屠洪庆	煤炭	麦赛而蒂罗路二一号
沈伯英	政	贝勒路贝勒里五号
徐鸿儒	工	嵩山路一零六号
黄寿生	煤炭	贝勒路八九七号
彭菊繁	杂货	嵩山路一零八号
王政庭	烟兑	贝勒路九三三号
王用照	米业	贝勒路三八七号
沈阿兴	成衣	贝勒路八九九号
张　氏	理发业	贝勒路二百三号
王章林	烟兑	贝勒路九四九号
徐福绥	烟纸	贝勒路二八一号
赵锦大	寿器	贝勒路九零七号
居广发	理发所	蒲柏路三八二号
陈鸿祥	酱园	贝勒路九一一号
施银宝	铁业	蒲柏路三八六号
魏瑞生	针织	贝勒路恒庆里七零号
王宝生	面馆	蒲柏路三九六号
朱松汀	南货	贝勒路三五一号
陈顺发	漆业	蒲柏路三九八号

(续表)

姓　名	职　业	住　址
黄菊？	电器	贝勒路三五九号
周宝根	学	蒲柏路四零零号
夏萃清	电器	贝勒路三七一号
杨锡？	烟纸	蒲柏路四零二号
陈永全	纸盒	望志路七六号
乐福昌	铜铁	蒲柏路四零四号
郑伯年	鲜肉	白尔路七二号
王嘉宝	茶园	安纳金路六七号
韩心瑞	烟纸	白尔路七零号
朱瑞文	洋铁	安纳金路七三号
叶敦福	菜馆	白尔路六六号
毛筱福	粥店	安纳金路一零一号
刘义品	百货	白尔路六四号
朱荣奎	饭店	安纳金路一零三号
陆香义	煤炭	白尔路六二号
孙镜缘	理发	安纳金路一零五号
陈裕春	茶馆	西门路八号
马万兴	牛肉	安纳金路一一一号
王佐林	香烛	西门路七零号
唐爱生	豆腐	安纳金路八号
符信侯	押当	喇格纳路二三号
孔照福	点心	安纳金路六号
徐得祥	煤炭	安纳金路一号
徐顺发	军木行	安纳金路一零二号
杨阿大	商	安纳金路三号
陈张氏	旅业	安纳金路三号

(续表)

姓　名	职　业	住　　址
陆桂才	烟纸	安纳金路七号
唐宝善	饭店	安纳金路九八号
洪阿庆	烟纸	安纳金路七一号
徐长林	麻袋	安纳金路九六号
洪长宝	理发	安纳金路一一号
陈澄川	煤炭	安纳金路九二号
范宝弟	饭店	安纳金路一九号
陈照林	旅馆	安纳金路八六号
诸小弟	茶园	安纳金路二三号
罗汉清	铁作	安纳金路八四号
王恒昌	黄包车	安纳金路三一号
陈少卿	黄包车	安纳金路八零号
胡顺林	成衣	安纳金路五九号
张升财	旅业	安纳金路七八号
宋载兰	成衣	安纳金路六一号
周发昌	煤炭	安纳金路七六号
倪金荣	警	安纳金路六三号
王福华	成衣	安纳金路七四号
倪文虎	伶界	安纳金路六五号
王来福	煤炭	安纳金路六八号
董作先	黄包车	安纳金路六六号
陈阿根	开车	茄勒路六八号
徐昌荣	戏馆	安纳金路六二号
载国祥	报	茄勒路七零号
段润洲	牛肉	安纳金路五七号
剑炳荣	油	茄勒路七二号

（续表）

姓　名	职　业	住　　址
朱云生	酱园	安纳金路四六号
瞿少卿	报关	茄勒路七四号
徐乃潘	警	安纳金路三四号
朱福海	茶园	茄勒路七六号
张阿宝	缝衣	安纳金路一八号
张久安	旅馆	茄勒路八二号
刘钟林	绍酒	安纳金路一四号
陈天发	饭店	茄勒路八四号
王嘉宝	商	安纳金路乐义里二号
季唐氏	粥店	茄勒路八八号
王恒昌	黄包车	奥礼和路六六号
楼祥根	旅馆	茄勒路七号
段润洲	牛肉	奥礼和路三五号
周灵书	保险	茄勒路一一号
智　生	僧	茄勒路三九号
姚长卿	茶园	茄勒路一零至一二号
陈阿荣	商	茄勒路三七号
王阿二	商	茄勒路一三号
王言立	缝衣	茄勒路四四号
张阿富	烟纸	茄勒路二三号
杨良根	钟表	茄勒路四八号
纪道则	老虎灶	茄勒路二五号
俞惠庭	成衣	茄勒路四六号
蒋老三	点心	茄勒路二一号
杨良根	钟表	茄勒路五零号
杨　生	商	茄勒路三一号

（续表）

姓　名	职　业	住　　址
王金来	烟纸	茄勒路五二号
季其寿	警	茄勒路三五号
钱永芝	道士	茄勒路五四号
胡文瑞	黄包车	茄勒路四一号
黄永林	成衣	茄勒路五六号
罗谬南	木作	茄勒路四三号
陆生来	汗衫	茄勒路五八号
张金昌	绸幛	茄勒路四五号
沈??	医	蒲柏路四一二号
万文煊	商	爱格洛路新民坊二号
?云才	洗衣	嵩山路一一五号
杨安青	商	爱格洛路新民坊三号
★	红木	嵩山路一一三号
?可栋	药业	敏体尼荫路生吉路五号
王士法	商	嵩山路九六号
张李氏	商	敏体尼荫路四号
?阿成	商	嵩山路九八号
潘四四	大车业	爱来格路乔安坊二号
邓金鳌	电料	麦赛而蒂罗路一三号
张??	商	爱来格路三号
杨友财	呢绒	麦赛而蒂罗路一一号
林?生	商	爱来格路四号
朱天宝	电力	麦赛而蒂罗路九号
康陈氏	商	爱来格路五号
徐月堂	学	麦赛而蒂罗路七号
朱明章	小贩	爱来格路六号

（续表）

姓　　名	职　　业	住　　　址
陈桂华	成衣	麦赛而蒂罗路五号
谢阿才	电车业	麦赛而蒂罗路七号
徐善昌	西服	麦赛而蒂罗路三号
俞连生	工	爱来格路八号
凌耀祥	商	格洛克路市隐里一一九号
俞信定	工	爱来格路九号
叶郁章	商	格洛克路金祥里一三七号
殷阿鳌	泥水	爱来格路一零号
朱秉熙	商	格洛克路一三五号
顾妙生	茶叶	爱来格路一二号
华正纪	电气	格洛克路一三三号
朱福梅	杂货	爱来格路一三号
王秉之	商	皮少耐路庆福里一二八号
刘祖铭	小贩	爱来格路一四号
池锡生	铜业	皮少耐路一二六号
张自庆	僧	爱来格路一五号
殷善闻	记者	爱来格路新民坊八号
邵扬笙	保险	爱来格路一六号
王关钺	报关	爱来格路六号
朱阿宝	工	爱来格路一七号
钱肇文	药业	爱来格路四号
浦阿钱	缝衣	爱来格路一九号
张盛尧	商	爱来格路乔安坊二二号
莫俊英	医	敏体尼荫路新首安里三号
朱继生	水电	敏体尼荫路恒茂里七五号
汪金鉴	交易所	敏体尼荫路新首安里一号

（续表）

姓　名	职　业	住　　址
张美卿		敏体尼荫路恒茂里七七号
沈白民	弹词	敏体尼荫路新首安里四号
蔡名显	商	敏体尼荫路恒茂里七八号
庞信山	成衣	敏体尼荫路新首安里一九号
潘永元	商	敏体尼荫路恒茂里七九号
张鸿勳	商	敏体尼荫路新首安里二零号
夏占春	水电	敏体尼荫路恒茂里八零号
郁葆荪	报馆	敏体尼荫路新首安里一二号
杨金荣	成衣	敏体尼荫路恒茂里八一号
郭仲岳	商	敏体尼荫路新首安里一四号
汪志成	油	敏体尼荫路恒茂里八二号
林忠钦	印刷	敏体尼荫路新首安里一五号
杨国平	教育	敏体尼荫路恒茂里八四号
徐本浩	商	敏体尼荫路新首安里一六号
吴达一	交易所	敏体尼荫路恒茂里九零号
夏文夫	商	敏体尼荫路新首安里二五号
徐仲希	菜馆	敏体尼荫路二零至二六号
朱秉章	商	敏体尼荫路新首安里三二号
范思之	无线电	麦高包禄路三号
徐文锦	米业	敏体尼荫路五九号
顾希圣	糖果	华格臬路二零号
葛仲维	交易所	敏体尼荫路六一号
周祥生	汽车	敏体尼荫路六零号
岑维康	烟纸	麦高包禄路一六号
徐福云	菜馆	敏体尼荫路二八号
陈聚棠	成衣	麦高包禄路一八号

(续表)

姓　名	职　业	住　　址
徐顺林	商	华格臬路一四号
钱士涌	水管商	麦高包禄路二零号
王金宝	医	华格臬路一六号
朱阿生	旅馆	麦高包禄路二二号
汪乐章	商	华格臬路一八号
陈锦怀	烟兑	敏体尼荫路新首安里一九号

(整理者系上海社会科学院历史研究所助理研究员)

学术动态

从传说到近于真相
——读张英伦的《敬隐渔传奇》*

王细荣

上天总是造就一些人,他们勤奋、有才气,但又天不假年。他们用短暂的一生创造辉煌,却又很快如流星划破天空逝去,甚至留给后人一些待解之谜,让人们去遐想、推测。20世纪20年代,从四川偏远的遂宁小县城来到繁华的大都市上海法租界求学,活跃于沪上文坛的"愤青"作家敬隐渔便是一例。过去,学人对敬隐渔的介绍,大多源于有关他的传说和揣测。① 2015年6月,旅法作家和翻译家张英伦先生出版的《敬隐渔传奇》(上海文艺出版社出版,人民文学出版社于2016年9月又出版其修订本《敬隐渔传》),让此前一直处于传说中的敬隐渔"浮出水面",也令这个曾经与罗曼·罗兰(Romain Rolland,1866—1944)、鲁迅、郭沫若等中外文学大师有关联的文学奇才,实现了从传说到近于真相的嬗变。

一、纠正错讹

张先生在此书中,纠正了以前有关敬隐渔的错讹。

针对"隐渔"名字,法国当代汉学家米歇尔·鲁阿(Michelle Loi,1926—2002)曾发表专文《关于敬隐渔名字的来源》②,对"隐渔"这个名字的来源进行了基督教式的诠释,并得到了广泛的认可。而张先生认为,这位治学严谨、知识渊博的学者,在此问题上却陷入了误区。他根据敬隐渔的自况诗词《忆秦娥》和小说《玛丽》,并基于基督教的洗礼规程和中国的文化传统,得出结论:敬隐渔的受洗名为"让-巴蒂斯特(Jean-Baptist)"而非"隐渔","隐渔"和《圣经》毫无瓜葛,而是一个典型的中国名字、中国文化的产物,且在四川时就起了的。③

---

* 本文原载《上海理工大学图书馆通讯》2015年第4期(2015年12月28日印刷),现进行了部分修改。
① 刘志侠:《渡河去看敬隐渔》,《书城》2015年第10期。
② 载1995年第6期,《鲁迅研究月刊》。
③ 张英伦:《敬隐渔传奇》,上海:上海文艺出版社2015年版,第49—52页。

关于 20 世纪 20 年代初敬隐渔求学的经历，之前有说是上海震旦大学，也有说是北京大学法文系。针对这些猜测，张先生在书中第二部《奇特的才华》中专列一章《上海工专学生》，以敬隐渔给罗兰的书信为根据，辅以敬隐渔的小说《玛丽》(1924 年 5 月 19 日首刊于《创造周报》第 52 号) 的相关情节，给出了结论："抱着当兵工厂厂长的志向进入上海中法通惠工商学校（上海中法工专的前身，校址现为上海理工大学复兴路校区）的敬隐渔，选学的是工科而非商科……并成功地完成了学业。"① 上海《时报》(英文名为"Eastern Times")1924 年 1 月 3 日第 13 版有报道《中法工专组织新剧团 敬隐渔发起》，其中有云："中法国立工业专门学校，近有学生敬隐渔等发起组织新剧团，赞成加入者颇形踊跃，已于十二月念九日（即星期六），开筹备会议。"② 据此，可进一步说明张先生的结论是准确的。

二、揭开谜底

张先生在此书中，也揭开了一些有关敬隐渔的谜底，其中最具代表者为揭开邹振环的"《约翰-克里斯多夫》(Jean‐Christophe，国内约定俗成将其译为《约翰·克里斯多夫》) 最早的中译本究竟出版在何时"的谜底。"邹振环迷"源自甘少苏于 1991 年出版的《岱宗和我》，其中提及"《詹恩·克里斯多夫》译本"。张先生以娴熟的西语功力，并从大量的罗兰档案里，发现了梁岱宗于 1929 年给罗兰的一封信，其中明确记述他与司徒乔等人当年阅读并为之深深感动的那本书，是《约翰-克里斯多夫》的英译本，而非中译本。这样，敬隐渔翻译的《约翰-克里斯多夫》为最早的中译本，便确定无疑了。

三、新增信息

本书的另一个独特之处，是首次提及一些有关敬隐渔的信息。例如，用一定的篇幅展示敬隐渔作为文学青年的爱国情怀：把鲁迅的《阿 Q 正传》译为外文时，欣慰自己"替我们同胞得了光彩"；在作品中对"外国资本的压迫"愤怒填膺；在法国起草宣言《告比利时人民书》，要求废除列强对中国的不平等条约；在瑞士发表题为"祖国，睡狮醒来！"的演说……

再如，本书对罗曼·罗兰与敬隐渔情同父子般关系的着墨：敬隐渔首次致

---

① 张英伦：《敬隐渔传奇》，上海：上海文艺出版社 2015 年版，第 57—58 页。
② 《中法工专组织新剧团 敬隐渔发起》，《时报》（上海），1924 年 1 月 3 日，第 4 张第 13 版。

函罗曼·罗兰表达敬意,很快获得罗兰热情的回应;赴欧留学后,敬隐渔除书信与罗兰联系外,还几次专程拜望罗兰,并在事业和生活上得到罗兰的关照;当敬隐渔罹患奇症面临遣返时,罗兰为他大声疾呼,为他留法医治据理力争……尤其是,张先生将罗曼·罗兰与敬隐渔的交往升到中法两国人民友好关系的层面。①

四、"史料""判断"俱有

像上述的考据、比较、分析,在《敬隐渔传奇》一书中,比比皆是。学者谢泳认为:"学术工作,无论大小,要以有知识增量为追求,要么史料,要么思路,要么判断,总要给人启发方为有益。"②据此判断,张先生此书属于"史料""判断"俱有的那类,从而使读者对敬隐渔短暂而充满传奇色彩的一生有一个全面、系统、客观的了解:

敬隐渔,字雪江,原名敬显达,受洗名为让-巴蒂斯特,祖籍四川遂宁县拦江河一带(现属遂宁市安居区),1901年6月13日出生在遂宁县城文星街(现属遂宁市船山区文星街社区)一个虔诚的天主教家庭。少年时代,曾先后在四川遂宁县城天主教堂经言学堂,四川彭县白鹿乡无玷修院(相当于小学)、领报修院(相当于中学)学习,并背着传教士学中文、练书法、读古今中文书,打下深厚的国学基础。成年后,又先后在上海的中法工专工科,法国的里昂大学文学系、巴黎大学心理系、里昂中法大学文科学习。1930年1月10日,因病被迫离开了法国,同年2月15日抵达上海,不久后便投入法国作家巴比塞(Henri Barbusse)长篇小说《光明》的"移译"工作。同年11月其《光明》译本由上海现代书局出版。1931年前后,敬隐渔神秘消逝,成为现代文学史上的疑案,至今仍未水落石出。

五、结　语

总之,品读此著,透过那优美、严谨而又具亲和力的文字叙述,不仅感觉其字里行间闪动着作者对人生、对事业、对友谊的中西合璧式的思考,亦能感觉张先生谙熟于中西文化、中外文学史。尤其书中的第一人称口吻,让读者觉得自己好像是循着敬隐渔生前在四川、上海、法国、瑞士的足迹,实地探访,身临其境,感同身受,仿佛走进张先生创作的"自在世界",忘记"阅"与"被阅"、"讲述"与"聆听"

---

① 王细荣、舒诚:《天才作家、翻译家敬隐渔》,《上海理工大学报》,2015年9月25日,第4版。
② 谢泳:《逝去的年代:中国自由知识分子的命运》,福州:福建教育出版社2013年版,第280页。

的界限。书中有关敬隐渔的身世、学历、活动、作品、疾病、消逝等的叙述,作者每每都罗列它们曾经的不同版本说辞,并一一详加考辨,这不仅改变了人们原来对这位天才作家、翻译家的既定印象,而且为人们阅读敬隐渔的各类作品提供了知人论世的可能性。美中不足的是,作者以《光明》译本于1931年、1932年在上海现代书局再版重印作为敬隐渔在世的佐证,似乎有点牵强。

(作者为上海理工大学图书馆研究馆员)

法国殖民史学会第 44 届年会综述

任　轶　吴子祺

2018 年 5 月 31 日至 6 月 2 日法国殖民史学会(Société d'Histoire Coloniale Française)第 44 届年会在美国西雅图举行。本次会议由西雅图大学承办，华盛顿大学、华盛顿州立大学和西华盛顿大学协办。大会的主题是"本土性"，主要研讨法兰西帝国和后殖民地背景下的本土主义、身份认同、族裔血统等议题。本届年会共有来自欧洲、北美、非洲、亚洲的 120 位学者参会发言，并首次有来自中国的学者组团参加。

平行分组讨论持续了 3 天，每天分 4 个时段进行汇报：上午两场、下午两场，每场一个半小时，三至四组同时进行，有较充足的发言和提问时间。与会者按照各自的兴趣选择场次聆听和学习交流。

5 月 31 日上午第一场，巴黎高等师范学院历史系主任 Hélène Blais 教授以 1830—1930 年间阿尔及利亚、越南、留尼旺岛的植物园为例，通过大量图片影像资料分析其社会属性和殖民身份象征，视角独特新颖。植物园作为殖民都市的重要组成部分，既是休闲娱乐的场所，也兼具科学教育的功能。第二场，里昂政治学院的柯蓉(Christine Cornet)副教授关注对象是 1906—1946 年期间上海法租界巡捕房的安南巡捕，通过对其招聘来源、培养模式、薪资福利等方面的详细分析，指出法兰西帝国利用其在印度支那的殖民地进一步控制和扩大在远东影响的策略。

下午第一场是法属印度支那专场，Université de Saint‐Boniface 历史系教师 Phi‐Vân Nguyen 从殖民地属性不同的越南三圻(东京、安南、交趾支那，前两者为"保护国"，后者为殖民地)的身税制度入手，探讨法国在印度支那的社会动员模式。Phi‐Vân Nguyen 指出，缴纳身税的凭证记载纳税人的详细个人信息，包括住址、职业、体貌和指摸等，具有身份证的功能，有助于法当局管理当地民众。加州大学伯克利分校博士生 Kevin Li 的研究对象为第一次印度支那战争(1946—1954)期间活跃在西贡一带的平川派黑帮。平川派崛起于二战结束后的权力真空，纵横于法国殖民者、越盟和吴廷艳政权之间，曾试图以"爱国者"形象洗刷暴力罪行，维持和扩大其赖以生存的不法利益。

6月1日上午第一场焦点在于殖民地军队。Université du Havre 历史系已组成一支由 Jean-François Klein 为首的殖民史研究团队,Klein 专长印度支那史研究,本次发言以法军将领 Théophile Noël Pennequin 为个案,探讨法属印度支那早期为应对中越边境动荡局势,而建立土著部队的历程。其后,Klein 同事 Camille Duparc 则以新颖视角介绍塞内加尔的女性军人。指出她们不仅参与两次世界大战为法国而战,部分人更在塞内加尔独立后成立退役军人协会,继续认同法国军人的荣誉身份,可谓一种"后殖民"文化现象。来自纽约大学的 Erik Meddles 比较法国在印度支那和美国在菲律宾实行的死刑制度,法国军人曾对执行死刑抱有怨言,存废之争反映西方帝国在东南亚的殖民管治有所差异。

第二场为图书奖颁奖典礼。得益于会费和捐赠收入,法国殖民史学会设立 Mary Alice and Philip Boucher Book Prize 和 Alf Andrew Heggoy Book Prize 两项图书奖,分别纪念两位重要会员,每年颁发一次。前者面向关于 16 世纪至 1815 年法国殖民史的著作,后者则面向研究时段为 1815 年至今的著作。图书奖由学会专家评审,每年年会宣布获奖名单,获得图书奖的作者将于次年年会的颁奖仪式上举行座谈会,以对谈的形式分享著作及其研究内容。

2017 年获得 Boucher 图书奖的作品为 *Intimate Bonds: Family and Slavery in the French Atlantic* (University of Pennsylvania Press, 2016),作者 Jennifer L. Palmer 系佐治亚大学历史系助理教授,而 Heggoy 图书奖获奖作品则为法文著作——图卢兹大学历史系 Caroline Herbelin 副教授所撰之 *Architecte du Vietnam Colonial. Repenser le métissage* (CTHS - INHA,2016)(《越南殖民地时期建筑:反思交融》)。Caroline Herbelin 在会上强调,研究殖民时期的越南建筑,需置于"连接的历史"(connecting history)的多重视角之下,因为这些 19 世纪中期以来出现的建筑源自多种文化背景,包括越南和欧洲的文化传统,狭长而带有西式立面的建筑,遍布东南亚和华南沿海的条约口岸。对谈者西雅图大学历史系 H. Hazel Hahn 教授指出,这是第一本关于法国殖民时期越南建筑的学术专著,并提出关于"建筑的权力"的问题。Caroline Herbelin 认为学界已多有讨论,但其实是"问题的开始",研究者必须加以关注不同群体的互动。虽然法式建筑有助在城市化的过程中创造"殖民空间",吸纳富裕的越南人和华人入住,与普罗大众居住区相隔,以加强殖民管治。但当地民众也自觉接受若干建筑艺术,乃至在 21 世纪新建的民居都能见到沿用和再创造。

下午第一场饶有趣味,3 场演讲旨在"让历史活起来"。加州州立大学历史系 Michael G. Vann 教授向来注重以漫画形式展示印度支那殖民史,曾与 Joel Montague 合作出版讽刺漫画 *The Colonial Good Life: A Commentary on*

Andre Joyeux's Vision of French Indochina（White Lotus Press，2008），本次演讲则以新近出版的著作 *The Great Hanoi Rat Hunt: Empire, Disease, and Modernity in French Colonial Vietnam*（Oxford University Press，2018）为题，介绍如何以"图像历史"方式进行研究和教学。Michael 说道，殖民地官员往往以卫生彰显现代性和殖民统治的权力。但在河内灭鼠行动中，越南民众知道法国官员根据鼠尾统计工作量，故意砍下鼠尾而放生老鼠，对法当局的命令"阳奉阴违"，后者直至发现大量无尾之鼠方醒觉挫败。Michael 同事 Alyssa Goldstein Sepinwall 同样别出心裁，关注一款电子游戏所呈现的殖民历史。该款电子游戏以海地革命领袖 Toussaint Louverture 事迹为主线，让玩家扮演黑人奴隶杀死白人奴隶主，一步步走向起义。由 Allsion Shutt 和 Stwart King 导演的海地革命角色扮演游戏，更让学生有机会走入历史现场，扮演法国议会和殖民地的不同角色，在热烈讨论之中理解时人如何做出"历史选择"。

第二场探讨"权利与医学"的话题。巴黎第十大学 Claire Fredj 副教授研究的内容是法国殖民时期阿尔及利亚本土人民对于医疗卫生的诉求；法国高等社会科学研究院博士生 Nathanaëlle Soler 则研究 20 世纪苏格兰的精神疾病治疗。

6 月 2 日上午第一场，来自 Muhlenberg College 的 Danielle Sanchez 以近年来西方史学界流行的新文化史视角，切入法国本土战败投降后，自由法国在当地实施饮酒管制的殖民地情境。不少居住在布拉柴维尔的白人不堪禁令，宁愿偷渡边界到比利时殖民统治的刚果买酒，而比利时情报机构的相关记录，为研究者研究大历史背景之下的社会生活提供许多有趣材料。以小见大，作者的研究旨趣更在于二战时期自由法国与维希法国和德国法西斯的政治角力。第二场，图卢兹大学历史系 Jean‐Marc Olivier 教授首先回顾 17 世纪以来法国在大西洋沿岸区域（法国本土、西非、北美和加勒比地区）的殖民扩张和商品交易，指出法国航空公司开辟、连接法国本土与西北非洲的飞机航线是新技术条件推动的交通联系。图卢兹是著名的航空业重镇，出产经营上述航线的 Salmson 型双翼螺旋桨飞机，因此 Olivier 教授着力研究图卢兹航空业（尤其是 Latécoère 公司）的发展史，揭示法国商业力量在殖民扩张中的重要角色。Temple University 博士生 Natalia Angeles Vieyra 分析 19 世纪毕萨罗（Camille Pissarro）和保罗·塞尚（Paul Cézanne）印象主义油画作品之中的黑人形象，认为毕萨罗早年生活在加勒比海地区的圣托马斯岛，其以黑人为主角的画作展现殖民地如同"失落天堂"。

下午第一场，巴黎一大博士生 Vincent Bollenot 以鲜为人知、身兼印度支那法当局情报人员和共产党干部两重身份的 L'agent Thomas 为个案，深入挖掘法国国立海外档案馆（ANOM）的相关档案，研究 1916 年至 20 世纪 30 年代印度支那不同政治势力之间的博弈。第二场，宾夕法尼亚州立大学博士生 Johann Le Guelte 以规模盛大的殖民博览会（尤其是 1931 年在巴黎举办的世界殖民地博览会）为场域，研究两次世界大战之间法国殖民宣传与反帝国主义的斗争。Simon Fraser University 历史系 Roxanne Panchasi 副教授着眼 1960—1966 年间法国在阿尔及利亚的核弹试验如何通过录音和录像向民众展示军事实力，揭示"去殖民地化"过程之中法国试图维持统治权的最终失败。

下午 5 时许为本届年会闭幕总结环节。会长 Jennifer Sessions 宣布候任会长、副会长和司库等职位的当选结果（年初经会员通过邮件投票产生），新一届会长将由纽约州立大学历史系 Richard Fogarty 副教授接任，任期两年。

本届年会共有 4 位中国学者参会，正如主要组织者之一、华盛顿州立大学 Sue Peabody 教授所表示，今年第一次举行以中国为主题的小组讨论，欢迎日后更多中国学者参会。岭南师范学院王钦峰教授讲述西方列强在华遗留建筑遗产在中国进入国家级重点文物保护单位名单及获得立法保护的进程。随着我国学界和政府保护意识的增强，并在国际文化遗产保护制度的影响下，政府逐步制定了健全的文化政策和文化遗产保护制度，并逐渐与国际标准接轨。华东师范大学肖琦博士以 1900—1904 年间中国政府的法国顾问为题，讲述法国人 Georges Padoux 先后在暹罗和中国担任政府高级顾问的经历。他的跨国流动与其个人工作表现以及当时的政治和个人变化密切相关。与此同时，Georges 的偏见和殖民者的优越感与他在第三共和国获得的民主教育形成了紧张关系。香港中文大学硕士生吴子祺关注殖民帝国与中国地方社会的互动，主张档案资料与民间文献、田野考察和口述历史等相结合。其研究以法兰西帝国在广州湾租借地的殖民管治为例，分三时段分析殖民管治策略的演变。19 世纪末至 20 世纪初，法当局引入印度支那的民政管理制度，但出现一系列困局；20 世纪 20 年代，阿尔贝特·萨罗（Albert Saurat）及其亲信推行政治改革，广州湾华人精英乘势争取政治权力，与法当局建立合作关系；20 世纪 30 年代广州湾出现严重危机，法当局有限的现代化建设难以抗衡中国民族主义的渗透，殖民管治的合法性遭受挑战。上海交通大学任轶副教授以上海广慈医院（Hôpital Sainte Marie）为例，通过描述法国政府和天主教会在医院建设、医疗资源、医学教育方面的博弈，剖析公共领域中世俗化模式与宗教扩张间合作与冲突的动因，构建医学实践与殖民事业之间的联系，揭示作为文明利器的医疗卫生事业在健康保障、政治控制和文化规训等方面的历史面相，关注其背后知识与权力间的诸多纠缠和历史互动。

法国殖民史学会作为非政府或大学资助的学术团体，成立于 1975 年，此后每年举行一次年会，举办地主要在北美和欧洲，40 多年来从未间断。学会为研究法国殖民地历史的学者提供各种交流渠道,包括定期电子通信、年会、网站www.frenchcolonial.org 和由密歇根州立大学出版社出版的学术刊物 *French Colonial History*(《法国殖民历史》,可以英文或法文投稿)。该协会除了每年颁发 Heggoy 和 Boucher 奖以表彰法国殖民历史领域的优秀书籍外,还在年会上颁发最佳研究生论文 Eccles 奖以及研究生旅费资助 William Shorrock Travel 奖。会议现场,多家出版社陈列有关殖民史的书刊或传单,便于与会者了解学术出版最新动态。法国殖民史学会员分为终身会员和一年制会员(每年需缴纳会费)两类,遍布世界各地,以北美地区为主,多数从事学术研究工作。2019 年和 2020 年的年会将分别在加拿大蒙特利尔和美国水牛城举行。

(作者为上海交通大学历史系副教授及香港中文大学历史系博士候选人)

多元视野下租界史研究的推陈出新

冯钰麟

2019年4月20—21日,由武汉大学历史学院与中国社会科学院近代史研究所中外关系研究室联合举办的"多元视野下的租界史研究"学术研讨会在武汉大学历史学院召开,来自中外各高校及科研机构的近50位学者济济一堂。这是学界继1988年上海"租界与近代中国社会"、2001年"租界与近代上海"学术研讨会以来,以租界史研究为主题的第三次学术盛会。①

租界的治外法权及其衍生的问题,历来是租界史的重点课题。李珊(中国社会科学院)考察了民国政府收回天津比利时租界的过程,并指出中方在交涉过程中因列强"援引前案"惯例而处于被动地位。侯庆斌(上海大学)分析了晚清上海会审公廨谳员群体的变动情况,指出当时谳员群体在各方面均无力制衡外人陪审团。吴文浩(北京大学)则关注了1921年北京政府关于会审公廨的讨论,这反映出其解决治外法权问题的决心与努力。吴明堂(武汉市地方志办公室)依据汉口法租界工部局年报,发现法租界所推行的"领事独裁"制度明显有别于别国租界的管理模式。张畅(天津大学)通过考察一战后德璀琳家族遗产保全案,分析了列强在华"共同利益"的实质。徐涛(上海社会科学院)以上海武装商团为切入点,研究其生长历程与社会功用。魏兵兵(中国社会科学院)指出上海公共租界内华人从"抗捐"到"参政"的角色转变,反映了华人社会地位的提高。张生(上海社会科学院)以美国人安立德的活动为中心,考察了上海美国人社群的生活状况。渡边千寻(日本学术振兴会)发现,20世纪20年代中国发起的废约运动促使日本在华轻工业的经营活动向租界外扩张。

本次会议涉及租界驻军、警政、交通、卫生、医疗等新领域。樱井良树(日本丽泽大学)从东亚国际关系的视角考察了列强在横滨、汉口、天津三地驻兵的来

---

① 2014年5月27—28日,上海社会科学院历史研究所与法国里昂高等师范大学东亚学院联合举办了"法租界与近代上海"国际学术讨论会;2016年6月10—11日,由上海师范大学人文与传播学院主办,上海社会科学院"中国现代史"创新型学科团队协办的"法租界与上海城市变迁国际学术研讨会"在上海召开;2018年10月20—21日,由上海师范大学都市文化研究中心、上海师范大学光启国际学者中心、上海师范大学人文与传播学院主办,上海社会科学院"中国现代史"创新型学科团队、上海交通大学医学院档案馆协办的"从巴黎到上海——第三届上海法租界史国际学术研讨会"在上海召开。——编者注

龙去脉。郭淇斌（复旦大学）考察了1929年上海工部局警务处的改组工作，指出公共租界内华人对警务处的抨击推动了其全面改组。蒋杰（上海师范大学）研究了全面抗战时期上海法租界警察所扮演的"中立"角色，并指出其目的在于维护法国在上海的殖民利益。刘文祥（湖北大学）以汉口租界的交通体系为考察对象，从武昌的车站建设等方面探讨了铁路对武汉城市空间格局的影响。李沛霖（南京邮电大学）通过考察上海公共租界成立以来的交通事故，总结了租界在交通治理上的经验。郝祥满（湖北大学）探讨了租界处理粪便的方式对晚清城市秽物管理的影响。王萌（武汉大学）通过考察汉口同仁医院与同仁会汉口医院两所日资医院的经营活动，阐述了日本在华医院的两种存在类型。

除上海、天津租界之外，本次会议上学者们还关注了其他租界的情况。焦建华（厦门大学）认为鼓浪屿自1903年后居民迅速增加的原因，在于租界独特的制度及先进的市政设施。李艳林（厦门大学）指出最早进入鼓浪屿的外国人推动了当地国际社区的形成。佐野实（日本长崎县博物馆）分析了甲午战争后杭州日本租界发展滞后的原因，在于日本未能在当地的交通体系中占据优势地位。赵正超（武汉大学）考证了日本谋取重庆开埠权的源流问题，指出甲午战前日本即有将重庆作为长江上游战略支点的意图。刘本森（山东师范大学）认为甲午战后英国强租威海卫，主要出于政治目的而非军事目的。张亮（大连外国语大学）分析了日俄战争后日本对"关东州"租借地经营的构想及其实践。郭康强（中国社会科学院）关注了清末民初中法关于广州湾租借地设立海关的交涉事件，吴子祺（香港中文大学）则论述了国民党的政策在收回广州湾租借地问题上的运用及调适问题。

经过两天的讨论，与会学者普遍认为，今后租界史研究应坚持多元化的研究思维，深入挖掘新史料与开拓新方向，既要分析不同地区不同国别租界的特殊性，也要把握各租界在列强侵华手段上所体现出的共性。

（作者为武汉大学历史学院研究生）

在《上海法租界史研究》第 2 辑首发式上的讲话

（2018 年 1 月 20 日）

马 军

朋友们，同人们，大家好！

  首先，非常感谢大家前来参加《上海法租界史研究》第 2 辑的首发式，在蒋杰、章斯睿以及大家的共同努力下，这本书终于面世了。近年来，上海法租界史研究出现了一些新气象。2014 年和 2016 年，围绕着这一主题，我们已经连续召开了两次国际学术讨论会。年刊《上海法租界史研究》到现在为止，也已经出版了两辑。今年，也就是 2018 年，我们将推出年刊的第 3 辑，并且出版 2016 年会议的论文集，而且我们还要在 7 月 14 日，即法国国庆的那一天，召开第三次上海法租界史研讨会。我们期待大家踊跃参加！

  尽管我们取得了一些成绩，推出了不少颇有价值的个案研究，但就学科建设而言，这些仍然是微不足道的，上海法租界的许多基本文件（如公报、年报等）尚未系统整理；大量相关档案和报刊资料还未充分开发；法租界在上海城市发展、中国近现代社会变迁中的意义，以及在中法交流史、东西方文明交往史中的地位和作用亦未展开深入研讨。仅以法租界里专有名词的对译而言，不同的文本也是千奇百怪，缺乏严格的校订，这给中外学界的沟通带来了诸多不便。总之，无论是基础工作，还是理论探索，都还任重道远，需要大家做长期的努力。希望有一天，上海法租界史丛书、上海法租界史资料集、上海法租界史大辞典，乃至上海法租界通史，也能够在这里举行首发式。届时，我一定会到场领书。

  有人说，上海法租界史题目太小，涉及的不过是一个城市的一部分地区而已。此言实在差矣。在近百年的历程中，北接公共租界、南连华界的法国专管租界，与中外许许多多的重大事件休戚相关，从鸦片战争到小刀会起义，从辛亥革命到北伐战争，从一·二八到八·一三，从第一次世界大战到第二次世界大战，法租界处处体现了大时代的各种特征，我们甚至可以说它本身就是一个大时代，既是上海的，也是中国的，更是世界的。

  还有人说，法租界已经远去，如今的法租界热不过是对半殖民地时代的病态怀恋而已。此言也差矣。法租界虽然已经终结75年了,当我们散步在淮海中路的梧桐树下时,当我们到复兴公园的草坪上嬉笑玩耍时,当我们踏入阿黛可式的国泰电影院欣赏世界大片时,当我们走进思南路一带的小洋房探亲访友时,那一景一物莫不蕴藏着曾经有过的百年历史,事实上它就在我们身边,并没有消逝。

学术是一条绵延的长河,它需要一代人,几代人,乃至十几代人的共同努力。如今我们这些在世的学者,在整个学术史的长链中只是一个小小的链条而已。在这之前,有数不尽的前辈学人,在此之后,又有芸芸的后世来者。作为承上启下者,许许多多人在注视着我们,其中有已经离世的人,还有将要来到这个世界的人,所以千万不要辜负了他们。在现实生活中,我们也许会为没有拿到国家课题而失望,会因为职称评定受阻而愤恨,还可能会由于自己住房的局促而沮丧,但务必请记住,对一个学者的真正检验是在学术史的法庭上,它可能是在生前,但更可能是在身后,而后者才是终极的,非功利的,与物质利益无关。

今天我们坐在这里,是因为大家有着共同的学术兴趣。我们是一个"邦联",不是一个"联邦"。我们之间并无高下之分,只有同行、相助之谊,让我们沿着梅朋(C. B. Maybon)、傅立德(J. Frédet)90多年前开创的上海法租界史研究之路共同前进,让倪静兰女士的精神一路鼓舞着我们……

在新的一年里,我倡导以每两三个月举办一次中小型工作坊的形式来加强彼此间的交流和联系,具体程序可以稍后再商量。

最后我恭祝每一位朋友在2018年取得比2017年更加显著的进步!

(撰于2018年1月16日夜)

征 稿 启 事

为推动中国城市史研究的发展，深化上海城市史研究，增强中法文化交流，上海社会科学院"中国现代史"创新型学科团队，特创设《上海法租界史研究》集刊。本刊为定期出版之学术刊物，特向广大专家学者诚征稿件，兹敬告如下：

1. 本集刊由上海社会科学院"中国现代史"创新型学科团队负责编辑出版。

2. 本集刊由上海社会科学院出版社出版发行，每年出版一辑，每辑字数约40万字。

3. 本集刊常设栏目如下：专题论文、都市文化、人文遗产、新史料、口述历史（回忆录）、文献目录、学术动态（书评、书讯、会议综述、会讯）等，并可根据来稿内容进行相应调整。

4. 本集刊接受中、西文投稿。来稿请提供 Windows Office Word 电子文本，论文字数不限，但最多不超过 3 万字，注释统一为页下注，注释规范请参考《历史研究》。西文稿件，参照国际通行注释规范。投稿作者请注明职务、职称、工作单位、联系方式。

联系人：蒋杰

联系地址：上海市徐汇区桂林路 100 号上海师范大学东部文苑楼人文与传播学院 1304 室（邮编 200234）

电子邮箱：jiangj06@163.com

图书在版编目(CIP)数据

上海法租界史研究. 第三辑 / 马军，蒋杰主编 .—上海：上海社会科学院出版社，2019
ISBN 978 - 7 - 5520 - 2876 - 8

Ⅰ. ①上… Ⅱ. ①马… ②蒋… Ⅲ. ①租界—中法关系—历史—上海—文集 Ⅳ. ①D829.12 - 53

中国版本图书馆 CIP 数据核字(2019)第 196291 号

上海法租界史研究（第三辑）

主　　编：马　军　蒋　杰
责任编辑：章斯睿　张　晶
封面设计：黄婧昉
出版发行：上海社会科学院出版社
　　　　　上海顺昌路 622 号　邮编 200025
　　　　　电话总机 021 - 63315947　销售热线 021 - 53063735
　　　　　http://www.sassp.cn　E-mail:sassp@sassp.cn
排　　版：南京展望文化发展有限公司
印　　刷：上海天地海设计印刷有限公司
开　　本：710 毫米×1010 毫米　1/16
印　　张：16.75
字　　数：300 千字
版　　次：2019 年 3 月第 1 版　2019 年 3 月第 1 次印刷

ISBN 978 - 7 - 5520 - 2876 - 8/D·557　　　　　定价：68.00 元

版权所有　翻印必究